語彙論的統語論の新展開

森山卓郎・三宅知宏 編

くろしお出版

目　次

序 ……………………………………………………………………………………… v

包括的・明示的な文法記述を求めて―私の見果てぬ夢―
仁田義雄 ……………………………………………………………………………… 3

「VN・VN」をめぐって
―「展示，即売」，「展示即売」に対する「展示・即売」―
小林英樹 ……………………………………………………………………………… 21

多寡を表す形容詞と存在動詞について
佐野由紀子 …………………………………………………………………………… 33

語彙的要素と文法的要素の組み合わせ方と主題マーカーの相関関係
―「言語の類型的特徴をとらえるための対照研究」の立場から―
張　麟　声 …………………………………………………………………………… 47

日本語の「は」と韓国語の「un/nun」との対応と非対応
鄭　相　哲 …………………………………………………………………………… 63

日中受動文の受影性―結果性と前景化―
塩入すみ ……………………………………………………………………………… 81

副詞＋「の」による名詞修飾の諸相―書き言葉コーパス調査に基づいて―
野田春美 ……………………………………………………………………………… 97

日本語動詞における「制御性（意図性）」をめぐって
―語彙的意味構造と統語構造―
三宅知宏 ……………………………………………………………………………… 117

意志性の諸相と「ておく」「てみる」

森山卓郎 ………………………………………………………………… 135

「しようと思う／思っている」と「つもりだ」
―書き言葉における使用実態から―

高梨信乃 ………………………………………………………………… 151

関西方言の知識共有化要求表現の動態

日高水穂 ………………………………………………………………… 169

逆接条件文「テモ文」の「モード」をめぐって

前田直子 ………………………………………………………………… 185

トイッテ類の意味機能
―接続詞「トイッテ」・「カトイッテ」・「ソウカトイッテ」を含む文の分析―

高橋美奈子 ……………………………………………………………… 199

動詞の意味と引用節

阿部　忍 ………………………………………………………………… 211

評論的テキストにおけるダ体とデアル体の混用

安達太郎 ………………………………………………………………… 225

日本語文法研究と国語における文法教育

山田敏弘 ………………………………………………………………… 241

限定詞「この」と「その」の機能差再考
―大規模コーパスを用いた検証―

庵　功雄 ………………………………………………………………… 257

あとがき ………………………………………………………………… 273

執筆者一覧 ……………………………………………………………… 275

序

　本書のタイトルは，「語彙論的統語論の新展開」となっている。本書は，仁田義雄 1980『語彙論的統語論』(明治書院刊) をその一つの源とする一連の文法研究の歩みをまとめたものとして位置づけられる。

　あくまで私見だが，「語彙論的統語論」の出発点は，文成立論の中で位置づけられる。特に関わりが深いのは，渡辺実 1971『国語構文論』(塙書房刊) などのいわゆる陳述論争との関連である。大まかに言えば，渡辺陳述論における文成立の要素は，「叙述」という「述べるべき内容の統一」と，「陳述」という「内容と話し手との関係の構築 (述べ方の確立)」という二つの要素から説明される。後者の「述べ方の確立」は，文末表現を中心としたいわゆるモダリティ論につながっていくのだが，前者の「叙述」について考えるには，名詞と動詞の格関係のような概念を含めることが必要であった。名詞と動詞の格関係とは，抽象的な文法的関係だけでは説明できないからである。例えば「食べる」という述語があれば，「〜が」「〜を」という成分が必要になるが，そうしたまとまりが「述べるべき内容の統一」に関わる。「〜へ」のような成分は「食べる」にはふつう要求されないこと，「豚は食べた」が二通りの意味を持つのに対して「団子は食べた」が一つの意味しか持たないということなどは，「食べる，豚，団子」のような語の語彙的意味を抜きにしては説明できない。もちろん語彙論的統語論というアプローチは文成立論だけを射程に入れた研究姿勢ではない。が，研究史上，いわゆる陳述論などの大きな研究動向と無縁ではない。

　こうした語彙論と文法論の相関は，1970 〜 80 年代にかけての同時代的な様々な研究の流れとも連動していた。アメリカでは，意味を排除した構造主義に替わって生成文法が登場し，フィルモアの格文法などをはじめとして，語彙的意味に関する要素が文法記述に大きく持ち込まれた。国内では，寺村秀夫など日本語教育に結びついた日本語研究において，

語彙的意味への相関が進んでいたこともある。格助詞の使い分けなどのほか「サンマを焼く匂い」のような「外の関係」と呼ばれる連体修飾構造など，語彙的意味に着目した興味深い展開がある。三上章の「所動詞」の提案に見られるような動詞のカテゴリー化，言語学研究会（教科研）の連語論的なアプローチ，金田一春彦の動詞分類にはじまる一連のアスペクトの研究など，日本語教育とはまた別の研究の流れでも，語彙的意味に関する議論が文法論の研究の中で様々に進められてきた。余談めくが，この時期は，日本の経済が活発化し，日本語学習者が飛躍的に増大した時期でもあった。日本語教育として語彙的意味に関連した精度の高い文法記述が求められたほか，研究者人口の増加に伴って研究も進展した。

　さて，語彙的意味と文法との相関を考える場合，いくつかの課題がある。一つは，語彙的意味の本来的な多様性にいかに対応するかである。そこで必要となるのが語彙的意味の類型化（仲間わけ）である。意志動詞，状態動詞などの動詞の類型化は文法記述に直結する問題の一つであった。ただし，どういう類型化の基準を設定するかといういわゆるテストフレームづくりは重要な要素である。何らかの具体的な言語表現に関連づけられた分類でなければ，その分類が恣意的であるという批判を受けやすい。しかし，分類には例外が生ずることが多く，また，どういう論理でそのテストフレームが言語記述上有効な基準となるのかの検証も重要である。

　二つ目に，語彙的意味の類型化は個別的なものよりも，より包括的なものが望ましいわけで，複数の文法形式の用法に応じたものが望ましいことは当然である。例えば他動性の議論で格とアスペクトの相関などが取り上げられたように，異なる文法現象への相互関係も重要なテーマである。ただし，個々の文法形式の用法には無視できない個別性もあるのであって，単純な一般化はできない。その相関が言語としてのどういう論理から説明できるのかということも課題である

　三つ目に，語の意味記述の問題もある。文法に関わる意味記述をいかに精緻に，かつ，わかりやすい形でしていくかは難しい。様々な試みがあるが，「語の意味」には拡張性があり，その拡張は，いろいろな方向へ

むけて，また，連続性をもって進む。使用においてはゆれもある。さらに，語の意味にとどまらず，構文としての意味を問題にしなければならない場合もある。語彙的意味の記述・整理のありかた自体も，大きな研究テーマである。

　このことと関連して，四つ目に，文法記述に関わるのが，「語彙」という「語」のレベルか「事態」のレベルかという問題である。例えば「円を描く」に終結性（終了限界があるかどうか）があって，「線を描く」に終結性がない，といったことを考えれば，「描く」という「語」だけで終結性の問題は説明できないことになる。こうした観点では，語彙的な意味のレベルではなく，例えば「事態のレベル」での類型化を考えるといった方向も必要となってくる。ただし，「事態」となると様々な語の組み合わせになるわけで，それをどう類型化し，記述するかは難しい。

　五つ目に，さらなる研究の課題として，コーパス研究の可能性も指摘できる。最近ではコーパスが整備されてきたこともあって，用例の収集も，従来に比べて格段にやりやすくなってきた。特に多量のデータがあることで，量的観点からの分析ができることも注目される。頻用例と稀少例とを同じように見るのでなく，言語使用の量的側面を勘案することも有意義であろう。ただ，一方には規則性の体系としての文法論を考える立場もあるのであって，量的偏り（これも連続的である）が質的な問題にどれだけ関与的かの議論も改めて必要になってきている。

　六つ目に，文法論としての研究対象の拡張も，現在の課題と言える。当初は文法的な形態の変化が豊富な動詞の語彙的意味が取り上げられることが多かったのだが，名詞，副詞など，そうでない品詞についても，様々な検討が進んできている。分析として取り上げられる文法形式も非常に広くなってきている。骨太の一般論，抽象論の研究だけでは真に有用な文法記述は生まれないが，一方で文法記述の些末化もあるべき研究方向とは言いにくい。抽象と具体のバランスも研究の方向性として気をつけたいところである。

　七つ目に，言語体系そのものの研究対象の拡張ということもある。対照研究など日本語以外の言語を対象とした研究は特に重要であろう。結

局のところ，日本語教育として有用なことは，そうした対照的な観点から整理されるべき知見だからである。さらに，言語類型論など複数の言語のありようの中で日本語の文法現象を位置づけるということも必要となってきている。

社会構造の中で地域の言語が危機に瀕してもいる。日本語のなかでの様々なバリエーションも課題となっている。研究対象として，日本語の歴史的検討や方言など様々なバリエーションを対象とした研究も重要なテーマである。

最後に，補完的な位置づけでの研究の重要性にも触れておきたい。モダリティの研究などは，いわゆる命題部分の外側にくる表現であり，学史的な流れから考えても，そもそも語彙論的文法研究とは補完的な位置づけにある。語彙的意味のような宣言的概念的な「意味」に対して，いわゆる手続き的な意味をどう把握するかということも課題なのである。主題に関わる議論も同様に，狭い意味での語彙論的統語論の中に入るものではない。しかし，文法論で「意味」のあり方をどう考えるかという観点から見れば，こうしたことの検討も大きな課題であり，それは語彙と文法というアプローチをいかに補完していくかという位置に立つものと言える。さらに，文を超えて，テクスト的な意味やテクストのレベルで関わる現象をどう分析するかということも新たな重要な研究テーマとなっている。

このように，語彙論的統語論というアプローチは，より精緻な文法研究のあり方を追究していく中で様々に展開し，様々な課題への挑戦ともなってきている。また，その中で補完的位置に位置づけられるような新たな研究分野も拡大しつつある。樹がその大きな根から水を吸い上げ，光を求めて様々に枝を広げていくかのように，様々な文法研究の努力が，精緻で有用な文法記述という光を求め，広がりつつある。本書は，その一端をまとめたものである。

それぞれの論文がいかに位置づけられるかについてもごく簡単に触れておきたい。あくまで拙い私見であって，真の位置づけは読者のご判断を仰ぐしかない。

本書の阿部論文は引用と格に焦点をあてつつ，また，三宅論文，森山論文は，それぞれ意志性ということに関連しつつ，また，語彙的意味と文法との相関を考えようとするものである。また，佐野論文は「多い」「たくさんある」の違いなど，存在と量に関わる表現をを掘り下げる。野田論文は「たくさんの」など「副詞＋の」の諸相を，コーパス調査によって実証的に裏付けながら分析する。小林論文は，VN・VN が先行関係や並列関係を表すというように，語彙的意味との関係を取り上げている。いずれも語彙的意味への目配りをしつつ文法論的・形態論的な組み立てを明らかにしている。

　さらに，日本語以外の言語も対象に含めるものとしては，中国語の「被」と日本語の受け身構造を受影性という観点から対照しつつそこに動詞の語彙的意味の関連をも見る塩入論文もある。また，語彙論と文法論との相関以外での補完的な分析を進める研究として，主題に関する対照研究を試みる鄭論文，言語類型論的観点から主題マーカーと言語類型論の関連についての仮説を提出する張論文がある。これら二論文は主題と関連づけた議論として位置づけられるが，先の塩入論文とともに，いずれも日本語を「外」からの目で分析するものとして重要な位置にある。

　主題論に言及したが，庵論文は「は」「が」の選択なども関連させつつ「この」「その」のテクストにおける機能をコーパスから検証する。このように，さらなる発展として，テクストタイプと形式を取り上げる研究も注目される。「ようと思う」「するつもりだ」などの文法形式と出現テクストの環境を明らかにする高梨論文，テクストでの断定辞の選択を内容との関係から考える安達論文もテクスト内容の意的なあり方を問題にする。ここで問題になるのは，語彙的な意味ではないが，いわばテクストが持つ内容的「意味」という新たな切り口からの見方を提案するものと言える。接続詞的な「といって」の推論否定的な用法などを指摘する高橋論文もテクストのレベルでの意味の在り方を追究する。

　そして，前田論文は「ても」条件文の逆条件的特質からそのレアリティ（モード）の特性を検討する。「やんか」などの関西方言の知識確認形式を取り上げる日高論文は，モーダルな観点からの研究であるが，方

言を対象とした研究の豊かな可能性も読み取れる。山田論文は，文法研究の知見をもとに学校文法を検討し，そして国語の文法教育の在り方を提言する。

このように，本書は「語彙的意味」をはじめ，さまざまな次元での「意味」の在り方に焦点を当てつつ文法研究の新たな展開を模索するものである。先に，「樹がその大きな根から水を吸い上げ，光を求めて様々に枝を広げていくかのように，様々な文法研究の努力が，精緻で有用な文法記述という光を求め，広がりつつある」と述べた。本書もその一端として位置付けることができればと思う。

しかし，枝を伸ばしているつもりでも，その枝があらぬ方向に向かっていることもある。枝も葉も豊かに茂らせるには時間も必要である。至らぬ部分については読者諸氏のご批正，ご指導を切にお願いしたいと思う。

森山卓郎

語彙論的統語論の新展開

包括的・明示的な文法記述を求めて
―私の見果てぬ夢―

仁田義雄

1. はじめに

　私の見果てぬ夢は，コンピュータに対してであれ，その言語（私の場合，日本語）を全く知らない人間に対してであれ，当該言語の文法書と辞書があれば，自動的に，日本語の正しい文のみを作り出し，正しく解析できるような，完全な文法書と辞書を作成することである。言ってみれば，ドラえもんの「ほんやくコンニャク」に近いものを作ることである。

2. 私（仁田）が勉学を始めた頃

　仁田が勉学を始め，研究もどきのものを行いはじめた頃は，山田孝雄を淵源とする陳述論（陳述論争）が，ある種の成就と終焉を迎えようとしていた時期である。一語文を自らの文認定・文成立論において重要な存在と位置づけ，統覚や陳述という概念・用語を設定し，句・文の成立に迫ろうとしていた山田の陳述論が，三宅武郎（1934）『音声口語法』での言及や時枝誠記（1941）『国語学原論』を経て，時枝への疑問提示を含む阪倉篤義（1952）『日本文法の話』，金田一春彦（1953）「不変化助動詞の本質」などが現れ，渡辺実（1953）「叙述と陳述」での展開，それへの修正を含んだ芳賀綏（1954）「"陳述"とは何もの？」が書かれ，さらに芳賀の修正的提案を受け入れた渡辺（1971）『国語構文論』が刊行されようとしていた時期である。

　当時の文法研究の状況からの影響もあり，仁田は，単語が集まって文

になる，そのぎりぎりの所で何が起こっているのかを見たい，単語連鎖という量的変化から文になるという質的転換を捉えたい，と思っていた。文や文の成立に興味のあった仁田は，陳述論の流れをかつて《日本文法学派》と呼び，日本語文法研究のメイン・ストリームと見なしたことがある。

仁田の書いた卒業論文は，「文の成立」と題するものであった。

[[[素材の世界] 素材めあて] 聞き手めあて]

という三層構造を設定し，語や節ではない，文および文の成立を求める，というたわいもないものであった。たわいもないものであったが，しかし，仁田 (1991) のモダリティ論の基礎に影響を与えているのも，また事実である。

ただ，仁田には，これまでの日本語文法研究の歩みは，「文とは」，文成立など，文の問題に多大の成果を残しながらも，文の内部構造，文の意味の分析・記述など，単語から文の生成への規則性の包括的・明示的分析・記述の点において不十分である，と映った。

仁田の最初の雑誌論文は，1971 年に書き，1972 年『日本語教育』16号に掲載された「係助詞・副助詞と格表示」というものである。ほぼ次のような問いかけ・問題提起である。「(1) 彼ハ読ム。／ (2) 本ハ読ム。／ (3) 豚ハ食べル。」にあって，通常のテキストでは，なぜ (1) が [彼ガ (動作主) 読ム] コトと意味解釈され，(2) が [本ヲ (対象) 読ム] コトと意味解釈され，(3) が [豚ヲ食べル] コト，[豚ガ食べル] コト，の双方で意味解釈されうるのか。意味解釈のために解釈者に与えられた手がかりは，「名詞＋ハ＋動詞」という同じ形式であり，この文の意味－統語構造は，この外的表現形式からだけでは辿り着けない，というものである。動詞の〈格支配〉という考えを導入し，動詞や名詞という単語の語彙－統語的な特性を問題にしなければならない，百科事典的な情報も一役買っている，という考えであった。文法現象と語彙・意味的現象との相関を重視し，自らの文法分析・記述を語彙論的統語論，意味論的文法論と特徴づけ，文法書と辞書とを密接に関連づけながら共により十全なものにしなければならない，という思いが芽生えていた。

3. 仁田の文法研究の立場・特徴

　仁田は，基本的に次のような立場に立ちながら，文法分析・記述を行っている。それは，[1]形式と意味への姿勢，[2]辞書と文法書の重視，[3]述語中心主義，[4]拡大成長観，[5]柔らかな機能主義，といった，ほぼ5つの点に求められる。

　[1]形式と意味への姿勢では，文法分析・文法記述の目的は，文が担い表している多様な意味をなるたけ過不足なく捉えられるように，文の外的な表現形式を分析・記述することである，というものである。〈記述文法〉の立場と言えようか。

　[2]辞書と文法書の重視については，次のような考えである。文法分析・文法記述は，包括的でよりきめの細かく，そして明示的であることが要請される。そのためには骨組み的規則だけでなく，単語の文法的な振る舞い方を明らかにすることが必要になる。辞書記述は，それに応えることが出来るよう，単語の文法的な振る舞い方を整理し記述しておくことが必要である，というものである。これは，また，語彙と文法は言語の基本的な存在である，という認識の現れでもある。

　[3]述語中心主義とは，次のようなことである。形容詞文・名詞文や状態・属性の文では事情が異なるが，動詞文や動きの文では，述語が明確に文の意味−統語構造の支配要素（第一次主要素）であり，それに従属していく要素の中核は述語によって決定されており，述語に従属成分が加わり，文が成立する。文構造のあり方の概略は既に述語によって決定されている，という考えである。ここから，（動詞）述語の結合能力の分析・記述を重視する態度が生まれてくる。

　[4]拡大成長観とは，文は，事態の核を表す文の中核部分がまず形成され，それに付加的な要素や文法的な意味が様々付加され文へと成長していく，という捉え方である。現実の文は，それぞれの文法的意味が出現しうる文タイプであれば，無標形式においても，これらの意味を総て担って実現している。

　[5]柔らかな機能主義とは，次のような姿勢である。文の構造は，文が果していると思われる機能を果すように作られているし，文の果してい

6 ｜ 仁田義雄

る機能は，文の構造によって支えられている。文の構造分析・記述においても，文の機能を捉えられる形で行われることが望ましいし必要である，という考えである。これは，文を言語活動の基本的単位とする，仁田の文の基本的な捉え方の反映である。

　このうち，[1] 形式と意味への姿勢は，文の担っている多様な意味をできるだけ十全に捉える，というもので，仁田の文法分析・記述にとって最も重要なことである。[5] 柔らかな機能主義は，仁田が分析・記述しようとしている文の意味への捉え方に影響を与えている。また，[2] 辞書と文法書の重視，[3] 述語中心主義，[4] 拡大成長観は，主に，仁田の文法分析・記述の方途・進め方に係るものである。

4. 文の意味をより豊かに取り出す

　文の担っている多様な意味を豊かに十全に分析・記述するためには，文の表現形式から，それが担っている多様な意味を取り出し記述する方途・装置が必要になってくる。

4.1 〈事態核〉の意味的あり方の記述への試み

　文の担っている多様な意味を取り出し記述するためには，文の意味構造を描き出すことが必要になる。そのことを拡大的成長観に基づいて行っていこう，というのが仁田の試みである。その手始めが，述語と述語にその共起を指定される従属成分との意味関係の分析・記述である。仁田が行ってきた動詞の格支配・格体制や意味格の設定・類別である。

　以下，事態核の意味分析を示しておく（詳しくは仁田 (2010) 参照）。

(1)　太郎が花子に本を贈った［主体 (動作：出どころ o) ＋相方 (ゆく先 o) ＋対象 (変化) ＋動作］

(2)　太郎が山に登った［主体 (位置変化) ＋ゆく先 s＋ 変化 (位置)］／太郎が山を登っている／［主体 (位置移動) ＋経過域 ＋動作 (位置移動)］

(3)　壁に穴が開いた［ありか s ＋主体 (変化) ＋変化］

例文の後に添えてあるのが，文の表している事態核に対する意味分析の

例である。〈主体〉〈相方〉〈対象〉〈ゆく先〉〈経過域〉〈ありか〉などが従属
成分の述語に対する意味的関係いわゆる（意味）格の例である。また，〈主
体 (動作：出どころ o)〉の（ ）の中には，格が帯びている副次的な意味タイ
プや意味関係が記されている。この例では，主体は，動作の主体であり，
対象の出どころである，という副次的意味関係を帯びていることが示さ
れている。「o」は対象を表し，「s」は主体を表している。したがって，
〈ゆく先 s〉は主体のゆく先であることを示している。

　ここで，仁田の提示する（意味）格一覧を例と共に示しておく。〈主体〉
「子供が遊んでいる／戸が開いた」，〈対象〉「枝を折る／彼を思う」，〈相
方〉「彼に本を返す／父から本を貰う／父に逆らう」，〈めあて〉「彼のや
り方にならう」，〈領域〉「日本の歴史に通じている／命に関わる」，〈基
因〉「病気に苦しんでいる」，〈手段〉「ウィスキーを水で割る」，〈経過域〉
「橋を渡る」，〈ゆく先〉「本土に近づく」，〈出どころ〉「壁から外す」，〈あ
りか〉「部屋に残る」，〈同定項〉「彼は叔父に当る」である。これらは，
極めて暫定的なものである。それぞれの格に属させやすい典型的な例も
あれば，どこに入れればよいのかに迷う周辺的なものも当然少なくない。
いくつの意味格を取り出すのか，意味格は相互にどのように類別される
のかなどといった問題は誰が試みても難しい問題である。

　また，述語にその共起を指定されている従属成分にあっても，必須度
の高いものもあれば，付加性の高いものもある。たとえば，「男は橋を
渡った。」と「男が通りを走っている。」において，ヲ格を抜いた「男は
渡った。」と「男が走っている。」の不充足感の違いから，後者のヲ格（経
過域）は，前者のそれに比して，必須度の低いことが分かろう。

　さらに，格の設定にあっては，その下位類化や副次的意味関係の付与
をどの程度詳しく行うかも重要な問題になってくる。ここでは，対象の
例に取り，格の下位類化の一端を示しておく。

(4)　　母が水を沸かしている。

(5)　　母が湯を沸かしている。

上掲の (4) の「水を」は，〈対象 (出どころ)〉という対象の下位種と捉え
ることができ，(5) の「湯を」は〈対象 (ゆく先)〉として設定できよう。

(4) の〈対象〉が〈出どころ〉という副次的意味関係を有していること，(5) の〈対象〉が〈ゆく先〉という副次的意味関係を有していることによって，(4) は「母は水を湯に沸かした」，(5) は「母は水から湯を沸かした」のように，それぞれ，〈ゆく先〉，〈出どころ〉を共起させうる。共起成分の異なりが，設定された格の下位種の正しさを示している。

　同一構文に共存する成分や文脈によって，述語の文形成能力に変容も生じるが，述語に来る単語のタイプによって，基本的に文の中核部分の構造が決まってくる。述語の結合能力をきめ細かく分析・記述することによって，文形成の自動化・明示化が拡大し，どのような構造が文法的で適格か，どのような組み合わせが非文法的で逸脱的かが，予め予測可能になる。さらに修飾成分の共起も大枠として予測可能になろう。

4.2　事態の核からの拡大—拡大成長観

　文の中核である事態核は，様々な成分を付加させながら，最後にモダリティを備えた文になる。次に，拡大成長観のもと，副詞的修飾成分や時や所を表す状況成分などによる拡大を瞥見しておく。

　(1)　　壁がコナゴナに崩れてしまった。
　(2)　　渡辺はゆっくり手帳を閉じた。
　(3)　　彼はその状況をしばらく眺めていた。
　(4)　　昨日僕は大学で彼に優しくその事を話した。

(1) の「コナゴナに」が〈結果の修飾成分〉，(2) の「ゆっくり」が〈様態の修飾成分〉，(3) の「しばらく」が〈時間関係の修飾成分〉，(4) の「昨日」が〈時の状況成分〉，「大学で」が〈所の状況成分〉である。

　(5)　　あの頃，私は時々例の場所でしばしのんびりと自分の疲れを癒した。

さらに上掲の (5) を見ておこう。(5) は，［私ガ自分ノ疲レヲ癒ス］という事態核に，いくつかの成分が付加した文である。(5) にあって，「あの頃」が〈時の状況成分〉，「時々」が〈頻度の修飾成分〉，「しばし」が〈時間関係の修飾成分〉，「のんびり」が〈様態の修飾成分〉である。これらは，その作用域が，

［時の状況［頻度［時間関係［様態］］］］

のような層状的なあり方をしている。事態核に，様々な成分が層状構造をなしながら現れ，さらに様々な文法的意味が加わり，単語連鎖は言語活動の基本的単位として機能しうる文へと成長していく。様々な文法的意味は，述語の担い表す文法カテゴリとして出現し，最終的に，［［命題］モダリティ］という意味−統語構造を形成する。仁田は，このような拡大成長観で文の意味−統語構造を分析・記述していこうとしている。

4.3 文の成分および多層分析

　文という統一体を，外的表現形式の組み立てに従って，それを形成している構成要素に分節化して取り出した存在が〈文の成分〉である。

　文の成分の取り出しには，いくつかの提案があるが，ここでは，述語・主語・補語（直接補語・間接補語）・状況語・修飾語（言表事態修飾語・言表態度修飾語）・接続語・独立語・規定語・並列語といった成分を取り出しておく。

　上で取り出した，〈主体〉〈対象〉〈相方〉〈基因〉〈ゆく先〉〈出どころ〉〈ありか〉などや〈結果〉〈様態〉〈頻度〉などは，文の成分を対象にして，それが，述語および他の文の成分（群）に対してどのような意味的関係を有しているのか，というレベルにおいて抽出・類別化したものである。

　受動文「次郎は太郎に叱られた。」で表される事態が真であれば，能動文「太郎は次郎を叱った。」で表される事態も真である。受動文と能動文とでは主語名詞と補語名詞が交替している。このことから分かるように，文の成分は常に一定の意味的関係を表しているわけではない。

　また，次のような現象も観察される。

（1）　太郎が花子と結婚した＝花子が太郎と結婚した。

（2）　太郎は花子と結婚する<u>つもりだ</u>≠花子は太郎と結婚する<u>つもりだ</u>。

（3）　太郎は次郎を<u>激しく</u>叱った＝次郎は太郎に<u>激しく</u>叱られた。

（4）　太郎は次郎を<u>嫌々</u>叱った≠次郎は太郎に<u>嫌々</u>叱られた。

（1）にあっては，左辺の文が表している事態が真であれば，右辺で表し

ている事態も真である。「結婚スル」という動詞はいわゆる相互動詞であり，主語で表されている存在と補語で表されている存在を入れ換えても，事態の真偽値は変わらない。そのような述語に対しても，「ツモリダ」のような形式を述語に添えると，(2) が示すように，文意が異なってくる。「太郎ガ結婚スルツモリ」であっても，「花子ガ結婚スルツモリ」とは限らない。逆も同様である。また，(3) が示しているように，「激シク」のような修飾成分は，能動文に使用されようが，受動文で使われようが，文意に変更を加えない。それに対して，(4) が示すように，「嫌々」のような修飾成分にあっては事情が異なってくる。(4) の左辺の文では，「嫌々」は，太郎が嫌々なのであり，右辺の文では，次郎が嫌々なのである。「嫌々」は，〈主語めあて〉の修飾成分である。

　このように，主語や補語が，事態の事柄的意味を形成する要素である主体や対象とは等価ではなく，同レベルの存在でないことを考えれば，文の担っている多様な意味をなるたけ豊かに取り出す，という仁田の基本姿勢からすれば，主語や補語の表す機能の内実それも意味的側面からの内実を明らかにしていくことが要請される。

　さらに，次の文を比べてみよう。

(5)　　事典は太郎が図書館から借り出しなさい。

(6)　　事典は太郎によって図書館から借り出された。

(5) について言えば，「事典は」は補語であり，それが表す事柄的レベルの意味は〈対象（変化）〉である。「太郎が」は主語であり，〈主体（動作：ゆく先o）〉である。さらにそれだけではない。「事典は」は題目でもある。題目解説（通達機能）のレベルの分節では，［事典（題目）＋太郎が図書館から借り出しなさい（解説）］と分割されうる。

　(5) の「事典は」の帯びる〈題目〉という関係のあり方は，事柄的レベルの意味とも，文の成分の表す機能的な意味とも異なる。文の担っている多様な意味をなるたけ豊かに取り出す，ということからは，選り分けながら，それぞれを分析・記述する必要があろう。

　受動文の (6) のタイプになると，これら三つのレベルで取り出される意味的要素は，さらに分裂・不一致が生じてくる。「事典は」は，題目で

主語であるが，意味関係レベルでは基本として〈主体〉でなく〈対象（変化）〉として設定されるものだろう。ただ，ある文の成分—たとえば主語・補語—である，ということが，それが帯びる意味関係のあり方にそれなりの影響を与えるものと思われる。「太郎が次郎を叱りなさい。」のように，主体が命令文での行為の実現者になるのは当然であるが，「次郎が太郎に叱られなさい。」のように，事態核の意味関係では対象であったものが，命令文での行為の実現者になっている。これは，受動化によって主語になることにより，それなりに〈ヌシ〉化するからであろう。文の成分とそれが帯びる意味関係は，一対一の対応はせず，別物ではあるが，両者には相互に関連性がある。

　文の成分は，主語・補語など中核的な成分では，主体・対象・相方といった意味関係レベルでの存在や題目との間に異同が生じるものの，状況語や修飾語のような非中核的な成分では，成分が担う意味関係のあり方や題目化への間には，大きな異同はない。

　主体・主語・題目という多層での分節を行うことによって，文の担っている多様な意味を少しでも豊かに捉えうると思われる。

4.4　文法カテゴリとして取り出す

　文の意味は，述語の語彙的意味とその語彙的意味によって共起を要請される成分，およびそれらに付加していく修飾成分などや，単語連鎖が言語活動の単位である文になるために付与される様々な文法的意味の複合・統合によってなり立っている。

　日本語においては，文の帯びる文法的意味のほとんどは，述語の語形変化・形態の変化形によって表し分けられる。語形・形式を対立の中で捉え，それらが表し分ける意味が属する類的意味を明らかにし，文法カテゴリを取り出すことが必要になる。対立をなす語形のそれぞれが表す文法的意味は，それを種として分有し類として共有する文法カテゴリを形成する要素として存在することになる。それぞれの文法カテゴリは，他のカテゴリと互いに統合的（syntagmatic）な関係にあり，同一文法カテゴリを形成する要素の間では系列的（paradigmatic）な関係にある。前者

は同一構文にあって併存・共立（both-and）の関係にあり，後者は排他・対立（either-or）の関係にある。

(1)　太郎は次郎を叱った。←→次郎は太郎に叱られた。

(2)　その時は，彼はある液体を｛飲んだ←→飲んでいた｝。

(3)　あっ，荷物が落ちる。←→あっ，荷物が落ちた。

(4)　明日は会議がある。←→明日は会議があるだろう。

(1)は〈ヴォイス〉を，(2)は〈アスペクト〉を，(3)は〈テンス〉を，(4)は〈認識のモダリティ〉を表し分ける形式的対立である。この他にも，「スルーシナイ」，「スルーシマス」「学生ダ—学生デス—学生デゴザイマス」によって表し分けられる〈肯否〉〈丁寧さ〉という文法カテゴリが抽出される。

ここで，文法カテゴリの作用域の大小・広狭の関係を見ておく。

(5)　　君は彼に苛め＋られ＋てい＋なかっ＋た＋でしょう＋ね。

　　　　　[[[[[ヴォイス]アスペクト]肯否]テンス]モダリティ]

既によく知られているが，(5)に出現している文法カテゴリは，丁寧さを除けば，その作用域は上図のようになる。日本語にあっては，文法カテゴリの作用域の層状性と形式の線条性は，かなりよく一致している。

次に，無標形式で表される場合について瞥見しておく。

(6)　　僕は彼を励ました。

(6)の述語は，テンスのみ有標のタ形であるが，この形態で，ヴォイス[能動]，アスペクト[完結]，肯否[肯定]，テンス[過去]，モダリティ[断定・述べ立て]・丁寧さ[普通]を，それぞれ担っている。

ただ，「明日はたぶん会議がある。」のような例が可能で，この場合，「スル」は，「スルダロウ」と対立する無標形式であるにも拘わらず，「たぶん」の共起によって，文全体の認識のモダリティの意味として推量を表している。無標形式のあり方が，「*昨日めったに彼に会う。」とは言えないテンスや肯否の場合などとは異なっている。

「シテヤル」「シテクレル」「シテモラウ」のいわゆる「やりもらい」などは，文法カテゴリを形成する対立とは捉えられない。無標形式が，肯否における否定に対する肯定，テンスにおける過去に対する非過去のよ

うに，文法カテゴリに属すると思われる基本的（出発点的）意味を，無標形式に捉えることは難しい。

また，文法カテゴリは，ヴォイスのように文の内部構造に影響を与えたり，アスペクト，テンス，モダリティのように，文の表す事柄的な意味的類型と相関したりする。

4.5　系列的意味をも捉える

文法カテゴリに属する対立項は，系列的な関係にあり，文構造の文法カテゴリの出現位置で，選択的に文法的意味を付与した。文の意味 − 統語構造は，統合的な関係が中心だが，系列的な関係にある意味をも組織的に捉えることが，文が表す意味をより十全に捉えるには必要になる。

（1）　人が千人も集まった←→人が千人しか集まらなかった。

(1) の左辺の文も右辺の文も，共に［人ガ千人集マッタ］という事態を表している。さらに，左辺の文には，その中の「千人」に対して「想定より多い」という意味が，右辺の文には「想定より少ない」という意味が付与されている。これらは統合的関係にある意味ではなく，系列関係にある意味である。文全体の意味は，統合関係にある意味を統一しながら，個々の要素に出現する系列的意味をも帯びながら存在している。

「彼さえ来た」「彼だけ来た」「彼も来た」「お茶でも飲もう」「お茶なんか飲むな」などの取り立て助辞は，系列的意味に関わっている。これらの表す系列的意味を，個別的に分析・記述するのではなく，体系的に捉えることが，文の多様な意味を十全に記述するには必要になろう。

4.6　文の有する連文的意味

文は，通例，単独ではなく，連文・テキストの中に存在する。したがって，文の中には，存在環境であるテキストの他の文との関係・つながりのあり方を示しているものも少なくない。そのような，文の連文構成的機能（意味）にも言及することは，文の意味 − 統語構造をより十全に捉えるためにも必要になる。

（1）　僕は週末やっと仕事を完成させた。後日研究所を去った。

において，第二文は，「仕事ヲ完成サセタ後日研究所ヲサッタ」と解釈される。それは「後日」という単語は，その意味の中にある基準時を求める，という特徴を有しており，この文連鎖において，その基準時を前文の成立時に求めることになることによっている。

5.　文法分析・文法記述にも役立つ辞書記述を求めて

　ここまで，文の表す多様な意味をより十全に捉えるための取り組みを中心に見てきた。以下，そのような分析・記述を明示的に行う一つとして，単語の文法的な振る舞い方をきめ細かく豊かに分析・記述しておくことが有用であるという姿勢での提案を行う。

5.1　文の中核成分となる単語の辞書記述

　文法的か非文法的か，適格か逸脱かを，きめ細かく包括的かつ明示的に指摘するためには，個々の単語の文法的な振る舞い方を明らかにしておくことが必要である。当然，この種のことの必要性が高く，うまく行く（実効性のある）語類もあれば，そうでない語類もある。述語になる語類特に動詞は，この種の分析・記述が最も必要で有効な語類である。形容詞もそれに次ぐ語類であろう。名詞の文法的な振る舞い方・結合能力の分析・記述は，文の中核が述語とそれに関係・従属していく名詞類の成分からなることを考えれば，難しく複雑な作業になるが，必要で不可欠なものである。

5.2　動詞の辞書記載事項―動詞の格体制を中心に―

　述語になることが自らの中核（第一次）機能であり，多様な結合能力を有し，多彩な文法的意味を自らの語形変化で表す動詞に対する文法的な振る舞い方を十全に分析・記述しておくことは極めて重要である。それらの情報は，動詞の辞書記載項目として辞書記述に取り込まれていなければならない。そのような動詞の辞書記載事項として，動詞の結合能力のあり方［格体制，それぞれの格を占める名詞の意味特性，表層格，共起可能な修飾語の類型など］や，動詞が取りうる文法カテゴリでの振る舞い

方などがある。動詞の辞書記述の充実化は極めて重要である。

　ここで動詞の格体制の類型を、いくつかの例として挙げておく。

　「子供が転ブ」［ガ］［主体］，「男が橋を渡ル」［ガ，ヲ］［主体，経過域］，「鳥が空を飛ブ」［ガ，（ヲ）］［主体，（経過域）］，「舟が島から岸に近ヅク」［ガ，（カラ），ニ］［主体，（出どころ s），ゆく先 s］，「台風が本土から北方海上に遠ザカル」［ガ，カラ，（ニ）］［主体，出どころ s，（ゆく先 s）］，「彼がＡ大学を出ル」［ガ，ヲ］［主体，出どころ］，「洋平が洋子 {に／と} 恋スル」［ガ，{ニ／ト}］［主体，相方 (一方的／相互的)］，「男が生活苦に悩ム」［ガ，ニ］［主体，基因］，「山田が岡田を蹴ル」［ガ，ヲ］［主体，対象］，「子供が花瓶を割ル」［ガ，ヲ］［主体，対象 (変化主体)］，「彼が彼女に花束を贈ル」［ガ，ヲ，ニ］［主体 (出どころ o)，対象，相方 (ゆく先 o)］，「泥棒が通行人からお金を奪ウ」［ガ，ヲ，カラ］［主体 (ゆく先 o)，対象，相方 (出どころ o)］，「城主が高台に城を築ク」［ガ，ニ，ヲ］［主体，（ありか o），対象］

　最初に例文，次にその動詞が要求する格体制の表層での表現形式，最後に本稿で暫定的に設定した意味格による格体制を記してある。「渡ル」「贈ル」で説明すれば，これらの動詞は，［主体，経過域］［主体 (出どころ o)，対象，相方 (ゆく先 o)］という格体制を取り，それぞれ［ガ，ヲ］［ガ，ヲ，ニ］という格助辞を取って実現する。また，「近ヅク」「遠ザカル」の格体制中，「（　）」に括られた項は，必須度の低い存在であることを示している。

　動詞の取る格体制が分かることで，その動詞を述語にした時，その文が取りうる意味 – 統語構造の骨格が決まってくる。このことによって，単語からの文形成が格段に自動化・明示化する。

　これもいろいろな所で既に指摘したことではあるが，動詞の取る格体制は動詞ごとに一種というわけではなく，動詞が多義であれば，動詞の取る格体制が複数存する，ということがある。

　(1)　　太郎が笑った。

　(2)　　太郎が次郎を笑った。

　(3)　　太郎が物音を聞いた。

16 ｜ 仁田義雄

　(4)　太郎が通行人に道を聞いた

上掲の「笑ウ」「聞ク」が，［ガ］［ガ，ヲ］，［ガ，ヲ］［ガ，ヲ，ニ］の二
種の格体制を取っているのは，それぞれの動詞が多義だからである。(1)
の「笑ウ」は，生理的な活動を表し，［ガ］を取り，(2) の「笑ウ」は，
態度を示す働きかけを表し，［ガ，ヲ］を取る。(2) と同じタイプの（範疇
的）意味を持つ「軽蔑スル」「アザケル」なども，同じ［ガ，ヲ］という格
体制を取る。(3) の「聞ク」は，聴覚器官による音の聴取，という知覚
活動を表し，［ガ，ヲ］を取る。それに対して，不明な事や必要な情報を
他者に求めることを表す (4) の「聞ク」は，［ガ，ヲ，ニ］を取る。これ
と同じ範疇的意味を持つ「尋ネル，問ウ，質問スル」なども同じく［ガ，
ヲ，ニ］を取る。動詞は，範疇的意味を同じくすることで同じ格体制を要
求する。

5.3　文法カテゴリと動詞

　動詞にはいろいろな語彙‐文法的下位種が指摘できる。その動詞があ
る文法カテゴリにおいてどのような振る舞い方をするかは，動詞の語
彙‐文法的下位種によって概略決まっている。文法カテゴリでの振る舞
い方に関わる動詞の下位種については，既にかなりの事が分かっている。
　まず，受動と動詞の下位種の関係について瞥見する。直接受動になり
うる動詞は二項以上を取る動詞である。「太郎が花子と結婚した→花子は
太郎に結婚された」が示すように，相互動詞は，間接受動になりえても，
直接受動を作らない。また，「彼は舌を噛んだ→ *舌が彼に噛まれた」が
示すように，再帰動詞・再帰用法の場合も直接受動の成立は極めて困難
である。さらに，「健三が弘美にキスした→弘美は健三にキスされた（直
接受動）」「健三が弘美に恋した→弘美は健三に恋された（間接受動）」が
示すように，働きかけの度合の低い動詞や，「良が博に寄りかかった→博
が良に寄りかかられた」「良が壁に寄りかかった→ *壁が良に寄りかから
れた」が示すように，影響の受けやすさの低い場合も，直接受動を作り
にくい。
　次に，アスペクト・テンスと動詞の下位種について瞥見しておく。通

説に近いほど既によく知られていることではあるが，静態動詞［属性動詞・状態動詞］は，アスペクトを存在・分化させない。アスペクトを存在・分化させるのは，動態（動き）動詞［主体運動動詞・主体変化動詞］である。ル形のテンス的意味も，静態動詞と動態動詞とでは違っている。また，限界性の有無もアスペクトの現れ方に影響を与える。

　命令や意志と動詞との関連では，次の事が指摘できる。達成の自己制御的な動詞は，「急いで食べろ！／急いで食べるな！」が示すように，命令にも禁止にもなりうる。それに対して，過程の自己制御的な動詞では，「落ち着け！／?? 落ち着くな！」「?? その事で悩め！／そんな事で悩むな」が示すように，どの過程が自己制御的な過程として捉えられるかによって，命令か禁止かのいずれかが困難になる。「?? 困れ！／?? 困るな！」が示すように，非自己制御的な動詞は，命令にも禁止にも当然なりえない。

　文法カテゴリでの振る舞い方に関わる動詞の語彙－文法的下位種の取り出しは，それらの動詞がそれぞれの文法カテゴリにおいてどのように使用されるか示してくれる。明示的な文法記述には重要な情報である。

6. 名詞に対する辞書記述への願望

　名詞の文法的な振る舞い方は，まだ実効性のある形で記述されてはいない。仁田自身も，作業を進めたいと思いながら，未だ手つかずでいる。文の中核が述語とそれに関係・従属していく名詞類の成分からなることを考えれば，難しく複雑な作業になるが，明示的な文法分析・記述には，名詞の文法的な振る舞い方をきめ細かく分析・記述することは，動詞に劣らず必要になってくる。

　以下，名詞の作る連語（コロケーション）への分析・記述を取り上げ，ほんの少しこの種の試みを示しておく。

　名詞と結びつく述語との連語を，名詞の方から記述することが必要になる。ここでは，衣類に類する名詞がどのような動詞を取るか，という誰でも知っているものを例に取る。衣類であれば，まず着脱という活動が考えられる。たとえば，「帽子」「かつら」「セーター」「背広」「着物」

「ズボン」「靴下」「靴」などの名詞は，身に着ける方では，「帽子を<u>被る</u>，かつらを {<u>被る</u>／<u>着ける</u>}」「{セーター／背広／着物} を<u>着る</u>」「{ズボン／靴下／靴} を<u>履く</u>」のようになり，身から外す方では，「{帽子／セーター／背広／着物／ズボン／靴下／靴} を<u>脱ぐ</u>」「かつらを<u>取る</u>」のように使うのが基本だろう―「かつら」は，衣類からずれることで，共起動詞も他と少し異なる―。

さらに，衣類は人工物なので生産という活動領域も考えられる。「セーターを<u>編む</u>」だが，「着物を<u>縫う</u>」であろう。「背広」「ズボン」も「縫う」を使うのだろう。さらに「作る」という動詞が，「帽子／セーター／着物／靴」などに対しても広く使われうる。生産活動が話題になるのは限られているのか，多様な動詞は現れない。

もう一例として気候現象を表す名詞を取り上げる。これらの現象の発生・終わりを表す動詞を考えてみよう。

「雨」は，「雨が {降る／止む}」と言い，「?? 雨が落ちる」とは言わない。「雨が<u>ぽたりと</u>落ちた」「あっ，雨が落ちて来た」から分かるように，この場合は「雨粒」「粒状の雨」を指している。

「雪が {降る／舞う／止む}」，「{ひょう／あられ} が {降る／止む}」だろう。「止む」はどれくらいの現象に使うのだろうか。「{霜／露} が降りる」というが，終焉を表す動詞は取り立てて用意されていない。また，「{霧／もや} が {かかる／立ちこめる／晴れる}」と言い，さらに「霧」の場合は「出る」も使われる。「霞が {かかる／たなびく}」，「雲が {出る／たなびく／浮かぶ／かかる／流れる／切れる}」，「風が {吹く／起こる／止む}」のような動詞を取る。「風」で「起こる」が使われるのは，「突風」のような風の場合であろう。また，「雷」については，「雷が {鳴る／走る／光る／落ちる}」などと言い，人間に落ちる場合は，「雷に打たれる」とも言う。

名詞では，「公園」が「公園に行く」「公園を {作る／整備する}」のように所名詞としても人工物を表す物名詞としても働くように，一つの名詞が複数の意味的タイプの名詞として働くことが少なくない。その点でも，名詞の連語形成をきめ細かく記述することは，大変な作業であろう。

また当該名詞を主体や対象とする多様な活動領域が存在する。活動領域ごとに，その領域に関係する一群の名詞を集め，それらがどのような動詞と共起し，その活動を表すかを取り出すことは，とても大変な作業である。大変な作業ではあるが，動詞の結合能力の記述とともに，名詞に対する共起動詞（群）の取り出しは，明示的な文法記述にとってなくてはならない情報である。

参照文献

金田一春彦（1953）「不変化動詞の本質—主観的表現と客観的表現—」『国語国文』22-2·3, pp. 21–50.
阪倉篤義（1952）『日本文法の話』創元社.
時枝誠記（1941）『国語学原論』岩波書店.
仁田義雄（1972）「係助詞・副助詞と格表示—＜ハ＞を中心に—」『日本語教育』16, pp. 39–47.
仁田義雄（1991）『日本語のモダリティと人称』ひつじ書房.
仁田義雄（2010）『語彙論的統語論の観点から』ひつじ書房.
芳賀　綏（1954）「"陳述"とは何もの？」『国語国文』23-4, pp. 47–61.
三宅武郎（1934）『音声口語法』明治書院.
渡辺　実（1953）「叙述と陳述—述語文節の構造—」『国語学』13/14, pp. 20–34.
渡辺　実（1971）『国語構文論』塙書房.

付記　本稿は 2015 年度日本語学会秋季大会での会長就任講演のレジュメを一部省略して文章化したものである。

「VN・VN」をめぐって

―「展示，即売」,「展示即売」に対する「展示・即売」―

小林英樹

1. はじめに

(1)〜(3) は，同じような事態を表しているが，「展示，即売」,「展示・即売」,「展示即売」とゆれている。

 (1) 全国の伝統工芸品を一堂に集めて<u>展示，即売</u>する第 9 回「職人の技」展が開催されます。 （毎日新聞 1998 年 4 月 23 日）

 (2) 全国各地の伝統工芸品を<u>展示・即売</u>する第 20 回記念「職人の技展」を開催します。 （毎日新聞 2003 年 10 月 22 日）

 (3) そんなスロベニアとスロバキア大使館が来月，特産のクリスタル製品やワイン，スキー板などを<u>展示即売</u>する合同特選市を開く。 （毎日新聞 1998 年 12 月 26 日）

「展示」,「即売」は，いわゆるサ変動詞の語幹，動名詞（VN）であるので，(1)〜(3) は，「VN，VN」,「VN・VN」,「VNVN」と表すことができる（個々の VN に言及する場合は，左側の VN を VN1，右側の VN を VN2 とすることにする）。本稿は，「VN，VN」と「VNVN」の中間的な存在である「VN・VN」について，下位タイプを取り出しながら，考察を加えていく。

2. VN1 と VN2 が並立関係になっているタイプ

「VN・VN」の下位タイプとして，まず，VN1 と VN2 が並立関係になっているタイプを取り出したい。VN1 と VN2 が並立関係になっているタイプとは，次のようなものである。

(4) 刑法と破壊活動防止法に定められた公務員の職権乱用罪などについて告訴・告発したのに，検察官が不起訴処分にした場合，審判に付すよう地裁に請求できる。(毎日新聞 1993 年 4 月 8 日)

(5) この会談に先立ち，山崎氏らはギナンジャール調整相（経済・財政・産業開発担当）と会談，インドネシアが国際社会と協調・協力して経済困難を早期に乗り越えることへの期待を表明した。
(毎日新聞 1998 年 3 月 16 日)

(6) 県警はこの日，角川社長から採尿・採血してコカイン反応の予試験をしたが，陰性だった。本検査の結果が出るのは約 1 週間後になる。 (毎日新聞 1993 年 8 月 30 日)

(7) 前回衆院選以降，党議拘束にそむいて重要法案に反対・賛成したり，本会議を欠席・退席するなどの「造反」議員が最も多く出たのは，テロ対策特別措置法に基づく自衛隊派遣の国会承認案（01 年 11 月採決）だった。 (毎日新聞 2003 年 10 月 12 日)

(8) 韓国の大統領は朴正熙（パク・チョンヒ），全斗煥，盧泰愚，金泳三氏といずれも慶尚道の出身。金氏は全羅道出身の金大中氏と対立・協調してきただけに，次期政権での「全羅道出身の首相」の起用は確実視されていた。(毎日新聞 1993 年 2 月 23 日)

(9) シャープは本格的な自動走行機能をつけた縦型掃除機「EC-S50」を 3 月 1 日に発売。ハンドルを軽く前後に動かすだけで方向センサーが働いて掃除機本体が自動的に前進・後退するので，従来の補助的な自走ブラシ付きの機種と比べて約半分の力で掃除ができる。 (毎日新聞 1993 年 2 月 2 日)

(4)〜(6) では，VN1 と VN2 が類義関係に，(7)〜(9) では，VN1 とVN2 が反義関係になっている。

(10) 災害で住宅が全壊・全焼した世帯などに最高 100 万円を給付す

る「被災者生活再建支援法案」が参院災害対策特別委で可決された。来年4月以降の被災者が対象だが，阪神大震災の被災者については，「本法程度の措置を取る」との付帯決議が盛り込まれた。　　　　　　　　　　　　　　　　（毎日新聞1998年4月26日）

「全壊」は，壊れることの一種である。「全焼」は，焼けることの一種である。壊れることと焼けることは，明らかに異なるので，「全壊」と「全焼」の関係は，「告訴」と「告発」のような関係（典型的な類義関係）ではない。しかし，(10)の「全壊・全焼」も，VN1とVN2が並立関係になっているタイプに位置づけられるだろう[1]。

(11)　歌詞には「66名　知らない世界へ　逝ってしまったこと　わすれない」「戦争がなければ　こどもたち　楽しくみんなあそんでた」……など，事情がわからないまま命を絶たれた子供たちへの思いが込められている。事務職員と教諭が作曲・編曲し先月末に完成した。　　　　　　　　　　（毎日新聞1993年6月21日）

(11)の「作曲・編曲」は，VN1とVN2が並立関係になっているタイプではなく，次に考察するVN1がVN2に先行するタイプとしたい。なぜなら，作曲しなければ，編曲できないからである。

3.　VN1がVN2に先行するタイプ

VN1がVN2に先行するタイプとは，次のようなものである。

(12)　イワシ缶詰を製造・販売する「日本水産」は昨年6月，日本近海物だけではまかないきれず，メキシコ湾産を使い始めた。仕入れ値上昇を小売価格に転嫁させないため，特売も控えている。　　　　　　　　　　　　　　　　（毎日新聞2003年4月21日）

(13)　12歳の中学生が4歳の幼児を誘拐・殺害したとして補導された長崎市の事件。少年と犯罪をめぐる論議が再燃する一方，インターネットでは補導少年の実名とされる個人情報が飛び交う。　　　　　　　　　　　　　　　　（毎日新聞2003年8月4日）

1　「全壊」と「全焼」は，語構成的には，同じタイプである。どちらも，付加詞的要素（「全」）と動詞的要素（「壊」，「焼」）で構成される二字漢語動名詞である。

(14) 05 年 6 月に小惑星に到達後は，地球からの指令を受けずに小惑星に接近・着陸する。この自律システムや，着陸時に鉄球を発射して舞い上がった小惑星の岩石を採取する作業も，初の試みだ。　　　　　　　　　　　　　　　　（毎日新聞 2003 年 5 月 10 日）

VN1 と VN2 が〔VN1 し，VN2 する〕という関係になっている[2]。(12) 〜(14) では，格標示に関して問題は起こっていないが，

(15) イワシ缶詰を製造する

(16) イワシ缶詰を販売する

(17) イワシ缶詰を製造・販売する

(18) 4 歳の幼児を誘拐する

(19) 4 歳の幼児を殺害する

(20) 4 歳の幼児を誘拐・殺害する

(21) 小惑星に接近する

(22) 小惑星に着陸する

(23) 小惑星に接近・着陸する

(26)，(29)，(32) では，齟齬が生じており，VN1 による格標示の方が選ばれている。

(24) 部隊本部に侵入する

(25) 部隊本部を占拠する

(26) 問題となっているのは同州南東部のウジュール 4 の戦略ミサイル基地。約 5 カ月にわたり，給料の遅配が続いている。基地に勤める将校の妻たち約 60 人が立ち上がり，基地の入り口の封鎖や抗議集会を開催し，部隊本部に侵入・占拠すると脅している。

---

2 ［1］では，〔VN1 し，VN2 し，VN3 する〕という関係になっている。

［1］ ヤマハは，成人の入門者向けエレクトーン「EL-27」＝写真＝を 10 月 1 日発売。大人の体格に合わせて本体の高さを上げたほか，内蔵する音色やリズムも成人向けにした。教本やビデオなどで基本的な演奏法を独りで学べるよう設計されており，フロッピーディスクを使って自分の演奏を録音・再生・編集できる。

（毎日新聞 1993 年 9 月 3 日）

ちなみに，［1］に対し，［2］は不適格だろう。

［2］ *……，フロッピーディスクを使って自分の演奏を録音再生編集できる。

「VN・VN」をめぐって | 25

（毎日新聞 1998 年 7 月 26 日）

(27)　共同声明に署名する

(28)　共同声明を発表する

(29)　エリツィン・ロシア大統領は 16 日，クレムリンで，ミロシェ
ビッチ・ユーゴスラビア大統領と会談し，アルバニア系住民の
取り扱いをめぐって紛争が続いているコソボ情勢を協議し，(1)
アルバニア系住民代表との交渉再開 (2) 住民への抑圧的行為の
禁止 (3) 外交団および国際機関の視察 (4) 難民の帰還援助 (5)
テロ行為の停止に伴う治安部隊の削減——などを骨子とした共
同声明に署名・発表した。　　　（毎日新聞 1998 年 6 月 17 日）

(30)　結核に感染する

(31)　結核を発症する

(32)　奈良県橿原市四条町の県立医大付属病院（打田日出夫院長）は
28 日，同病院の女性研修医 (25) が結核に感染・発症している
と発表した。　　　　　　　（毎日新聞 1998 年 12 月 28 日）

もし，VN2 による格標示が選ばれたら，次のようになる。

(33)　部隊本部を侵入・占拠する

(34)　共同声明を署名・発表する

(35)　結核を感染・発症する

(38) の「訪問・滞在」のように，VN2 による格標示が選ばれているもの
もある。

(36)　インドネシアを訪問する [3]

3　「その地域」がニ格で標示された [3] には違和感を覚えるが，

　[3]　こうした中，同社は 3 日になり，香港，中国広東省に滞在する主催旅行を中止
　　　したり，その地域に訪問しないよう旅行日程を変更したりすることを正式に決
　　　定した。　　　　　　　　　　　　　　　　（毎日新聞 2003 年 4 月 3 日）

もし，問題ないのなら，「インドネシアを訪問する」ではなく「インドネシアに訪問す
る」と考えて，(38) の「訪問・滞在」を格標示に関して問題のないものとすることもで
きる。

　[4]　インドネシアに訪問する

　[5]　インドネシアに滞在する

　[6]　インドネシアに訪問・滞在する

(37)　インドネシアに滞在する

(38)　ジャカルタの米大使館は「民間の米国人も米大使館員と同様の
　　　危険にさらされている」と話し，インドネシアに訪問・滞在す
　　　る米国人に警戒を呼びかけている。

（毎日新聞 2003 年 8 月 6 日）

VN1 が VN2 に先行するタイプではないが，（41）の「指示・指導」でも，
VN2 による格標示が選ばれている。

(39)　関係地方公共団体に指示する

(40)　関係地方公共団体を指導する

(41)　建設省は 7 日，都市開発事業の促進策をまとめた。緊急に促
　　　進すべき事業を建設大臣が認定し，実施に必要な都市計画の決
　　　定・変更の手続きが速やかに行われるよう関係地方公共団体を
　　　指示・指導するほか，都市再開発法の認可手続きを迅速化する
　　　ため全都道府県に通達を出した。　　（毎日新聞 1998 年 7 月 8 日）

「VN・VN」は，「VN，VN」と「VNVN」の中間的な存在であるが，
VN1 による格標示が選ばれている「VN・VN」は「VN，VN」に [4]，VN2
による格標示が選ばれている「VN・VN」は「VNVN」に近い（小林
（2015）参照）。

(42)　……　VN，VN する　「室内 {に／*を} 侵入，物色する」
　　　　　　　→　　←

(43)　……　VN・VN する　（26）の「侵入・占拠」
　　　　　　　→　　←

(44)　……　VN・VN する　（38）の「訪問・滞在」
　　　　　　　→　　←

(45)　……　　VNVN する　「惑星 {*に／を} 近接観測する」
　　　　　　　　→　　←

4　[7] の「感染・発症」は，[8] の「感染，発症」に近い。

　[7]　奈良県橿原市四条町の県立医大付属病院（打田日出夫院長）は 28 日，同病院の
　　　女性研修医（25）が結核に感染・発症していると発表した。（= (32)）

　[8]　この結果，84 〜 94 年に，19 人の患者と，注射針の洗浄作業をしていた元事務
　　　員が C 型肝炎に感染，発症した。　　　　　　（毎日新聞 1998 年 8 月 25 日）

向かい合った矢印は，格標示に基づく係り受けを表したものである。
「VNVN」は，一部のもの（「通勤通学」のような両側主要部タイプなど）
を除いて，VN2 が主要部なので，VN2 に矢印を付しておく[5]。

4.　VN1 と VN2 が同時のタイプ

VN1 と VN2 が同時のタイプとは，次のようなものである。

(46)　全国各地の伝統工芸品を展示・即売する第 20 回記念「職人の技
　　　展」を開催します。(＝(2))

(47)　出先の食糧事務所は「地方農政事務所」に改組され，約 4200 人
　　　の職員はリスク管理の実動部隊として，食品の表示が適正かど
　　　うか巡回・点検する。　　　　　　　　（毎日新聞 2003 年 6 月 30 日）

(48)　教師，親，児童が力を合わせて池を作り，さらに活動は学校内
　　　にとどまらず，地域を流れる侍従川周辺の住民も巻き込んで
　　　「ふるさと侍従川に親しむ会」の結成へと広がっていった。侍従
　　　川にどんな生き物がすむかを示す「生き物看板」の作製，水槽
　　　で実際に川の生き物を飼育・展示する「水族館」の設置も。
　　　　　　　　　　　　　　　　　　　　　（毎日新聞 1998 年 9 月 3 日）

VN1 と VN2 が〔VN1 しながら，VN2 する〕という関係になっている。
(49)，(50) では，VN1 と VN2 が入れ替わっている。

(49)　日本遺族会（橋本竜太郎会長）が，1984 年に「平和祈念総合セ
　　　ンター案」を厚生省に提出。当初案には旧軍の武器，兵器の展
　　　示を含めた「軍事博物館」的な発想もあった。87 年に厚生大臣
　　　の諮問委員会（向坊隆会長）が「先の大戦をはじめとする戦争に
　　　関する史料を保存・展示する記念館を設置すべきだ」との報告
　　　をした。　　　　　　　　　　　　　　（毎日新聞 1993 年 7 月 12 日）

5　「VNVN」でも，VN1 による格標示の方が選ばれているものがないわけではない。
　[9]　候補者を信任する
　[10]　候補者に投票する
　[11]　ソ連の国会選挙といえば，これまでは共産党組織の推すただひとりの候補者を
　　　　信任投票するだけという形式的なものだった。　（朝日新聞 1989 年 3 月 28 日）

28 ｜ 小林英樹

(50) 大阪府は 28 日，漫才や落語など上方芸能の資料を展示・保存するほか，実演も可能な上方演芸資料館（仮称）を大阪・ミナミに開設すると発表した。 （毎日新聞 1993 年 12 月 28 日）

保存しながらの展示，展示しながらの保存，どちらも可能である。(51)，(52) も，同様である。

(51) 県が記者発表用に用意した文書には「（地方自治情報）センターへ委任している事務を見直し，情報政策面で国中心の現況から県が自律性を確立する方向へ転換を図っていく」と書かれてあった。全国の住基情報を一元管理する同センターを頂点にした住基ネットから離脱し，県が独自システムを作って個人情報を管理・運用する方針を明確に打ち出す文面だった。

（毎日新聞 2003 年 8 月 30 日）

(52) 住民基本台帳ネットワークシステム（住基ネット）の侵入実験について総務省は 17 日，住基ネットを運用・管理する同省の外郭団体「地方自治情報センター」が東京都品川区役所のシステムを対象に行った結果，「侵入できなかった」と発表した。同センターによる住基ネットへの侵入実験は初めて。

（毎日新聞 2003 年 10 月 18 日）

このような入れ替わりは，(53)，(54) と同じように，どちらを図 (figure)，どちらを地 (ground) とするかの問題と思われる。

(53) 新聞を読みながら，テレビを見る。

(54) テレビを見ながら，新聞を読む。

5. 「VNVN」との比較

小林 (2004, pp. 252–255) は，「VNVN」(VN-VN タイプ四字漢語動名詞) を次のように分類している。

(55) 両側主要部タイプ

通勤通学，連携協力，指導監督，……

(56) VN1 と VN2 が項関係になっているタイプ

出馬表明，輸入規制，公開請求，……

（57） VN1 と VN2 が同時のタイプ

　　　　対面販売，冷凍保存，比較検討，……

（58） VN1 が VN2 に先行するタイプ

　　　　受注生産，輸入販売，邦訳出版，……

（59） VN1 が VN2 に後続するタイプ

　　　　永住帰国，体験入部，検査入院，……

2. で考察した VN1 と VN2 が並立関係になっているタイプ（「告訴・告発」）は（55）に，3. で考察した VN1 が VN2 に先行するタイプ（「製造・販売」）は（58）に，4. で考察した VN1 と VN2 が同時のタイプ（「展示・即売」）は（57）に対応する。

（60） 大井川鉄道（静岡県）などトロッコ列車を運行・計画している
　　　　11 社が出席。中には古い貨車を改造し，あえて乗り心地を悪く
　　　　した"貧乏列車"が受けているという。

　　　　　　　　　　　　　　　　　　　　（毎日新聞 1998 年 7 月 11 日）

（60）は，運行を計画しているということではなく，すでに運行している会社と計画中の会社があるということだろう。（60）の「運行・計画」は，（56）に対応するものではなく，VN1 と VN2 が並立関係になっているタイプと考えられる。（61）の「実施・計画」，（62）の「建設・計画」も，同様だろう。

（61） SBC は長銀との提携で証券，投資顧問，プライベートバンク，
　　　　投資信託の合弁事業を実施・計画しているが，提携協約に「長
　　　　銀本体が合弁事業と競合するような業務は行わない」とする条
　　　　項がある。　　　　　　　　　　　　（毎日新聞 1998 年 6 月 28 日）

（62） 03 年以降に全国で建設・計画されている 20 階建て以上の超高
　　　　層マンションは 14 万戸を超え，昨年 8 月時点の調査に比べて
　　　　約 2 万 6000 戸増加したことが不動産経済研究所の調査でわかっ
　　　　た。　　　　　　　　　　　　　　　（毎日新聞 2003 年 9 月 11 日）

すでに実施しているものと計画中のものがある，すでに建設されているものと計画中のものがあるということだろう。手持ちの「VN・VN」の例には，（56）に対応するもの，（59）に対応するものはなかった。

30 │ 小林英樹

6. おわりに

　本稿は，「VN，VN」と「VNVN」の中間的な存在である「VN・VN」について，下位タイプを取り出しながら，考察を加えてきた。分類に頭を抱える例も数多い。本稿で提示した下位タイプは，あくまで暫定的なものである。今後の課題となる「VN・VN」をいくつか指摘し，結びとすることにしたい。

　　(63)　監督庁が，長銀の公的資金投入が<u>申請・審査</u>されるのは10月の予定としているのも疑問だ。　　　（毎日新聞1998年8月25日）

　　(64)　ところが一方で，「食」に対する問題が広がっている。無認可農薬が<u>販売・使用</u>されていることが発覚し，消費者の健康のもとになる野菜が売れなくなっていると聞く。

　　　　　　　　　　　　　　　　　　　　　　　　　（毎日新聞2003年1月10日）

申請する者が審査するわけではない。販売する者が使用するわけではない。(63)，(64)では，VN1の＜動作主＞とVN2の＜動作主＞が異なっている[6]。(63)，(64)は，受動文であり，＜動作主＞が背景化されている。(63)，(64)を能動文にした(65)，(66)は，不適格である。

　　(65)　*公的資金投入を<u>申請・審査</u>する

　　(66)　*無認可農薬を<u>販売・使用</u>する

(69)では，受動化されたVN1がVN2と結び付いている[7]。

6　[12]でも，VN1の＜動作主＞とVN2の＜動作主＞が異なっている。
　[12]　福島県郡山市の強盗婦女暴行・監禁事件で，刑事罰の適用年齢を「14歳以上」に下げた少年法改正（01年4月施行）後初めて15歳で<u>逆送・起訴</u>された無職少年（16）は3日，懲役判決に対し控訴しないことを決めた。

　　　　　　　　　　　　　　　　　　　　　　　　　（毎日新聞2003年12月4日）

『明鏡国語辞典（第二版）』（大修館書店，2010）は，「逆送」を「送り返すこと」，「少年法で，家庭裁判所に送致された少年事件を，再び検察官へ戻すこと」（後者の記述には「家庭裁判所が刑事処分が相当と認めたときにこの手続きがとられる」という参考情報をつけている），「起訴」を「刑事訴訟で，検察官が裁判所に公訴を提起すること」と記述している。

7　二字漢語，三字漢語でも，このような結び付きのものがないわけではない。[13]，[14]では，受動化された（＜動作主＞が背景化された）「轢」，「虐待」が「死」と結び付いている。
　[13]　下山が<u>轢死</u>した。

「VN・VN」をめぐって | 31

(67) 食品が生産される（←食品を生産する）

(68) 食品が流通する

(69) トレーサビリティーとは，食品がいつ，どこで，どのように生産・流通したかを把握できる仕組み。農水省は03年度予算で本格的に，牛肉だけでなく米や野菜でもトレーサビリティーを導入していく方針だ。　　　　　　　　　（毎日新聞2003年3月22日）

(72) では，VN2の方が受動化されている。

(70) 法律が成立する

(71) 法律が施行される（←法律を施行する）

(72) 18歳未満の子供を大人から守る「児童買春・児童ポルノ等規制法」(仮称)が，今開かれている国会（6月まで）で誕生する見通しとなった。法律が成立・施行されると，海外での少年少女狙いであろうと国内の援助交際であろうと買った大人は一律に摘発・処罰（懲役または罰金刑）される。

（毎日新聞1998年3月10日）

(75) では，使役化されたVN1がVN2と結び付いている。

(73) クルド人勢力を武装させる（←クルド人勢力が武装する）

(74) クルド人勢力を訓練する

(75) まず数週間かけてバグダッドを包囲し，アフガニスタン攻撃で北部同盟を前面に押し立てたように，北部のクルド人勢力を武装・訓練して「内戦」の形で攻撃させるつもりだと思う。米軍が北部クルド人自治区に空てい部隊を投入したのもその一環だろう。　　　　　　　　　　（毎日新聞2003年3月31日）

(78) では，VN2の方が使役化されている。

(76) 金融再生法案を可決する

(77) 融再生法案を成立させる（←金融再生法案が成立する）

(78) 一方，自民党の池田行彦政調会長は「金融再生法案を一刻も早

---

[14] それによると，身体への虐待や放置（ネグレクト）が原因で死亡した15歳未満の児童は30カ国で計17253人に上り，毎年約3500人の児童が虐待死している実態が判明した。　　　　　　　　　（毎日新聞2003年9月19日）

く<u>可決・成立</u>させることが喫緊の課題だ。今国会ですべてを解決し，市場の信任を得ることが責任と痛感している」と審議促進を求めた。　　　　　　　　　　（毎日新聞 1998 年 9 月 28 日）

中間的な存在である「VN・VN」だから，このような（ルーズな）結び付きが数多く見られるのだろうか。

参照文献

小林英樹（2004）『現代日本語の漢語動名詞の研究』ひつじ書房.
小林英樹（2015）「漢語動詞をめぐって」斎藤倫明・石井正彦（編）『日本語語彙へのアプローチ―形態・統語・計量・歴史・対照―』pp. 47–61, おうふう.

多寡を表す形容詞と存在動詞について

佐野由紀子

1. はじめに

　多寡を表す形容詞「多い」「少ない」については，これまで多くの先行研究において，「ある（以下「いる」も含める）」等と共に「存在」を表す表現であることが述べられてきた。

　そもそも形容詞の多くは，ある物事の存在を前提として，その性質を述べるものであることに加え，「多い」「少ない」は数・量に関わる表現である。このため，当然「多い」「少ない」と存在動詞は意味的に類似するといえる。特に「多い」「少ない」とより意味的類似性を持つ「たくさんある」「少ししかない」等との間で，互いに置き換え可能な例は多い。

(1)　アテネ五輪に出場した選手にも教え子は多い（たくさんいる）。

（『Tarzan』2004 年 9 月 22 日号）[1]

(2)　外見だけではわからないことがたくさんある（多い）。

（宮前淳子『対人関係ゲームによる仲間づくり』）

(3)　発病後より言葉の出にくい感じがあるため，自発的な発語は少ない（少ししかない）。　（中島洋子ほか『回想法ハンドブック』）

(4)　日当たりと排水がよい環境を好み，岩組など土壌が少ししかない（少ない）場所でもよく育つ。

（土橋豊『カラー・ガーデニング』）

1　本稿における例文は「現代日本語書き言葉均衡コーパス」（国立国語研究所）から収集した。

しかしその一方で，両者が置き換えにくいケースも少なからず存在する。

(5)　好奇心の強い人ほど驚く回数が<u>多い</u>（*たくさんある）のだ。

（福田健『なぜ人は話をちゃんと聞かないのか』）

(6)　風光明媚な土地だが，いかんせん人口が<u>少ない</u>（*少ししかない）。　（内田康夫『白鳥殺人事件』）

(7)　小包の内容は魚，野菜，肉等の生活必需品が<u>多い</u>（*たくさんある）。　（秋山ちえ子『十年目の訪問』）

(8)　その他は赤血球が<u>少ない</u>（*少ししかない）とか，血圧が低いとか…。さまざまな病気が考えられますので精密検査を受けた方が良いと思います。　（「Yahoo! 知恵袋」2005 年）

(9)　女性が教えている大学はほかにも<u>たくさんある</u>（*多い）のよ。

（アマンダ・クロス（著）/ 瀧田佳子（訳）『ハーヴァードの女探偵』）

(10)　オークションの中には，詐欺が<u>たくさんある</u>（*多い）と思いますが，やはり電化製品が<u>多いですか</u>（*たくさんありますか）？

（「Yahoo! 知恵袋」2005 年）

　本稿では，多寡を表す形容詞と存在動詞を比較し，両者の相違を考察していきたい。

　なお，本稿における主張は，「多い」も「少ない」もほぼ同様であると考えるが，両者は使用条件が異なる場合がある。例えば，以下の例では数量的な程度の大小といった意味の問題とは無関係に，「多い」への置き換えはできないものと思われる。

(11)　お酒は出来るだけ<u>少ない</u>（*多い）量を飲むようにしています。

（「Yahoo! ブログ」2008 年）

このため，本稿では特に「多い」について述べ，「少ない」については稿を改め論じたい。

　以下では「多い」と「ある」を対照させ考察するが，存在動詞としては，「多い」とより意味的類似性を持つ「{たくさん／多く／たっぷり／どっさり} ある」など，副詞的要素がついた形を扱うこととする[2]。

――――――――――――――――
2　このうち「多くある（いる）」は「「多い」の副詞的用法＋存在動詞」といった形式であるが，「多い」と同じ理由により非文となる場合がある（「多い」の使用条件について

2. 先行研究

　形容詞「多い」「少ない」については，これまで多くの先行研究におい
て，「ある」等と同様，「存在」を表す表現であることが述べられてきた。
　寺村 (1982) は「コト」を大きく「動的事態の描写」と，「性状規定」
「判断措定」にわけ，「両者の中間にある」ものとして「感情の表現」と
「存在の表現」を立てている。このうち「存在の表現」は，「「アル，イ
ル」という動詞の形をとる場合と，「ナイ」「多イ」のような形容詞の形
をとる場合がある (p. 155)」とし，以下の 4 つの区別されるべき意味を
持っている，と述べている。

① 　出来事の発生
② 　物理的存在
③ 　所有，所属的存在
④ 　部分集合，または種類の存在

　尾上 (1987) は，「「ある」「ない」「多い」「少ない」「見える」「聞こえ
る」などの語を述語として持つ文は，存在そのことを表す文，存在の量
的な仕方を表す文，視覚的，聴覚的な存在を表す文として，広義に存在
文と一括することができようが，この存在文の内容は，存在する゛も゛の゛と
存在そのことを表す語との結合として把握される以外にありようのない
もの (p. 62)」であると述べている。

　服部 (2002) は，「意味的に，存在述語としての「多い」は (存在動詞
としての「ある」を含んだ)「多くある」(「たくさんある」) とほぼ同義な
一方，「少ない」は「少しある」(「少なくある」という言い方はそもそも
不自然である) ではなくむしろ「少ししかない」という否定の形とほぼ同
義である (p. 65)」と述べている。

　工藤 (2002) は，「時間的限定性」の有無の観点から述語を〈運動〉〈状
態〉〈存在〉〈特性〉〈関係〉〈質〉に分類している。〈存在〉を表す述語として
は，「いる，ある」などの動詞のほか，「多い，ない，乏しい，僅かだ，
豊富だ，稀だ」などの形容詞を挙げている。時間的限定性があるものは

は拙稿 (2016) を参照されたい)。このため，以下では特に使用頻度の高い「たくさんあ
る」を代表させ考察を行う。

〈運動〉〈状態〉であり，時間的限定性がないものは〈特性〉〈関係〉〈質〉であるが，〈存在〉については「一時的現象であったり恒常的であったりすることから両者の中間に位置すると考えておきたい」と述べている。

　八亀（2008）は，工藤（2002）の分類を踏まえ，そのうち「形容詞が述語となる文が表すのは，〈状態〉〈存在〉〈特性〉〈関係〉の４つである」としている。「多い，少ない，乏しい，豊富な」などはその中の〈存在〉を表すとされている。また工藤（2002）と同様，これらは「時間的限定性はある場合とない場合がある」としている。

　久島（2010）は，「「多い」のように存在という動詞的な意味を持つ語の場合，形容詞の中での位置づけや意味記述がどのようにされるべきか問題となる（p. 173）」と述べている。更に，上の八亀（2008）の議論を紹介した上で「これによって，「多い」等の位置づけもより明確になったといえる（p. 177）」とし，基本的に八亀の立場を支持している。

　今井（2012）は装定用法の「多い」「少ない」の可否は，「「多くある」「少ししかない」で置き換えた場合の可否と平行する」ことなどを挙げ，「連体修飾用法の不自然さは「多い」「少ない」に含まれる存在という意味成分に起因する」と，「多い」「少ない」が存在表現であること，またそれゆえに装定用法における使用制限が生じることを述べている。

　以上のように，多くの先行研究では「多い」は存在動詞と特に区別されることなく「存在」を表すと捉えられてきた。しかし，そもそも「多い」が存在動詞と同じく「存在」を表すのであれば，形容詞「多い」とその副詞的用法である「多く」が異なる意味を持つと考えない限り，意味的な重複となるため「多く」と存在動詞は結びつかないはずである。しかし実際には，「多くある」は使用される。

（12）　女偏でも直接に女と関わらない字も<u>多くある</u>。

（小山文雄『ことばの森』）

（13）　2004（平成 16）年時点で，最も待機児童が<u>多くいる</u>のが神奈川県横浜市である。（『厚生労働白書』平成 17 年版）

　次節では，「多い」のみ使用可能な例，存在動詞のみ使用可能な例を取り上げ，両者の相違を述べていく。

3. 置き換えできないケースについて

3.1 「多い」のみ使用可能な文

以下の (14)～(17) は，ガ格項が「回数」「消費量」「貯蓄額」「人口」など，数量に関する名詞となっている。

(14) ＝ (5) 好奇心の強い人ほど驚く回数が多い (*たくさんある) のだ。

(15) 長寿村の食生活にはダイズの消費量が多い (*たくさんある) といわれている。　　　　　　　　　　　(御子柴公人『ダイズ・アズキ』)

(16) 日本でも，もっとも貯蓄額が多い (*たくさんある) のは福井県民。(現代ふしぎ調査班編『県民性がはっきり見える日本地図』)

(17) 国内は人口が多い (*たくさんいる) だけに患者人口も日本とは桁外れに多かった。　　　　　　　　　　(惠京仔『祖国之鐘』)

このように，ガ格項自体が尺度を持つ名詞 (程度名詞) である場合，「多い」はガ格項によって表された数あるいは量についてその程度の高さを表すのみであり[3]，「存在」自体を表すと考えることは意味的に不可能である。したがって，「たくさんある」への置き換えも，認められない[4]。

次に，(18)～(21) では，ガ格項の割合がどの程度であるかが表されている。例えば，(18) は「小包の内容」の中での「魚，野菜，肉等の生活必需品」の割合，また (19) は「クリーム」の中での「オイル分」の割合について述べており，「多い」が「存在」自体を表すと考えることは，やはり意味的に不可能である。「たくさんある」への置き換えも，認められない。

(18) ＝ (7) 小包の内容は魚，野菜，肉等の生活必需品が多い (*たくさんある)。

(19) 最近では朝使用するものも出ていますが，クリームはオイル分

3　同様の例は「標高が高い (低い)」「距離が長い (短い)」「面積が大きい (小さい)」「スピードが速い (遅い)」等の場合にも見られるが，このような例における形容詞は，やはり名詞の表す尺度に関してその程度を表すのみである。

4　「現代日本語書き言葉均衡コーパス」で検索したところ，「(～) 数が多い」は 512 例，「(～) 量が多い」は 259 例ヒットしたのに対し，「(～) 数がたくさんある (いる)」「(～) 量がたくさんある (いる)」は共に 1 例も存在しなかった。

が多い（*たくさんある）ので，オイルやけしますし，崩れやすくなります。　　　　　　　　　　　（「Yahoo! 知恵袋」2005 年）

(20)　年代別にすると，四〇代が三二％で最も多い（*たくさんいる）。
　　　　　　　　　　　　　　　　　　（平山信一他『わかりやすい離婚』）

(21)　夜になると，寝台特急が，次々に地平ホームを出発して行くが，昼間は急行列車が多い（*たくさんある）。
　　　　　　　　　　　　　　　　　　（西村京太郎『上野駅殺人事件』）

　以上のように，ガ格項の数量に関する程度を表す解釈しかできない文においては，「多い」のみが用いられる。

3.2　「たくさんある」のみ使用可能な文

　一方，次の (22)〜(24) は「たくさんある」のみ許容される。

(22)＝(9) 女性が教えている大学はほかにもたくさんある（*多い）のよ。

(23)　肌を露出した写真はまだたくさんある（*多い）が，デザインをリニューアルしたことでより現代風になった。
　　　　　　　　　　　　（氷上春奈訳『世界を制した 20 のメディア』）

(24)　この発言者が使ったことのない言葉はこれだけでなく，他にもまだたくさんある（*多い）。
　　　　　　　　　（椎名誠他『いろはかるたの真実「発作的座談会」』）

ただし，これらは「ほかにも」「まだ」「これだけでなく，他にもまだ」等を除くと，「多い」の使用は可能になると思われる。

(22)′　女性が教えている大学は多いのよ。

(23)′　肌を露出した写真は多いが，デザインをリニューアルしたことでより現代風になった。

(24)′　この発言者が使ったことのない言葉は多い。

これらの語句の有無によって変わるのは，やはり程度を表す解釈の可否である。すなわち，「ほかにも」「まだ」といった語句が付加されていれば，存在すること自体を述べる解釈しかできず「多い」が認められないのに対し，付加されていなければ数量についてどの程度であるのかを表

す解釈も可能になるため，「多い」が用いられると考えられる。

　次の (25) (26) も同様に，存在すること自体を述べているため，「多い」
は用いられない。

(25)　お父さんは，さっそく特製カレーライスを作った。「ほら食べ
　　　ろ，お代わり<u>たくさんある</u>（*多い）ぞ。」と，ごきげんな顔で大
　　　盛りのカレーをぱくつく。　　　　　　　　　（『国語六上　創造』）

(26)　暮らしやすく文化度の高い街を形成していくなど，不動産・建設
　　　業界には，もっともっと，やるべきことが<u>たくさんある</u>（*多い）
　　　はずです。　（長嶋修『住宅購入学入門いま，何を買わないか』）

3.3　本節のまとめ

　はじめに述べた通り「多い」と「たくさんある」等との間で互いに置
き換えられる例は多く，意味的な類似もある。しかし，「多い」と「た
くさんある」が置き換え可能であるのは，存在を表す解釈も，数量に関
する程度を表す解釈も，共に成り立つ文に限られる。数量に関する程度
を表す解釈しか成り立たない文では「多い」のみが用いられるし，存在
を表す解釈しか成り立たない文では「たくさんある」のみが用いられる。
以上のことから，以下のことがいえる。

・「多い」は数量に関する程度を表すものである。
・「ある（副詞的要素がついたものも含める）」は存在すること自体を述
　べるものである。

4.　存在の有無と存在の多寡に基づく相違について

　これまで「多い」が「存在」を表すということの 1 つの根拠として考
えられたのが，以下の例のように場所を表すニ格をとりうる，という文
法的なふるまいである（今井 2012，寺村 1982 参照）。

(27)　ミナミヌマエビは普遍的に分布するが<u>中下流に多い</u>（たくさん
　　　いる）。　　　　　　　　　　　　　　（『生物による環境調査事典』）

(28)　<u>大企業には</u>優秀な人材が<u>多い</u>（たくさんいる）が，全てが活かさ
　　　れているとはいえない。

（西畑三樹男『技術者のための独立の心得120』）

　では，「多い」が存在自体を表すものではないにもかかわらず，なぜニ格をとるのかについては，「何らかの場所に存在するガ格名詞の数量的な程度が大である」ことを述べるため，つまり，存在動詞（および「ない」）は「存在の有無」に関して述べるのに対し，「多い（および「少ない」）」は「存在の多寡」に関して述べるものであるためと考える[5]。

　ただし，(27)(28)と同様に「―は―に（―には―が）多い」といった構文をとっていても，「多い」のみ認められないケースも存在する[6]。

　(29)　ミナミヌマエビはバケツの中に {たくさんいる／?? 多い}。

　(30)　（窓の外を見ながら）雪の上には子どもたちの足跡が {たくさんある／?? 多い}。

では，「―は―に（―には―が）多い」といった文はどのような場合に許容され，どのような場合に非文となるのか。

　堀川（2012）は，場所のデ格項，ニ格項が「○○デハ」「○○ニハ」でなく「○○ハ」のみで主題化できるのは，「（広義）存在表現における場所」「属性描写の主体」など，後続部分で説明が与えられる「説明対象」等の場合に限られ，「場所主語としてのガ格項の主題化というべき」であると述べている。すなわち，通常，場所のデ格項，ニ格項は (31)(32) のように「○○ハ」のみで主題化することができないが，(33)(34) の場所はガ格項（主語）相当であり「説明対象」となりうるため，「○○ハ」のみで主題化できるという[7]。

　(31)　パリ {では／*は} 高度なフランス料理を習った。

（堀川 2012, p. 92）

5　このほか，存在動詞は出来事や所有の有無について述べることができるのに対し，「多い」は出来事や所有の多寡について述べることができる。

6　「―は―に（―には―が）多い」の文法性判断については微妙な場合もある。後述するように場所と物の関係が臨時的であり，且つ他との比較を伴わない解釈の場合，「多い」が不可となる。場所名詞に「―の {中／上／横／奥}」などがついていれば，場所と物の関係が臨時的と捉えられやすいが必須ではない。

7　拙稿（2016）では同じく堀川（2012）の引用により，以下の (27)′(28)′ では「場所項が主格としての性質が強く，ガ格項は主格としての独立性が低い」ことを述べている。

多寡を表す形容詞と存在動詞について | 41

(32) 箱根の別荘 {には／??は} 後輩たちを招待した。 （同, p. 93）

(33) シャツのそで {には／は} シミがついている。 （同, p. 103）

(34) この交差点 {では／は}，車同士の衝突事故がよく起こる。

（同, p. 105）

　ここで，再び上の (27) (28) (29) (30) について考えると，(27) (28) では「多い」「たくさんある」ともにニ格項を「○○ハ」のみで主題化することが可能であるのに対し，(29) (30) では「多い」はもちろん「たくさんある」についても，「○○ハ」のみで主題化することができないことが分かる。

(27)′ 中下流 {には／は} ミナミヌマエビが {多い／たくさんいる}。

(28)′ 大企業 {には／は} 優秀な人材が {多い／たくさんいる}。

(29)′ バケツの中 {には／??は} ミナミヌマエビがたくさんいる。

(30)′ （窓の外を見ながら）雪の上 {には／??は} 子どもたちの足跡がたくさんある。

　つまり，(27)′ (28)′ は後続部分全体が主題（「○○ハ」）に対する「説明内容」を表すのに対し，(29)′ (30)′ は後続部分が主題に対する「説明内容」とはなりえないといえる。これは，(29) (30) は場所と物の関係が臨時的であり，存在の仕方が偶発的であると捉えられるためであろう[8]。

　奥田 (1996, pp. 4–5) は「ある」等の動詞を，「存在」を表す文と，「一時的な滞在（配置の空間的関係）」を表す文とに区別している。以下の (35) ～ (38) が「存在」を表す文，(39) ～ (42) が「一時的な滞在」を表す文である。(35)～(38) は「質・特性・関係」を表すグループに[9]，(39)～(42) は「動作・変化・状態」を表すグループにふくみこませることができるとされている。

───────────

8　久島 (2010, p. 182) は，（「たくさんある」によって表されるような）「「動詞的な存在」と別に」，（「多い」によって表されるような）「「形容詞的な存在」があるということではないだろうか」とした上で，「動詞的な存在の場合，場所と物の関係は臨時的でそれぞれが独立しているが，形容詞的な存在の場合は，個体（領域）とその構成要素という関係であり，構成要素は独立していない」と述べている。

9　奥田 (1996) は「文の対象的な内容」を (a)「動作・変化・状態」など出来事を表すグループと，(b)「質・特性・関係」など人や物の特徴を表すグループに二分している。

(35) 東京の上野にはおおきな公園がある。

(36) その公園には西郷隆盛の銅像がたっている。

(37) 水は酸素と水素をふくみこんでいる。

(38) 彼は軽井沢に別荘をもっている。

(39) きのうの 12 時にはぼくは学校にいた。

(40) そのとき彼女は山の頂上にたっていた。

(41) こどものほっぺたにはごはんつぶがくっついている。

(42) やねのうえには雪がつもっている。

先に挙げた例では，(27)(28) が奥田の言う「存在」，(29)(30) が「一時的な滞在」に相当すると思われる。また，奥田 (1996) では「特性を表現している文」の中に以下の例が挙げられており，「多い」は (31) 〜 (34) と同様，「質・特性・関係」を表すグループに含まれるものと考えられる。

(43) 新潟は雪がおおい。　　　　　　　　　　　　　　（奥田 1996, p. 4)

　これらのことから，存在動詞の場合，時間的な限定を受けない恒常的な存在を表すことも，臨時的な存在（奥田のいう「一時的な滞在」）を表すことも可能であるのに対し，「多い」は恒常的な存在についてその数量の多寡を表すものであるといえる。

　したがって，次のような眼前描写型の文でも「多い」は用いられない。

(44) （戸棚を開けて）あ，虫が<u>たくさんいる</u>（*多い）！

(45) こんなところに虫が<u>たくさんいる</u>（*多い）！

野田 (1996, p. 88) は，眼前描写型の文の「もっともよく使われる」述語として，「知覚を表す「見える」や「聞こえる」」，「存在を表す「ある」や「残っている」，出現を表す「来る」や「出てくる」…」などを挙げている。一方で「一時的な状態をできごととして表すもの」を除いて，形容詞・名詞類はこのタイプの述語になりにくい，としている。

　ただし，時間的な制限があれば，常に「多い」が用いられないというわけではない。以下の (46) は時間的な制限があり，ガ格項の存在の仕方が偶発的であると考えられるにもかかわらず，「多い」が使用されている。

（46）　なるべく満遍なくまこうと思うのですが今日は人が多く中々行
　　　　き渡らなかったと思いますし遠投は中々届かず・・。

（「Yahoo! ブログ」2008 年）

更に，場所と物の関係が臨時的であるとした先の（30）のような例も，主
題化された時間成分が加えられた場合には，認められると思われる。

（30）″今日は雪の上に子どもたちの足跡が多い。

　このように，時間を表す成分が主題として機能する場合には，「多い」
を含む後続部分が時間についての説明内容となるため，時間的な制限が
あっても認められると考えられる。ただし，時間成分の説明内容となり
うるかどうかは，当然「多い」句によって違いがある。以下の（47）のよ
うに，駅前における「人の数」「車の数」「ごみの量」など，通常，時間
とともに変化するものの場合には，時間を主題としてその数量について
述べることができるが，（48）（49）のように時間に伴う変化が想定しにく
い場合には不可となる。

（47）　今日は駅前に {人／車／ごみ} が多い。

（48）＊今日は駅前に {緑／建物／病院} が多い。

（49）??今日はバケツの中にミナミヌマエビが多い。

　更に，以下のような例も存在の仕方が恒常的であるとはいえないが，
繰り返される状態であり，時間成分を含む後続部分全体が主題の説明内
容となるため認められる。

（50）　駅前は 8 時頃人が多い。

　このように，「多い」は他の多くの属性形容詞と同様，主題の説明内容
となる場合に使用されるといえる。ただし，「多い」は数量を表すもので
あり，「多い」単独では個々のモノに恒常的に備わる性質を表すことはで
きない。このため句となって主題の性質を表す点が，他の属性形容詞と
大きく異なるところである。

　なお，他と比べた相対的な多さを述べる場合は，必ずしも主題に対す
る説明内容とならなくてもよい。

（51）　（目の前のバケツを覗きながら）ミナミヌマエビよりサワガニの
　　　　方が多い。

(51) では目の前の「ミナミヌマエビ」と「サワガニ」を比べて「サワガニ」の方が数的程度が高いことを述べているが，「多い」の使用が認められる。

5. おわりに

以上，「多い」と存在動詞との相違を考察した。その結果，以下のことが明らかとなった。

① 「ある（副詞的要素がついたものも含める）」は「存在の有無」について，特に存在が有すること自体を述べるのに対し，「多い」は「存在の多寡」について，特に数量的な程度が大であることを表すものである。

② このような相違により，両者は存在の仕方に基づく使用の可否においても違いが生じる場合がある。「ある」は，時間的な限定を受けない恒常的な存在を表すことも臨時的な存在を表すことも可能であるのに対し，「多い」は基本的に恒常的な存在についてその数量の多寡を表す。

③ ただし，「多い」を含む句が主題の説明内容となる場合，また他と比べた相対的な多さを述べる場合は，存在の仕方が臨時的であっても認められる。

参照文献

今井忍（2012）「なぜ「多い学生」「少ない本」と言えないのか―〈存在〉という意味成分に基づく再検討―」『日本語・日本文化』38, pp. 53–80.

奥田靖雄（1996）「文のこと―その分類をめぐって―」『教育国語』2-22, pp. 2–14, むぎ書房.

尾上圭介（1987）「日本語の構文」『国文法講座6 時代と文法―現代語』明治書院.

久島茂（2010）「形容詞の意味―「多い」を中心として―」澤田治美（編）『ひつじ意味論講座第1巻　語・文と文法カテゴリーの意味』pp. 173–190, ひつじ書房.

工藤真由美（2002）「現象と本質―方言の文法と標準語の文法―」『日本語文法』2-2, pp. 46–61.

佐野由紀子（2016）「「多い」の使用条件について」『日本語文法』16-2, pp. 73–93.

寺村秀夫（1982）『日本語のシンタクスと意味I』くろしお出版.

野田尚史（1996）『「は」と「が」』くろしお出版.
服部匡（2002）「多寡を表す述語の特性について」玉村文郎（編）『日本語学と言語
　　学』pp. 61–74, 明治書院.
堀川智也（2012）『日本語の「主題」』ひつじ書房.
八亀裕美（2008）『日本語形容詞の記述的研究—類型論的視点から—』明治書院.

語彙的要素と文法的要素の組み合わせ方と
主題マーカーの相関関係
―「言語の類型的特徴をとらえるための対照研究」の立場から―

張　麟声

1.　はじめに

　「言語の類型的特徴をとらえるための対照研究」とは，橋本萬太郎（1978）『言語類型地理論』，山本秀樹（2003）『世界の諸言語の地理的・系統的語順分布とその変遷』によって指摘された語順類型論の弱点を克服するために，提唱した一研究モデルである。この研究モデルでは，SVO，SOV，VSO といった語順的な指標と，「孤立」，「膠着」，「屈折」といった形態レベルでの指標とが二重に用いられることになる。ここで言う「孤立」，「膠着」，「屈折」といった概念に関しては，19 世紀の姿のままではなく，語彙的要素と文法的要素の合わせ方を重視する立場から再定義されている。再定義の初歩的な作業を筆者は張麟声（2015）及び張（2016）において行ってきており，その作業の結果をより説得力のあるものに修正し，言語における主題マーカー生起の可能性との相関関係について検討するのが本稿の目的である。

　以下，第 2 節において，19 世紀の「孤立」，「膠着」，「屈折」といった概念のあり方，及び，それに関するいくつかの重要な批評を述べた上で，張麟声（2015），張麟声（2016）でたどりついた考え方を紹介する。続く第 3 節においては，その考え方を，語彙的要素と文法的要素の合わせ方という角度から，より緻密な再定義の可能性を探る。そして，第 4 節においては，前節で完成した再定義を駆使して，同じ SOV 言語でありながら，一部の言語に主題マーカーが生起しやすく，一部の言語に生起しに

くい理由を解く。最後の第 5 節をまとめとする。

2. 「孤立」,「膠着」,「屈折」といった概念について

　現在入手できる言語学史の著作や言語学事典類によって,「孤立」,「膠着」,「屈折」といった概念の最初の唱道者を特定することは難しい。以下に引用する R. H. ロウビンズ著, 中村完, 後藤斉訳 (1992)『言語学史第三版』及び, ミルカ・イヴィッチ著, 早田輝洋, 井上史雄訳 (1974)『言語学の流れ』がそのような事情を裏付けるものである。

　まず R. H. ロウビンズ (1992) では次のように述べられている。

　　フンボルトの名を言語学の分野でもっとも高めているのは, なにより, おそらくは, 文法単位としての語にみられる優勢な構造に着目して, 言語を孤立・膠着・屈折という三類型の分類を広めたことによる。とはいえ, これは当時の多くの学者の共通見解であった。F. シュレーゲルは, 語形の内的変化を文法的に利用する言語と, 諸要素を順次並べて行く言語に分類する。A.W. シュレーゲルは, それに私見を交えて, 孤立語, 接辞語, 屈折語という三分類を提示したが, ボップもこれとはいささか異なる体系を示した。　　　　　　　　　　　(p. 202)

　一方, ミルカ・イヴィッチ (1974) では, アウグスト・シュライヒャーに関して第 8 章, ウィルヘルム・フォン・フンボルトに関して第 9 章というように, それぞれ一章を当てて叙述しているが,「孤立」,「膠着」,「屈折」といった概念に関しては, フンボルトを取り扱う第 9 章「言語学におけるフンボルト主義」ではまったく言及されずに, むしろシュライヒャーを取り扱う第 8 章「アウグスト・シュライヒャーの生物学的自然主義」において, 次のように述べられている。

　　言語は自然有機体であって, その発展は原則として, 自然の他の部分に見られる発展と同じ形態をとる。言語には三つの基本的な類型がある：語根語 radical Languages (例えば, 中国語のように, 文法的関係も構文論的機能も, 常にまたは主として, 語順によって示される)。膠着語 agglutinative (例えば, ハンガリア語のように, 文法的関係は, 単語の基本形と結合する様々な言語要素によって示され, その

各要素は常に明確な固有の意味と独立の形を備えている）。融合屈折語 amalgamating flexional（例えば，ラテン語のように，文法的意味の違いは，語根に付加されて融合する独立の形のない言語要素によって示される）。シュライヒャーによれば，これら三つの類型は言語の到達した発展段階にそのまま応ずるものであり，またこの世界の基本形態—鉱物・植物・動物—に（この順序で）直接に対応する。　　　　　　（p. 29）

　以上の二つの引用から分かるように，フンボルト，F. シュレーゲル，A.W. シュレーゲル，ボップに限らずに，同じ時代のシュライヒャーもほぼ同じ考え方を持っているようである。しかし，どうもその数人の中では，フンボルトが一番詳しく「孤立」，「膠着」，「屈折」といった概念の性格を検討しているようである。

　山口巌（1995）『類型学序説　ロシア・ソビエト言語研究の貢献』によれば，フンボルトはその著『人間言語の種々相とその人類の精神的発達に及ぼす影響について』の中で，孤立，屈折，膠着という三つの型の間には次のような関係がある，と述べているという。

　　中国語の場合のように，文中における語の属している（思考の）範疇を指示することが欠けてしまっていることと，本当の屈折（フレクシォーン）ということとの間には，言語の備えている純粋な有機構造と背馳しないような第三者は存在し得ないのである。両者の間に存在し得ると考えられる唯一のものは，屈曲（ボィダンク）として用いられた複合という方法だけなのである。この場合の複合とは，本来の屈折を目差しながらも十分には完成されなかった屈折という意味なのであって，実は機械的な接着にすぎず，純粋な有機的付加形成ではない。こういうどっちつかずの混血児は，仲仲それと見分けのつくものではないが，近頃では膠着という名称で呼ばれているものである。　　（p. 3）

「本来の屈折を目差しながらも十分には完成されなかった」という叙述に関しては，フンボルトはさらに次のように述べていると山口巌（1995）は紹介する。

　　……いわゆる膠着語と呼ばれる言語と屈折言語との相違は，語の概念の属する範疇をすべて屈曲によって指示するか否かという言語の

種類の相違ではなくて，膠着語も屈折語も実は全く同じ方向を目差してはいるものの，膠着言語の場合はその努力に明澄性を欠いているがために，その努力に不成功の度合が強いというだけの相違にすぎない……

(p. 4)

これらから分かるように，19世紀の言語学者たちは，ただ「孤立」，「膠着」，「屈折」といった概念を用いて世界の言語を分類しただけではなくて，言語は「孤立」，「膠着」，「屈折」という順に発展していくものとまで考えていたのである。

「孤立」，「膠着」，「屈折」という順に発展していくという言語における「進化論的」な考え方を徹底的に否定したうえで，類型論的な概念として，「孤立」，「膠着」，「屈折」を一段と精密に作り上げたのは，20世紀に入ってからのサピアのようである。山口巌 (1995) によれば，サピアにとって，従来の孤立型言語，膠着型言語，屈折型言語という分類は，「語を構成する多様な要素が相互に融合する度合い」あるいは「語の構成要素が結合される機械的な粘着度」に基づいているらしく，その論集『言語』において，当該事象が次のように四つの型に分けて述べられている。

第一の型は，そのような結合作用が存在しない言語で，すでに述べた孤立型の言語である。

第二の型の言語群には，語を本来の機械的構成要素に十分分析でき，各々の要素は多少なりとも明確に確立した意味を持ち，しかも各々の構成要素は他のあらゆる語彙に規則的に用いられ，新しい単語にはそれぞれの構成要素の意味を連合した概念が付与されるごとき，そのようなすべての言語群が属するいわゆる膠着語 (agglutinative language) である。大多数の言語は膠着的手段を用いていると思われる。これによると論理的分析が手段の節約をともなう大きな利点がある。アルタイ諸言語と，特にトルコ語はそのよい例であるが，アフリカのバントゥー諸言語は形態上は膠着語である。

第三の型はいわゆる屈折言語である。語根的要素，または語幹と，語形変化をする接頭辞，接尾辞との結合度は，膠着語よりも大きく，そのため，通例，語幹を取り出して接辞要素と分離することが難しい。

（中略—筆者）仮にラテン語を例にとると，複数性の概念は，相互に音韻的関係をほとんど持たないと思われるきわめて多様な手段で表現される。たとえば"equi"（=horses 馬），"dona"（=gifts 贈物），"mensae"（=tables 食卓），の語尾の母音または二重母音と"hostes"（=enemies 敵）の語尾の母音および子音とは機能的には等価値の構成要素であるが，その接辞の配列は論理的関連性を持たないまったくの形態的，歴史的な要因によっているのである。……以前は，良い意味で，ラテン語，ギリシア語のような屈折言語が持つ「化学的」特性と，トルコ語等の言語がもつ安定した機械的特性とを比較することがよく行なわれた。しかしこのような評価方法は，旧式で主観的であるため現在ではかえりみられない。これは明らかに英語，フランス語，ドイツ語を駆使する学者達が，みずから最も精通している言語構造をあえて有利な位置に合理化した事実に起因している。

　複雑な音韻法則が作用したために，融合作用がもたらした結果として，ことばの語根的要素に内部的替変の型式を生み出した第四の言語群が，屈折言語の派生として考えられる。たとえば英語で有名な"sing"，"sang"，"sung"，"song"の例は，内部的替変の構造的特徴についての若干の概念を提示している。これを「記号法的」（symbolistic）という。認めうる内部的替変の種類としては，母音の特性の交替，子音の交替，音の長さの交替，種々の型式の重複または反復，強さアクセントの交替，および中国語やアフリカの多くの諸言語に見られる音の高さの交替がある。この型の典型的な言語はアラビア語である。アラビア語では，他のセム語族と同様に，語の基本的意味は子音連鎖または子音群が表わすが，この子音連鎖には意味を持つ母音群が結合され，しかも母音群の連鎖型式は，子音の構成が表わす意味とは独立した一定の機能をもっている。 (pp. 9–10)

サピアが明確に述べてはいないが，その言っている「孤立」，「膠着」，「屈折」といった概念は，もう言語を丸ごととらえるようなものにとどまらずに，個別言語に2種類以上の要素が含まれうることを示すに至っている。英語について第三の型にも第四の型にも言及されていること，ま

た，中国語の異なる現象が第一の型と第四の型において別々に議論されていることなどがその証拠である。

　一方，こういった 19 世紀，20 世紀における「孤立」，「膠着」，「屈折」のとらえ方に対して，亀井孝，千野栄一，河野六郎 (1996)『言語学大辞典 第 6 巻 術語編』では，次のように批評されている。語形成レベルの話であったり，統語的レベルの話であったりしており，大きな矛盾を孕んでいるのではないかという批評である。

　　膠着語という語は，とりわけ語の形成の特徴についての術語である。(中略) 孤立語というのは，語が集まって文をなす場合，語どうしが互いに孤立していることをいっているので，これはむしろ統語論的な考え方によるものである。その語の形成という点からいえば，孤立語の語は無構造 (amorphous) というべきである。一方，屈折語というのも，語の形成というより語形変化についていっているので，ギリシア語などの印欧語は屈折語といわれるけれども，その語は，その形成からいえば，いわゆる内部屈折であるか，外部屈折にしても語幹と接辞の融合であるか，ときには，膠着といってもよいくらいのこともある。したがって，屈折も孤立も，膠着のように語の形成手順だけのことではなく，むしろ統語機能を考慮に入れていると思われる。　　　　　(p. 496)

　この亀井孝，千野栄一，河野六郎 (1996) の指摘にヒントを得て，張 (2015) では，まず統語的な立場に立ち，言語の類型として次のような暫定的な定義を与えている。

　孤立語：文法的要素と語彙的要素がほぼ同じ大きさ (一単音節) を有する。

　膠着語：文法的要素が語彙的要素より小さいが，独自の音節をなす。

　屈折語：文法的要素が語彙的要素よりずっと小さく，独自の音節をなさない。　　　　　　　　　　　　　　　　　　　　　　　　　(p. 45)

　そして，張 (2016) では，上述のサピアの，個別言語に「孤立」「膠着」「屈折」のうちの 2 種類以上が含まれうるというアイデアを徹底し，言語の文法カテゴリーの性格を記述する際の，弁別的な要素として「孤立」「膠着」「屈折」の 3 種類を立て直し，世界で話されている言語を，その

含有する「孤立」「膠着」「屈折」という三要素の比重によって記述することができるという考え方を示した。以下がその時に示した弁別的要素としての「孤立」「膠着」「屈折」の定義である。ちなみに張（2016）は未公開の講義ノートであるために，ページ数を記すことができない。

・孤立：由于表"格"，"法"，"时 / 体"的语法成分为词汇成分语法化而成，故语法成分和词汇成分为性质相同的音节板块，组成句子时呈"同构板块并列形式"。

（格，ムード，アスペクト・テンスなどを表す文法的要素が，語彙が文法化してなったものであるため，文法的要素と語彙的要素は同じ性格の音節レベルの実体であり，構文的には，「同質の実体が並んだ並列的構造」になる。）

・粘着：表"格"，"法"，"时 / 体"的语法成分均为一个音节以上的单位，但不源于词汇成分，且又小于词汇成分。为此，组成句子时，大小相间，语法成分黏着在词汇成分上，呈"异构板块粘连形式"。

（格，ムード，アスペクト・テンスなどを表す文法的要素は一音声以上の実体ではあるが，語彙が文法化してなったものではないので，性格が異なる。そのために，構文的には，より小さい文法的要素がより大きい語彙的要素にくっついてできた「異質の実体の膠着的構造」をなす。）

・屈折：表"格"，"法"，"时 / 体"的语法成分一般小于一个音节，换句话说也就是不能独自构成一个音节，为此和词汇成分有着不可分割的连带关系。一部分体现词汇成分头，尾的可变成分，一部分体现为词汇成分一个部分的元音或辅音的替代形式。

（格，ムード，アスペクト・テンスなどを表す文法的要素が音節より小さく，言い換えればそれ自体で一つの音節をなせないために，語彙的成分とは切り離せない関係にある。語彙的成分の頭か末尾の部分における可変的なファクターとしてふるまうものもあれば，語彙的成分の一部の音素交替としての可変的ファクターとしてふるまうものもある。）

多くの文法カテゴリーのうち，「格，ムード，アスペクト・テンス」

の3種類だけあげたのは，この3種類に関しては，たとえ形態的カテゴリーを持っていなくても，言語はかならず構文的手段を有しており，言い換えれば，どんな言語に対しても，検討する作業が可能だからである。もっとも，テンスを持たない言語もあれば，アスペクトがメジャーではない言語もあるために，「テンス・アスペクト」のように，テンスとアスペクトの両者を一つの項目としたわけである。

3. 「孤立」，「膠着」，「屈折」といった概念についての再検討

まず，上述の張（2016）での定義を以下の例（1）～（3）で確かめてみよう。それぞれ中国語，日本語及び英語の例文だが，いずれも同じ「女がペンを男にあげた」という意味であり，下線が引かれているのは格とアスペクト・テンスを表す文法的成分である。

(1)　　女人　把　　笔　　给　　了　　男人。
　　　　女　　対格　ペン　上げる　完了　男
(2)　　女がペンを男にあげた。
(3)　　The woman gave a pen to the man.

例（1）の中国語では，対格マーカーの「把」と完了を表す「了」のどちらも動詞が文法化してなったもので，名詞の「男人」，「笔」，「女人」や動詞の「给」と同質である。

これに対して例（2）の日本語では，格を表す「が」，「を」，「に」と過去を表す「た」は，名詞の「男」，「ペン」，「女」及び動詞の「上げる」といった語彙的成分とは完全に異質な存在である。「が」，「を」，「に」は名詞の「男」，「ペン」，「女」について，「た」は「上げる」の語幹である「上げ」について，構文的な役割を果たしている。

一方，例（3）の英語では，gave は give の過去形で，両者が音素交替という関係にあり，屈折的な要素である。これに対して，前置詞の to は，屈折ではなく，膠着的要素だと筆者は見ている。なぜなら，以下の表1に見られるように，ラテン語の女の単数与格の「ae」と複数与格の「īs」，男の単数与格の「ī」と複数与格の「ībus」という4つの形は与格を表す部分を完全に析出できないほど融合しているが，一方，英語の to は日本

語の「に」と似ていて，単数と組んでも複数と組んでも，明確に与格の意味・機能を持っているからである。第2節に引いているサピアの研究をはじめとする従来の研究ですでに触れられているように，複数の文法カテゴリーが融合して一つのまとまった形になっているか，それとも，複数の文法カテゴリーと一対一である形が重層的に並べられているかが，屈折か膠着かを見分ける重要な基準の一つである。

表1

	第Ⅰ変格・fēmīna（女）	第Ⅲa変格・rhomō(m)（男）
語幹	fēmīnā-	homin-
単数主格	fēmīnă	Homō
単数属格	fēmīnae	Homĭnis
単数与格	fēmīnae	Homĭnī
単数対格	fēmīnăm	Homĭnem
単数奪格	fēmīnā	Homĭne
単数呼格	fēmīnă	Homō
複数主格	fēmīnae	Homĭnēs
複数属格	fēmīnārum	Homĭnum
複数与格	fēmīnīs	Homĭnĭbus
複数対格	fēmīnās	Homĭnes
複数奪格	fēmīnīs	Homĭnĭbus
複数呼格	fēmīnīs	Homĭnēs

（信德麟（2007, pp. 32–39）の記述を筆者が表にまとめた）

　以上，張麟声（2016）の考え方を一通り確認したので，続いてこれに加える本研究での新しいアイデアを検討する。新しいアイデアとは，膠着を「強膠着」と「弱膠着」とに分けることであり，その際の基準は「膠着の部分が落ちることがあるかどうか」ということである。すこし詳しく説明すると，つまり，話し言葉などの文体において，膠着の部分が使われたり，使われなかったりすることがあるかどうかということである。使われなかったりすることがあり，言い換えれば，「落ちる」ことがあれば「弱膠着」とする。膠着度が弱いという意味である。一方，どんな文体においても使われなければならない，すなわち「落ちる」ことがない場合は膠着度が強い「強膠着」とする。例えば，日本語の格助詞は話し言葉で落ちることがあるので，日本語の名詞の格という文法カテゴリー

は弱膠着型になる。一方，同じ SOV 型ではあっても，満州語の格のマーカーは落ちることがないので，その名詞の格カテゴリーは強膠着型と見なければならないのである。

こういった「弱膠着」と「強膠着」というアイデアを加えた場合，筆者が考えている言語の類型的特徴を記述する指標の体系としての「孤立」，「膠着」，「屈折」という概念は，次の通りになる。

① 「孤立」，「膠着」，「屈折」といった概念を言語の丸ごとの分類を行う際に用いるのではなく，言語の個々の文法カテゴリー（形態的なものだけではなくて，構文的なものも含まれる）の性格を記述するための指標として用いる。

② 文法的要素が，実質語が文法化してなったものの場合は孤立型で，それが実質語から文法化してなったものではないものが，音節単位としての大きさを有し，且つ，文法カテゴリーとしての意味・機能と一対一の関係を持つ場合は膠着型である。また，基本的に語彙的要素と切り離すことが難しく，たとえ切り離して議論できる場合でも，文法カテゴリーとしての意味・機能と一対一の関係を持たない場合は屈折型である。

③ 膠着型の中で，話し言葉などの文体において，使われなかったりして「落ちる」ことが可能ならば「弱膠着」で，その逆は「強膠着」である。

4. 語彙的要素と文法的要素の組み合わせ方と言語における主題マーカー生起の可能性との相関関係について

本節では，まず張麟声（2010）「「は」のような主題マーカーと言語語順との相関関係について」における本研究に繋がる内容を紹介した上で，語彙的要素と文法的要素の組み合わせ方と言語における主題マーカー生起の可能性の相関関係について検討する。

張麟声（2010）では，中国の『中国少数民族语言简志丛书（中国少数民族言語概説叢書）』において記述されている 37 の SOV 言語と 19 の SVO 言語を調査し，19 の SVO 言語については主題マーカーに関する記述が

完全にないのに対して，37 の SOV 型言語のうち，約半分を占める 16 言語において主題マーカーを持っているという記述が施されていることを確認した上で，次のような仮説をうちだしている。

SVO 型言語においては，主題と述語名詞の間に来る「コピュラ」が主題と叙述を二分する主題マーカーの役割を果たし，本格的な主題マーカーの生起をブロックするため，主題マーカーが発達しにくい。一方，SOV 型言語では，「コピュラ」は主題と叙述の間にではなく，文末に来るので，主題マーカーの生起をブロックすることがない。したがって，主題マーカーが発達しやすい。　　　　　　　　　　（p. 254）

この論文が活字になったのは 2010 年であったが，その後間もなく，主題マーカーに性格が異なる 2 種類のものが含まれていることに気づいたのである。

性格が異なる 2 種類の主題マーカーの 1 つ目は，日本語の「は」のように，構造が二つ以上の構成素に分割できない単純型である。この場合，マーカーは単文において主題を取り立てるのに用いられるだけではなく，「行け<u>ば</u>」，「暑けれ<u>ば</u>」のように，複文の条件節を取り立てるのにも用いられる。この種の主題マーカーは，日本語と韓国語以外に，漢・チベット語族チベット・ビルマ語派の諸言語に観察され，上述の 16 言語の中では，チベット・ビルマ語派カチン語支のカチン語がその一例である。この言語の主題マーカーに関する最新の研究である戴庆厦（2001）では，その主題を表す用法と条件節を作り上げる用法について，次のように論じられている。

・ko^{31} 不但显示话题，强调话题，而且还对话题与述题起间隔作用。（ko^{31} は主題を提示，強調するだけではなく，主題と叙述を隔てる機能も果たしている）　　　　　　　　　　　　　　　　　　　　　　　　　（p. 100）

・条件复句的前一分句（表条件的）也可以做话题，并在分句末尾加上话题助词 ko^{31}。条件可以是假设的，也可以是已成事实的。

（条件型複文の前節（条件を表す節）も節の終わりに ko^{31} を従えて，主題になることがある。仮定的なものでもよく，確定的なものでもよい。）　　　　　　　　　　　　　　　　　　　　　　　　　　　　　（p. 101）

58 ｜ 張　麟声

　それぞれの用例は例えば次の例 (4) と (5) である。もっとも，ここ
で言う用例の番号は本稿の通し番号であり，日本語による注釈は戴慶厦
(2001) にある中国語の注釈を直訳したものである。

> (4) ŋai³³　ko³¹　kằ³¹phu¹　ʒai⁵⁵　ŋa³¹　n¹ŋai³³。　　　(p. 100)
> 　　私　は　兄　　　だ　(助動)　(文末辞)
> 　　(私は兄だ。)

> (5) naŋ³³　lằ⁵⁵khum⁵¹　tha⁷³¹　n³³　kam³³　tuŋ³³　jaŋ³¹　ko³¹
> 　　あなた　腰掛け　上　ない　たい　座る　なら　ば
> 　　ʃi³³　phe⁷⁵⁵　ʃằ³¹<u>tun</u>⁵⁵　kau⁵⁵　u⁷³¹。　　　　　　(p. 100)
> 　　彼　に　座らせ　(助動)　(文末辞)
> 　　(あなたが座りたくなければ彼に座らせよう。)

このような単純型に対して，日本語の「ならば」のように，構造的に
「なら」と「ば」に分けられる複合型主題マーカーも見られ，例えばアル
タイ語族ツングース語派の満州語の主題マーカーがそうである。満州語
の主題マーカーに関する記述については，Gorelova, Liliya M. (2002) に
おける以下の叙述を見られたい。

　Firstly, in Manchu, a number of special word forms are normally used
to mark the topic of a sentence. Following Gundel, I use the term "*topic
marker*" to indicate the status of these word forms. The following word
forms are used the most to mark the topic: *oci, seci, seme*. Being originally
verbal forms (mostly imperfect and conditional converbs) derived from the
verbs *o*-"to become," "to be," and *se*-"to say," "to call," "to mean," they
literally render the following meanings: "if be/becoming smb. or smth.,"
"if speaking about smb, or smth." It should he noted that in this particular
case the word form *seme* realizes its conditional meaning (see also Part IV,
Section 5.7.1).　　　　　　　　　　　　　　　　　　　　　　(p. 410)

oci, seci の前半である o- と se- の性格は上述の引用から分かり，後半で
ある -ci については，以下に示す津曲敏郎 (2002) における満州語動詞連
用法の条件形を参考にすれば，それが日本語の用言の仮定形につく「ば」
やカチン語の「ko31」と同質のものであることを理解できよう。もっと

も，津曲敏郎（2002）で言う連用法の諸活用形は，学校文法における動詞の活用形とは違い，むしろおおむね学校文法における動詞のあとにつく助動詞類や助詞類に相当し，ただし，その日本語訳は多くの場合，前の動詞を含んだもののようである。

連用法	不定形	–me	し（ながら），しに，するには
	先行形	–fi	して（から）
	条件形	–ci	するなら，すれば
	逆接形	–cibe	しても
	持続形	–hAi	したまま
	終点形	–tAlA	するまで
	未然形	–nggAlA	するまえに，しないうちに　　　（p. 65）

　このように，主題マーカーが2種類存在する以上，本研究では，当然ながら，そのそれぞれが語彙的要素と文法的要素の組み合わせ方とどのような相関関係を有しているかについて検討する必要がある。以下，この現象を含めて，本研究での仮説を示しておく。

Ⅰ．名詞の格カテゴリーが屈折的である場合は，当該言語に主題マーカーが生起しない。体質的に名詞と切り離せる文法的形式を受け入れないからである。

Ⅱ．名詞の格カテゴリーが孤立的である場合は，当該言語に典型的な主題マーカーではなく，疑似的主題マーカーが生起する。典型的な主題マーカーは，その言語に基本的に一つしかなく，また，「ひどいよ，あいつは」のように，倒置においても省略されることがない。これに対して，複数あり，且つ，倒置では完全に使わなくなる主題マーカーの類は疑似的主題マーカーとする。ちなみに，上述の満州語に関しては，*oci* だけをその言語における標準的な主題マーカーとし，日本語の「と言えば」などに相当する *seci, seme* に関しては，周辺的なものとみなす。

Ⅲ．名詞の格カテゴリーが膠着的である場合は，主題マーカーは生起しやすいが，その語順がSVOである際には，語順の原理により生起がブロックされてしまう。また，語順がSOVである場合においては，

格カテゴリーの膠着度によって，主題マーカーが単純型か複合型かに分かれる。格カテゴリーの膠着度が高く，つまり，「強膠着的」な場合は，格とは同一のパラダイムを形成しない単純型主題マーカーが生起しにくく，複合型主題マーカーしか生起しない。複合型主題マーカーは名詞に後続できる BE 動詞のような類の動詞にマーカーが付くことによって形成されているので，格のパラダイムと矛盾せずにすむからである。

5. おわりに

本研究では，まず張 (2016) の考え方を一段と発展させ，「孤立」，「膠着」，「屈折」といった概念を以下のように定義しなおした。

(1)「孤立」，「膠着」，「屈折」といった概念を言語の丸ごとの分類を行う際に用いるのではなく，言語の個々の文法カテゴリー（形態的なものだけではなくて，構文的なものも含まれる）の性格を記述するための指標として用いる。

(2) 文法的要素が，実質語が文法化してなったものの場合は孤立型で，それが実質語から文法化してなったものではないものが，音節単位としての大きさを有し，且つ，文法カテゴリーとしての意味・機能と一対一の関係を持つ場合は膠着型である。また，基本的に語彙的要素と切り離すことが難しく，たとえ切り離して議論できる場合でも，文法カテゴリーとしての意味・機能と一対一の関係を持たない場合は屈折型である。

(3) 膠着型の中で，話し言葉などの文体において，使われなかったりして「落ちる」ことが可能ならば「弱膠着」で，その逆は「強膠着」である。

そして，これを踏まえて，語彙的要素と文法的要素の組み合わせ方と主題マーカーの生起の相関関係を考察し，次のような仮説を提起した。

Ⅰ．名詞の格カテゴリーが屈折的である場合は，当該言語に主題マーカーが生起しない。体質的に名詞と切り離せる文法的形式を受け入れないからである。

Ⅱ．名詞の格カテゴリーが孤立的である場合は，当該言語に典型的な主

題マーカーではなく，疑似的主題マーカーが生起する。

Ⅲ．名詞の格カテゴリーが膠着的である場合は，主題マーカーは生起し
やすいが，その語順が SVO である際には，語順の原理により生起が
ブロックされてしまう。また，語順が SOV である場合においては，
格カテゴリーの膠着度によって，主題マーカーが単純型か複合型か
に分かれる。格カテゴリーの膠着度が高く，つまり，「強膠着的」な
場合は，格とは同一のパラダイムを形成しない単純型主題マーカー
が生起しにくく，複合型主題マーカーしか生起しない。複合型主題
マーカーは名詞に後続できる BE 動詞のような類の動詞にマーカー
が付くことによって形成されているので，格のパラダイムと矛盾せ
ずにすむからである。

参照文献

亀井孝・千野栄一・河野六郎 (1996)『言語学大辞典 第 6 巻 術語編』三省堂.

信徳麟 (2007)『拉丁语和希腊语 (ラテン語とギリシア語)』外语教学与研究出版社
（中国）

戴庆厦 (2001)「景颇语的话题 (カチン語の主題)」『语言研究』(中国) 2001 年第 1
期，pp. 100–105.

張麟声 (2010)「は」のような主題マーカーと言語語順との相関関係について」，
proceedings of the Thirty-Fourth Annual Meeting of The kansai Linguistic Society
2010, pp. 254–265.

張麟声 (2015)「言語の類型的特徴をとらえるための対照研究について」大阪
府立大学人間社会学部言語文化学科『言語文化学研究　言語情報編』10，
pp. 43–64.

張麟声 (2016)「2 对比语言学与类型语言学 (1) —对比研究在"语言类型特征对比研
究式类型语言学"里的功用—」中央民族大学系列讲座，2016 年 11 月.

津曲敏郎 (2002)『満州語入門 20 講』大学書林.

R.H. ロウビンズ，著，中村完・後藤斉 訳(1992)『言語学史　第三版』研究社出版.

橋本萬太郎 (1978)『言語類型地理論』弘文堂.

イヴィッチ，ミルカ著，早田輝洋，井上史雄 訳 (1974)『言語学の流れ』みすず書房.

山口巌 (1995)『類型学序説　ロシア・ソビエト言語研究の貢献』京都大学学術出
版会

山本秀樹 (2003)『世界の諸言語の地理的・系統的語順分布とその変遷』渓水社.

Gorelova, Liliya M. (2002) Manchu Grammar, (Handbuch der Orientalistik = Handbook
of Oriental studies; Sec.8. Central Asia; v. 7).

| 63

日本語の「は」と韓国語の「un/nun」との対応と非対応

鄭　相哲

1. はじめに

　日本語の代表的な助詞の一つである「は」と「が」は概略韓国語の「은 / 는 (un/nun)」と「이 / 가 (i/ga)」に対応するものとして教えられている。このような指導法は，韓国語を母語としている初級や中級レベルの日本語学習者を対象とした場合は適切な方法かもしれない。しかし，上級レベルの日本語学習者には不適切で不十分な側面もあると思われる。次例を見よう。

(1) 호경 : 아 증말 짜증나 .. 아저씨들 도대체 뭐에요 ?

　　전통 : 아저씨라니 시 ..

　　험상 1 : 그러는 넌 뭐냐 ?

　　호경 : 난 이 촌닭하고 , 아니 오빠하고 , 아니 둘 다 아 시 할 애
　　　　　기가 있는 사람이라구 .

　　험상 2 : (지훈에게) 어린 놈이 아주 복잡하게 사는구나 ... (동갑
　　　　　내기)

　　ホキョン : あ！本当にムカつくなあ。オジサン達，一体何ですか？

　　ゼントン : 何！　オジサンだと。

　　ヒェムサン 1 : そういうお前は何だ？

　　ホキョン : 私はこの田舎者と，いやお兄さんと，いや二人に話が
　　　　　　ある者だよ。

ヒェムサン2：（ジフンに）お前（は /*が）[1] 若いのに生き方が複雑だ
なあ。

（1）の最初の下線部「넌」は，「は（お前は）」に対応するが，二番目の下
線部「어린 놈이」は，「が」ではなく「は」の方が自然である。

　本稿は，先行研究を批判的に継承しながら，共時的な観点から主に会
話文に見られる韓国語の「은 / 는 (un/nun)」と日本語の「は」が対応し
ていない言語現象を体系的に指摘し，またその理由についての適切な説
明を与えようとするものである。

2.　先行研究と問題のありか

　具体的な議論に先立ち，まずこの問題についての先行研究を二つ紹介
し，その問題点を指摘することにする[2]。

2.1　田窪行則 (1987)

　田窪（1987）は日本語教育的な立場から日本語の「は」「が」と韓国語
の「un/nun」「i/ka」がおおよそ対応するが，一方次例のように対応して
いない場合があることを指摘している[3]。

　（2）　＊神戸大学がどこにありますか。

　（3）　＊明日が日曜日ですか。

　（4）　＊今日が母の日ですか。

その理由についても次のように説明している。

　「つまり，日本語は新旧の情報構造一本だててハ・ガの選択を決めてい
　るのに対し，韓国語では焦点になるか否かと，照応的であるか否かの
　二本建てで決まっているといえる。」　　　　　　　　（田窪 1987, p.104）

1　もちろん，無助詞も可能である。

2　他にも，非対応現象について論じている主な先行研究としては尹亭仁・Seungja Kim
Choi (2015)，北村唯司 (2016) などがある。

3　田窪 (1987) に先立つ研究として，浜田 (1965) も参考されたい。

2.2　朴 鎭浩（2015）

　朴（2015）は日韓語の対照的な観点から，韓国語の「‐은／는」と「‐이／가」の区別条件と，日本語の「は」と「が」の区別条件は，両言語ともに新／旧情報（given/new information）として非常に類似しており，おおよそ対応していると述べているが，次の二つの場合，日本語の「は」は韓国語の「‐이／가」に対応すると指摘している。

(5)　a.　（地図を見ながら）現在の位置<u>は</u>どこですか。

　　　b.　（지도를 보면서）현재의 위치<u>가</u> 어디입니까？

(6)　a.　恐れ入りますが，李先生のお宅の電話番号<u>は</u>何番ですか。

　　　b.　죄송합니다만，이 선생님 댁 전호번호<u>가</u> 몇 번입니까？

(7)　（대화 주제를 바꿔서，타지의 대학에 다니고 있는，상대방의 아들에 대해）

　　　a.　太郎<u>は</u>夏休みに来ますか？

　　　b.　철수 (*는／? 가／Ø) 이번 여름방학 때 집에 옵니까／온대요？

(8)　（다른 이야기를 하다가，太郎의 편지를 기다리고 있는 사람에게）

　　　a.　太郎の手紙<u>は</u>届きましたか。

　　　b.　太郎의／太郎한테서 편지 (가／Ø) 왔어요？

（朴 2015, pp. 382–383,（27）（28）（33）（34））

　（5）（6）は疑問詞述語文の場合であり，（7）（8）は新しい話題が導入された場合である。朴（2015）はこのような両言語の違いを次のように指示的な概念（referential concept）と関係的な概念（relational concept）を用いて説明している。

> 「일본어는 주어가 관계적 구정보이면 '는'를 붙이고 관계적 신정보이면 '가' 를 붙이는 반면에，한국어는 주어가 지시적 구정보이면 '‐은／는'을 붙이고 지시적 신정보이면 '‐이／가'를 붙인다 고 할 수 있다.」
> （日本語は主語が関係的旧情報であれば「は」を使い，関係的に新情報であれば「が」を用いるのに対し，韓国語の場合は指示的に旧情報であれば「은／는（un/nun)」を用い，指示的に新情報であれば「이／가（i/ga)」を用いると言える。）

（朴 2015, p. 384，　日本語訳は筆者）

2.3　問題提起

　今までの先行研究はそれぞれ違う観点から「은/는 (un/nun)」と日本語の「は」が対応していない言語現象を指摘し，またそれなりの立場から説明を与えている。しかしながら，両言語の中にはまだ指摘されていない現象が次のようにいくつかあるように思われる。

　まずは次のような反語文の例である。

(9)　A：왜 혼자서 밥을 먹어？

　　　B：<u>누구는</u> 혼자서 밥을 먹고 싶겠냐？

　　　A：どうして一人でご飯を食べているの？

　　　B：誰が一人でご飯を食べたがるの？

(9) の下線部の韓国語は「누가」に置き換えられるので，これは一見すると日本語の「誰が」に対応すると思われるかも知れない。しかし，韓国語の反語文ではこのような「은/는 (un/nun)」の使用が「군대에서 제대를 했는데 <u>뭐는</u> 못 할까？(軍隊から除隊したので何ができないか (何でもできる))」のように散見される。さらにこの場合は韓国語の「뭐가」とその直訳である「*何が」は不自然である。したがって，「은/는 (un/nun)」と日本語の「は」との非対応現象についてのより体系的な考察が要求される。

　第2は，韓国語の「(이)야 ((i)ya[4])」構文である。

(10)　고광렬：고니야 그냥 튀자．

　　　고니：죽으면 죽었지 도망은 안가．

　　　고광렬：<u>너야</u> 그러지만 왜 나까지．너 내가 좋아서 이러냐 싫어서 이러냐？

　　　고니：고만합시다．부부쌈 칼로 물베기래는데．(타짜)

　　　コクァンリェル：ゴニチャン，このまま逃げよう。

　　　ゴニ：死んでも逃げはしない。

　　　コクァンリェル：<u>お前は</u>そうだけど，どうして俺まで。お前，俺が好き

4　「(이)야 ((i) ya)」と「(이)야말로」とは意味・用法に相違が見られるので，朴(2015) などに従い別の形式として扱うことにする。なお，以下で扱う「(이)야 ((i) ya)」は基本的に「야 (ya)」だけになるので，「야 (ya)」と表記する。

でこうしてるの？それとも嫌いでこうしてるの？

ゴニ：やめましょう。夫婦喧嘩は犬も食わぬ、と言うしねえ。

「야 (ya)」は基本的に会話文で用いられるものであるが、この形式も (10) から分かるように日本語の「は」に対応すると思われる。この事実が認められるのなら日本語の「は」は韓国語の「은/는 (un/nun)」と「야 (ya)」に対応している、ということになる。

第3は、次のような例文では朴 (2015) の指摘通り、基本的に日本語は「は」が韓国語の「가 (ga)」に対応すると思われる。

(11) a. （地図を見ながら）現在の位置はどこですか。

b. （지도를 보면서）현재의 위치가 어디입니까？

(朴 2015, pp. 382–383)

しかし、韓国語では「현재의 위치는 어디입니까？」のように「은/는 (un/nun)」も使用可能であることを注目する必要がある。つまり、「은/는 (un/nun)」も対比的なニュアンスが強い有標的なコンテキストでは用いることができる、ということである。

最後に、言語現象に伴う説明の問題である。つまり、田窪 (1987) や朴 (2015) で見られるように言語により指示的または関係的に新・旧情報をとらえるといった論理的な必然性はあるのか、という点である。

以下ではこのような点を踏まえて考察を進めていくことにする。

3. 非対応現象の諸相

ここでは非対応現象を、日本語の「は」が韓国語の「은/는 (un/nun)」に対応しない場合と、韓国語の「은/는 (un/nun)」が日本語の「は」に対応しない場合に分けてみることにする。

3.1 「は」が「은/는 (un/nun)」に対応しない場合

「は」が「은/는 (un/nun)」に対応しない場合は、「は」が「이/가 (i/ga)」、「야 (ya)」、「無助詞」に対応するものとして細分類できる。まず、「は」が「이/가 (i/ga)」に対応する例を見よう。

68 | 鄭　相哲

A　「は」が「이 / 가 (i/ga)」に対応

「は」が韓国語の「이 / 가 (i/ga)」に対応する場合を，北村 (2016) の分類にしたがって，議論の便宜上，1) 疑問詞述語，2) 特立提示[5]，3) 一般化に分けて見てみよう。

(12)　영호 : 안녕하세요. 신영호라고 합니다. <u>문동규 부사장님 방이</u>
　　　　　　어딥니까?

　　　비서 : 아, 네, 이쪽입니다.　　　　　　　　　　　　　(요조숙녀)

　　　ヨンホ : こんにちは。申と申します。<u>ムン副社長の部屋は</u>どこですか。

　　　秘書 : あ，はい。こちらです。

(13)　창희 : (통화중) … 잠깐 잠깐 … (혁재에게) 야 <u>여기가</u> 어디냐?

　　　혁재 : 월드컵공원이잖아.　　　　　　　　　　　　(동갑내기)

　　　チャンヒ : (電話中) … ちょっとちょっと … (ヒョクジャに) おい <u>ここはどこだ?</u>)

　　　ヒョクジャ : ワールドカップ公園じゃない。

(14)　혜진 : 저 아가씨가 부자만 찾아다니는 여자라고, 여보?

　　　현탁 : 그래. 그러니까 돈 없는 사람은 사람으로도 안보이고 부
　　　　　　자만 사람으로 보이는 특수한 시력을 갖고 있는 여자야,
　　　　　　<u>저 여자가</u>.

　　　혜진 : 나 하민경씨 매력있던데. 여자들만 그렇게 느끼는 건
　　　　　　가? 내가 보기에는 솔직하고 순수한데.　　　(요조숙녀)

　　　ヘジン : 彼女が金持ちばかり漁っている女なの，あんた?

　　　ヒョンタク : そう。だから，貧乏人は人間としても見えず，金持ちばかり
　　　　　　　　が人間に見える特殊な視力を持っている女だよ。<u>あの女は</u>。

　　　ヘジン : 私はハミンキョンさんは魅力的だと思ったけど。女だけがそう
　　　　　　感じるのかな。私の目には正直で純粋なんだけどね。

(15) a.　<u>입이</u> 화근이다.

　　　　<u>口は</u>禍の門

　　b.　일찍 일어나는 <u>새가</u> 벌레를 잡는다.

5　この用語は砂川 (2005) のものであるが，用法的には北村 (2016) で「談話の中で既知の情報である主題について述べる」といった用法に近い，狭義のものである。しかし広義では，非対応現象全般にかかわっているものかも知れない。

日本語の「は」と韓国語の「un/nun」との対応と非対応 | 69

早起きは三文の徳

(12)(13)が疑問詞述語文の例であり，(14)が指示的な旧情報を関係的な新情報として導入している，特立提示の例である。さらに，(15)の場合は一般的な例としての諺である⁶。これらはすべて日本語では「は」が自然であるのに対し，韓国語では「이 / 가 (i/ga)」の方が自然な場合である。

B 「は」が「야 (ya)」に対応

次例は「は」と韓国語の「야 (ya)」が対応する場合である。

(16) 시은 : 민자야 넌 말을 왜 탔어 ?

민자 : (발톱에 매니큐어를 칠하며) 나야 ⁷ 뭐 깡촌에서 할 꺼 있냐 ? 농사짓긴 싫구 , 돈은 벌어야 겠구 ... (각설탕)

シウン：ミンジャちゃんはどうして乗馬をはじめたの ?

ミンジャ：(足の指の爪にマニキュアを塗りながら) 私はもう，こんな田舎で何かやることある ? 畑仕事はいやだしお金は要るしねえ。

(17) 최부장 : 너 스타 되고 싶어서 그래 ? 다른 사람들은 다 호구니 ?

조검사 : 죄송합니다 .

최부장 : 어차피 우리야 헛물 캐는 것도 특기야 . (킬러)

チョ部長：お前，スターになりたくてそうなの ? 他の人は全部ばかなの ?

チョウ検事：すみません。

チョ部長：どうせ俺達は只働きも仕事のうちだ。

(18) 정마담 : (화투짝 보며) 나랑 같이 일하면 재미 좀 있을 거야 .

고니 : 평경장님은 ?

정마담 : 길거리 인생이야 . 옛날에야 잘 나갔지 . 그럼 뭐해 ? 지금 개털인데 . (타짜)

チョンマダム：(花札を見ながら) 私と仕事すると，面白くなるよ。

ゴニ：ピョンさんは ?

---

6 尹亭仁・Seungja Kim Choi (2015) にも「백문이 불여일견이다 (百聞は一見にしかず)」「악화가 양화를 구축한다 (悪化は良貨を駆逐する)」のような例文が指摘されている。

7 この「나야」は「나는」に置き換えが可能であるが，微妙なニュアンスの違いが感じられる。その詳細な考察は次稿に譲ることにする。

チョンマダム：道端の人生だよ。昔はよかったのだが，それが何の役に立つの？今は何にも残ってないのに。

日本語訳からも確認可能であるように対比的な意味がある「야 (ya)」は日本語の「は」に対応するが，「は」にはない「当然」というニュアンスも感じられる。

C 「は」が「無助詞」に対応
次は日本語の「は」が韓国語では無助詞構文になる場合である。

(19) (신발가게에서 손님이 물건을 고르다가)

A：이거, 얼마죠?

B：아, 예. 그건 9만원입니다.

(靴屋で客が靴を見ながら)

A：これはいくらですか？

B：あ，はい。それは9万ウォンです。

(20) 태석：그런데 과장님. 오늘 이미지 컨설팅 가셔야 하는 거 아니예요?

현탁：야! 그거 의무사항이냐?

テソク：ところで，課長！今日はイメージコンサルティングにいらっしゃらなくちゃならないんじゃないですか？

ヒョンタク：おい！　それは義務事項なの？

無助詞構文はそれ自体が興味深い問題ではあるが，ここでは深入りする準備ができていないので，現象を指摘するに留めておきたい。

3.2 「은 / 는 (un/nun)」が「は」に対応しない場合
今度は「은 / 는 (un/nun)」が「は」に対応しない場合であるが，この場合も「은 / 는 (un/nun)」が「が」に対応するものと，無助詞に対応する場合がある。

A 「은 / 는 (un/nun)」が「が」に対応
次例は反語文の例文である。

日本語の「は」と韓国語の「un/nun」との対応と非対応 | 71

(21)　A：씨끄러워 . 이건 사장인 내가 결정할 이이야 !

　　　B：난 이 회사 최대 주주야 .

　　　A：<u>네가</u> 이러쿵저러쿵 말할 입장이냐 ! 삼년 전에 이 회사를 버린 네가 !

　　　A：「うるさい，これは社長の俺が決めることだ！」

　　　B：「おい，俺はこの会社の最大株主だぞ」

　　　A：「<u>お前が</u>ガタガタ言う立場かよ。三年前にこの会社を捨てたお前が！！」

(22)　A：왜 혼자서 밥을 먹어 ?

　　　B：<u>누구는</u> 혼자서 밥을 먹고 싶겠냐 ? (= (9))

　　　A：どうして一人でご飯を食べているの？

　　　B：誰が一人でご飯を食べたがるの？

　鄭 (2008) でも既に指摘しているが，反語文では日本語も韓国語も「は」と「은 / 는 (un/nun)」は馴染まれず，(21) のように主に「が」と「이 / 가 (i/ga)」が用いられる。しかし，韓国語の (22) では「가 (ga)」だけではなく，「는 (nun)」も可能な反語文であり，この場合日本語では「が」が義務的になろう。次例もこのような反語文で見られる「는 (nun)」の例である。

(23)　지훈부 : 인자 내가 안 도와줘도 되겠다 ?

　　　지훈　：<u>언제는</u> 도와줬나 뭐 .. 늘 내 혼자였지 ..　　　(동갑내기)

　　　ジフン父：もう俺がお手伝いしなくてもいいんだな。

　　　ジフン：一回だって手伝ってくれた<u>ことが</u>あるの？いつも俺，一人だったの。

　さらに，「무료로 크루즈여행 시켜준다는데 <u>누구는 / 누가</u> 안 가겠니 ?(ただでクルーズ旅行ができるというのに，<u>誰が</u>行かないもんですか？)」「취업이 된다면 <u>뭐는 /*뭐가</u> 못 하겠니 ?(就職できるのなら<u>何だって</u>できないもんですか？)」といった例文も同類の反語文だと思われるが，この場合日本語では「誰が /*誰は」「*何は /?何が / 何だって」のような対応が考えられる。

B 「은/는 (un/nun)」が「無助詞」に対応

次は「은/는 (un/nun)」が日本語の「無助詞」に対応する場合である。

(24) (처음 만나는 자리에서 명함을 교환하면서) 전 삼전회사 김풍오
입니다.

(初対面で名刺交換しながら) 私, サンデンの金風五です。

4. 全体焦点化

今までの考察をもう一度まとめてみると, 無助詞文と形式的な特徴である韓国語の「야 (ya)」構文を除けば, 日本語の「は」と韓国語の「은/는 (un/nun)」とが対応しない場合は大きく反語文[8], 特立提示, 疑問詞述語, 一般化 (諺) に分けられると思われる。ここでは, この問題について情報構造論的な観点から考察していくことにする。

4.1 情報構造

情報構造をとらえるために, 今まで数多くの用語が見られる。例えば, topic-comment, topic-focus, theme-rheme などが提案され, しかも同一の用語であっても, 研究者によってやや違う意味として用いられることもある。しかし, 多くの議論の中で共通するのは情報構造を構成する中心になる二つの要素がある, という点である。以下ではこれを受け入れ, ＜ topic (主題) – focus (焦点) ＞と呼ぶことにする。

ある談話で適切な文として働くためにはその文は情報的な寄与をしなければならない。この情報的な寄与は新情報を含む文である必要がある。実際, 一般的な定言文 (categorical sentence) で topic (主題) は先行文とのコネクタ (connector, 連結子) のような働きをしながらその文の題目を提示するので旧情報を表わす。これに対し, focus (焦点) はある対象 (主題) について述べる働きをし, その文が談話の中で適切な文として機能するため, 新情報を表わさなければならない。しかし, この新/旧情報のとらえ方も一様ではないようである。

---

8 (2) (14) のような韓国語の反語文は今しばらく保留しておく。

(25) A.　Did you order the chicken or pork?

　　　B.　It was the PORK that I ordered.

　　　　　　　（Gundel, Jeanette and Thorstein Fretheim 2004, p.177,（4））

　つまり，代表的にはある情報が既に知られているかどうかによって新／旧情報を決める指示的（referential givenness/newness）な立場と，ある文が当該のコンテキストの中で情報的な寄与をする役割によって新／旧情報を決める関係的（relational givenness/newness）な立場[9]，という二つの立場がある。前者によれば，（25B）の「the PORK」は既に談話の中で言及されているので，旧情報になる。しかし，後者の立場からは主語と述語との関係が新しく情報的な寄与が認められるので，新情報になる。この点を踏まえて次例を見よう。

（26) A.　東京と京都の中でどちらに行く？

　　　B.　京都。

（27) A.　동경하고 교토 중에 어디에 갈래？

　　　B.　교토 .

　日本語でも韓国語でも答えの「京都（교토）」の方はその文の焦点になるので，両言語ともに topic（主題）– focus（焦点）というのは，後者つまり関係的な概念としてとらえる方が自然のようである。

4.2　全体焦点化

　では，前の情報構造のことをも考慮しつつ日本語の「は」と韓国語の「은／는（un/nun）」との非対応現象について見てみよう。まずは，このような現象に注目した，二つの違う立場の先行研究である Kuroda（2005）と全永鐵（2009）を紹介しよう。

（28) Q:　ano hito　wa　dare desu ka

　　　　　that person　　who be　　Q

　　　　　' who is that person '

9　指示的（referential givenness/newness）と関係的（relational givenness/newness）については Gundel, Jeanette and Thorstein Fretheim（2004），全永鐵（2006）（2009）（2013）などを参照。

R:　ano hito　　wa/ga ano yumeina Microsoft no　syatyoo

　　that person　　　　that famous　　　　　　Gen president

　　no　Gates-san desu yo

　　Gen　　　　　　　be

' he is that famous president of Microsoft, Mr. Gates '

(Kuroda 2005, p.12, (18))

(29)　가 . 저 사람은 누구야 ? (あの人は誰ですか？)

　　　나 . 저 사람이 이번 대회 우승자야 . (あの人が今回の優勝者だよ。)

　　　다 . 저 사람은 이번 대회 우승자야 . (あの人は今回の優勝者だよ。)

(全 2009, p. 233, (20), 日本語訳は筆者)

Kuroda (2005) は (28R) で「は / が」共に主題と考えているが，この場合主題の「が」が認められる条件を網羅的な意味 (the exhaustive listing reading) と言っている。一方，全 (2009) は関係的な概念 (relational givenness) に基づいて基本的に自然な文は '主題‐焦点' を持つが，(29 나)のような特殊な文は "全体焦点" を持つという。つまり，(29 다) の方が一般的な '主題 (旧情報)‐焦点 (新情報)' の情報構造を持つのに対し，(29 나) のような文は '焦点 (新情報)‐焦点 (新情報)' といった文全体が焦点 (新情報) になる，ということである。

　Kuroda (2005) は基本的に「は」の主題マーカーと「が」の焦点マーカー説を否定するのが主な論旨である点，また「は」主題説がある程度広く認められている点，無助詞構文の主題や語彙的な主題などを考え合わせると，やや強引な主張であると，考えざるをえない。さらに，日本語学の方では早くから名詞述語文を主に対象とし，天野 (1998)，丹羽 (2005)，砂川 (2005) などでこの種の文を＜全体焦点文＞であると論じる議論が多く，ある程度認められているように思われる[10]。一つだけ紹介しよう。

(30)　日本チームの負けは濃厚だ。主力選手がベンチウォーマーだ。

(31)　あっ。家がドーム型だ。　　　　(天野 1998, p.72, (21) (24))

10　天野 (1998)，丹羽 (2005)，砂川 (2005) など，全体焦点文についてはその内縁と外延が研究者によって少しずつ異なることにも注意する必要がある。

天野（1998）によると，前者の例が非眼前描写の全体焦点文であり，後者の方が眼前描写の全体焦点文である，と指摘している。

したがって，本稿では後者である＜全体焦点化＞説の方がより説得力があるという立場に立つが，この種の文では「un/nun（は）」も「i/ga（が）」も可能なコンテキストである点をも注目する必要があると思われる。つまり，（29 다）のように「un/nun（は）」による'主題（旧情報）－焦点（新情報）'といった情報構造を有する無標（unmarked）的な応答文であるのに対し，（29 나）の方は「i/ga（が）」によって'全体焦点化（焦点（新情報）－焦点（新情報））'といった情報構造を有する有標（marked）の応答文として提示し，文全体を強調する修辞的（rhetorical）な効果をもたらすようになるのである。

この'全体焦点化'の程度の違いが日本語の「は」と韓国語の「은 / 는 (un/nun)」との非対応現象を引き起こす一因であると思われるが，次にその詳細を検討する。

4.3 日韓両国語の相違と相似

ここでは「は」と「은 / 는 (un/nun)」との非対応現象を反語文，特立提示，疑問詞述語，一般化（諺）に分けて'全体焦点化'の問題を検討することにする。

まずは反語文の例から見よう。

(32) 「君に謝りに行ってもらうつもりなんだが……」
「誰が /*は，あんなところに行くもんですか！」
「당신이 사과하러 갔으면 하는데…… 」
「누가 /*누구는 그런 곳에 가겠습니까！」

(33) 「おい，それはないだろ。危うく先生が死ぬところだったんだぜ」
「先生が /*はそんなことで死ぬもんか」
「야！그건 아니지 . 잘못하면 선생님이 죽을 뻔 했어」
「선생님이 /*은 그런 일로 죽겠습니까！」

典型的な反語文では両言語ともに「は」と「은 / 는 (un/nun)」が不自然で，「が」「이 / 가 (i/ga)」の方が自然であることから，一般的に '全体

焦点化' が起こるようである[11]。

次は特立提示の場合である。この場合は全 (2009) の例 (29) からも確認したように '全体焦点化' が可能だったが，次のような例もある。(14) を (34) として再掲する。

(34) 혜진：저 아가씨가 부자만 찾아다니는 여자라고 , 여보 ?

　　　현탁：그래 . 그러니까 돈 없는 사람은 사람으로도 안보이고 부자만 사람으로 보이는 특수한 시력을 갖고 있는 여자야 , 저 여자가 .

　　　혜진：나 하민경씨 매력있던데 . 여자들만 그렇게 느끼는 건가 ?

　　　ヘジン：彼女が金持ちばかり漁っている女なの，あんた ?

　　　ヒョンタク：そう。だから，貧乏人は人間としても見えず，金持ちばかりが人間に見える特殊な視力を持っている女だよ。あの女は /*が。

　　　ヘジン：私はハミンキョンさんは魅力的だと思ったけど。女だけがそう感じるのかな。

つまり，韓国語の方が日本語より '全体焦点化' が頻繁に起こるが，日本語の方は '全体焦点化' のためにはある種の制限があるようである[12]。

次は疑問詞述語文である。

(35) 「すみません。大阪大学は /*がどこですか ?」

　　　「저기요 . 오사카대학교가 /? 은 어디입니까 ?」

上例からも分かるように，疑問詞述語文では日本語の方は「は」が義務的である。しかし，韓国語では「은 / 는 (un/nun)」よりも「이 / 가 (i/ga)」の方が自然で，無標的である[13]。言い換えれば，韓国語では '全体焦点化' の表現がより一般的であると言えよう。

---

11 日本語の反語文の文法的な特徴については鄭 (1998) を参照されたい。

12 kuroda (2005) ではこの制限が網羅的な意味 (the exhaustive listing reading) であるという。また，丹羽 (2005) の「同定制約」もこの制約との関連性を検討する必要があるが，詳しくは今後の課題である。

13 「은 / 는 (un/nun)」の場合は対比的な意味あいが強く感じられる。

次は一般化の諺の例である。日本語の諺の例では'全体焦点化'の「が」が用いられた例は見られなかったので，韓国語のみである。

(36) a. <u>가는 날이</u> 장날이다 (行く日が休みである)

  b. <u>값산 것이</u> 비지떡 (安物買いの銭失い)

  c. <u>공든 탑이</u> 무너지랴

   (念を入れて作った塔が崩れることがあるだろうか)

  d. <u>도둑이</u> 제 발 저리다 (泥棒は自分の足がしびれるものである)

  e. <u>등잔 밑이</u> 어둡다 (灯台下暗し)

  f. <u>똥 묻은 개가</u> 겨 묻은 개 나무란다 (以短攻短)

  g. <u>목구멍이</u> 포도청 (喉が捕盗庁)

  h. <u>보기 좋은 떡이</u> 먹기도 좋다 (秀外慧中)

  I. <u>작은 고추가</u> 더 맵다 (小さいトウガラシのほうがもっと辛い)

もちろん，韓国語も「은 / 는 (un/nun)」による諺もあるが，「이 / 가 (i/ga)」による表現が諺にまで広まっている事実が確認できる。

以上，'全体焦点化'の問題の検討した結果は，まず韓国語の方は主体的な態度もうかがえるこの表現がかなり広域にわたり，用いられていることが確認できる。これに対し，日本語の方はこの'全体焦点化'が反語文では比較的自然に使われるが，特立提示の段階になるとある種の制限が必要になる。さらに，疑問詞述語文や一般化の諺の例になるとこの'全体焦点化'はほぼ許されないようである。このような違いが「は」と「은 / 는 (un/nun)」との非対応現象をもたらす主な要因の一つであろう。

5. おわりに

本稿は共時論的な観点から主に会話文に用いられる現代日本語の「は」と韓国語の「은 / 는 (un/nun)」との対応と非対応現象に注目し，考察してきた。その結果は次の通りである。

第1は，日本語の「は」と韓国語の「은 / 는 (un/nun)」構文との対応関係を詳細に調べ，両言語でこのような非対応現象を起こす構文を実証的な方法に基づいて，体系的で網羅的な整理を試みた。

第2は，形態論的な観点から見ると，韓国語には「은 / 는 (un/nun)」

以外に，会話文に散見される，日本語には見られない「야 (ya)」構文が存在し，日本語の「は」との非対応現象を起こす理由の一つになる。

　第3は，この非対応文の特徴を情報構造理論から一種の修辞的な効果をもたらす，話者の主体性と密接に関わる「全体焦点化（焦点（新情報）＋焦点（新情報））」であることを論じた。この全体焦点化の程度の違いが非対応現象を引き起こす主な要因になる。つまり，典型的な反語文では両言語ともに「全体焦点化」の使用が義務的であるが，特立提示，疑問詞述語文，一般化（諺）になるにつれ，日本語の方は不自然になるのに対し，韓国語の方では広範囲にわたり，その使用が確認できる。このことが非対応現象の一因になるのである。

参照文献

天野みどり（1998）「「前提・焦点」構造からみた「は」と「が」の機能」『日本語科学』3, pp. 67–84.

井上優（2004）「「主題」の対照と日本語の「は」」益岡隆志（編）『主題の対照』pp. 215–226, くろしお出版.

北村唯司（2016）「助詞「- が」と「- 가 / 이 [ga/i]」の日韓対照研究」『専修大学外国語教育論集』44, pp. 88–104.

金智賢（2010）「無助詞及び「은 / 는」「は」,「이 / 가」「が」と主題について」『日語日文学研究』72-1, pp. 89–113.

金善美（2008）「韓国語と日本語の主題標識「은 / 는 (un/nun)」と「は」に関する対照研究」『言語文化』10-4, pp. 665–689, 同志社大学言語文化学会.

砂川有里子（2000）「談話主題の階層性と表現形式」『文芸言語研究・言語編』38, pp. 117–137.

砂川有里子（2005）『文法と談話の接点—日本語の談話における主題展開機能の研究—』くろしお出版.

田窪行則（1987）「誤用分析 2　神戸大学がどこですか。田中さんが誰ですか。」『日本語学』6-5, pp.102–106.

多田知子（2012）「副助詞の概念ととりたて助詞の概念」『青山語文』42, pp. 69–87.

鄭相哲（1998）「日本語反語文の研究」『日本学報』41, pp. 217–230, 韓国日本学会.

寺村秀夫（1991）『日本語のシンタクスと意味Ⅲ』くろしお出版.

丹羽哲也（2006）『日本語の題目文』和泉書院.

野田尚史（1996）『「は」と「が」』くろしお出版.

益岡隆志（2004）「日本語の主題—叙述の類型の観点から—」益岡隆志（編）『主題の対照』pp. 3–17, くろしお出版.

松下大三郎（1928）「改選標準日本文法」紀元社（勉誠社復刊 1974）.

三上章（1970）『文法小論集』くろしお出版.

浜田敦（1965）「「が」と「は」の一面―朝鮮資料を手がかりに―」『国語国文』
　　34-4, pp. 48–52・34-5, pp. 41–58.

山田敏弘（2000）「北陸方言における主題・とりたてを表す「は」の運用について」
　　第 70 回日本方言研究会発表要旨, pp.1–8.

山田昌裕（2015）「副助詞「ガ」の存在」『恵泉女学園大学紀要』27, pp.107–125.

油谷幸利（2005）『日韓対照言語学入門』pp. 115–119, 白帝社.

尹亭仁・Seungja Kim Choi（2015）「疑問詞疑問文に見られる助詞ハと「는 / 은」の
　　非対応をめぐって」『神奈川大学言語研究』37, pp. 47–76.

朴鎭浩（2015）「보조사의 역사적 연구」『국어학』73, pp. 375–435.

全永鐵（2006）「대조 화제와 대조 초점의 표지 ‘는’」『한글』274, pp. 171–200.

全永鐵（2009）「‘이 / 가’주제설에 대하여」『담화와 인지』16-3, pp. 217–238.

全永鐵（2013）「한국어 제언문 / 정언문 구별과 정보구조」『국어학』68,
　　pp.99–133.

Gundel, Jeanette and Thorstein Fretheim（2004）Topic and Focus. In L. R. Horn and G.
　　Ward（eds.）*The Handbook of Pragmatics*, pp. 175–196, Blackwell.

Kuroda, S.Y.（2005）Focusing on the matter of Topic: A Study of *Wa* and *Ga* in
　　Japanese. *Journal of East Asian Linguistics*, 14-1, pp.1–58.

日中受動文の受影性
―結果性と前景化―

塩入すみ

1. 本稿の背景と目的

　ヴォイスは印欧語古典文法における概念から，主語と行為の間の意味関係としてとらえられる（柴谷2000，坂原2003）。ただし，その意味関係は各言語により異なり，例えば英語やフランス語の受動は主題性の再調整という意味合いが強い（坂原2003）が，日本語や中国語等のアジア諸語の受動は被害の概念と密接に関わる（Li and Thompson 1981，堀江・パルデシ 2009）。

　ヴォイスに関する言語間の意味・機能的な違いを踏まえつつ，近年対照研究と言語類型論の研究は，普遍性と多様性の追求という共通の目的により近付きつつある（生越2002）。受動文研究について見てみると，井上・生越・木村・鷲尾（2005）は，Washio（2000）・鷲尾（2005）により提案された「BECOME型（非対格型）／AFFECT型（他動詞型）」という受動の類型を用い，日本語・中国語・韓国語における受動の対照研究の成果を発展させ，受動の類型を考察している。

　一方，認知類型論の立場に立つ堀江・パルデシ（2009）は，受動構文を言語の主観性の一指標としてとらえ，日本語では受影の有無に関わらず語り手もしくは語り手が共感する人物の視点から事態を把握し，描写する傾向が他言語より強いことを指摘している。堀江・パルデシのアプローチは，これまで各言語の受動に関して研究されてきた概念が他言語との共通するスケールとして再考される可能性を示している。だが，視

点以外に受動について言語間で共通する基準を設定するのは困難である。日本語の「降格受動文」「属性叙述受動文」（益岡 1982）のように，対応する中国語が受動の前置詞「被」を用いない場合は比較的違いがわかりやすい。例（1a）の日本語の降格受動文は，（1b）の中国語では受動の前置詞「被」を用いず，「是…的」を用いた強調構文で表されている。

(1) a. 相撲は，建仁寺の境内の空き地で行われた。

     b. 相扑　　是　　　在　　建仁寺内的空场（*被）　举行的。
        相撲　　である　～で　建仁寺の空き地（PAS[1]）　行う

（例文は王 2016）

ところが，日本語の「受影受動文」[2]（益岡 1982）と中国語の「被」を用いた受動文が対応している場合，両者の違いはわかりにくく，両言語の受動文を構成する動きに関する語彙レベルの情報まで必要となることもある。

(2) 私も新聞を読んで並んでいて，雨の日に約 10 時間でずっと待っていました。冷くて<u>雨に濡られてのに</u>[3]周りのファンと一緒にお喋べりをして，全然寂しくではありませんでしたが，とても楽でした。

（SCU-A-2-84-1-T2, CTLJ）

例（2）の下線部は「濡れられたのに」としても不適切であるが，これは中国語の受動文「被雨淋湿了（雨に降られて濡れてしまった）」の影響を受け産出したものと思われる。この文の不適切さの説明には，中国語の受動文の VR（動詞＋結果補語）構造や，中国語「淋（濡らす）」「湿（濡れる）」と日本語「降る」「濡れる」などの語彙が受動においてどう用いられるかといった情報が必要となる。

本稿は日本語の受影受動文と中国語の「被」受動文を対照し，より構文・語彙的レベルでの対照を試みる。受動に関する対照の基準として

1　PAS：受動，PERF：完了

2　受影受動文の受動は松下（1030）の「利害の被動」，Kuroda（1979）の'ni Passive'に相当する。

3　「雨に濡られてのに」の誤用は「てのに」という「のに」に関する誤用も含んでいるが，そのまま引用している。

「受影性」という構文に関わる概念を設定することを視野に入れ，受影性を構成する概念：「結果性」と「前景化」に関わる現象を取り上げる。特に「結果性」は中国語の受動構文に顕在的な概念であるが，この概念に照らすことで日本語の受影受動文を新たな視点で分析し，日中対照研究における受動に関する基準を検討することを目的とする。

2. 先行研究

ここでは受動文の動きをどうとらえるかについて，先行研究を三つの観点から概観する。

一つは，日本語の受動文の動きを受動文の下位タイプの違いとしてとらえる観点である。受動文の下位タイプである「に」受動文と「によって」受動文の区別を中心に形態的・意味的に説明するもので，松下（1930），井上（1976），Kuroda（1979），益岡（1982），王（2016）等がある。受影受動文において受動の主体が影響を被ることは，利害，受影，affectivity 等の名称で呼ばれている。これらは「に」「によって」を区別することで受動文の受影性に着目したものとも言える。

二つ目は，受動における動きについて動詞の下位タイプとの関わりまで考察したもので，益岡（1991），仁田（1991），堀江・パルデシ（2009）がある。益岡（1991）は「表現の主観性」という観点から受動文の下位タイプを特徴付け，被動作主としての性格に濃淡の幅のあることを指摘している。

仁田（1991）は「ヴォイス的諸表現」（能動表現，使役表現，受動表現，テモラウ態の表現）を「自己制御性」（仁田1988）の高さの順に配列している。受動の下位タイプと自己制御性は対応しており，日本語の個々の動詞の自己制御性に関する振舞いや，それによる動詞のサブ・クラスは，日本語の受動文を産出する際に重要な情報となる。

堀江・パルデシ（2009）は益岡（1991）や Givón（1981）を発展させ，受動文の視点選択に関わる「主観性」という概念を用い，話者の被る被害性の度合いを調査し，どのような動詞が受動文を構成できるかについて各言語別の傾向を示した。いくつかの小さな疑問—動詞句のレベルまで考えると結果の異なるものがあること（「…と言う」と「文句を言う」）

や，受動は何を指すのか（中国語の「被」以外の語を用いた受動，題述文等），さらに日本語の受動文を調査の基準にしていること等—はあるものの，受動文を構成する動きを動詞の意味レベルまで具体的に考察しており，多くの言語の対照を行っている。

　三つ目は，中国語研究における受影性に関する研究である。中国語では結果を伴うような強い影響をもつ動きのみが受動を構成する（木村 1992, 2000, 2012, 杉村 2004, 井上他 2005）ため，「被」を用いた受動文に最も適切な述語形式は VR（動詞＋結果補語）構造である。ただ，動詞によっては語彙的に影響を十分含意しているものもあり，補語を伴うことなく受動文を形成する（木村 2000）。このことから，「被」による受動文と日本語の受影受動文の要求する受影性にはかなり異なるところがあり，受動文の構造や，受動文を形成する動詞の種類にも違いがあることが予測される。

　以上の先行研究から，日本語の受影受動文と中国語の「被」受動文を構成する動きに関わる「自己制御性」「主観性」「受影性」等の意味的・機能的な概念が存在し，これらの概念は受動文の下位タイプや動詞のサブ・クラスに関係していると考えられる。

3.　受動文の対応に関する考察
3.1　考察の範囲

　本稿での日中のヴォイス全体の範囲と受動の位置付けは，井上・生越・木村・鷲尾（2005）を参考にしている。そこでは日中のヴォイスに関わる諸表現は他動性及び事態の複数性という観点から位置付けられ，日本語の自動的クラスには「受影受動（ラレル）」「準自動（ラレル）」「自動」，中国語の自動的クラスには「BEI 受動（y 被 xV・R）」「自然受動文（y VR）」「自動（y Vi）」が位置付けられている。以下では日本語の「受影受動」「準自動」をラレル受動文，中国語の前置詞「被，叫，让，给[4]」によるものを BEI 受動文と呼ぶ。

　考察は「中日対訳コーパス」（北京日本学研究中心）を用い，中国語あるいは日本語を原文とする文学作品を取り上げ，中国語から日本語，日本

4　「给」を含むことについては中島（2007）による分類を参考にしている。

語から中国語という双方向の対応関係を見る。対照研究では日本語を原文とする作品とその中国語訳を対照することが多いが，ここでは中国語を原文とする作品の日本語訳も考察する。『トットちゃん』の日本語の原文とその英・中・韓・マラーティー語訳のパラレル・コーパスを用いた堀江・パルデシ（2009）によれば，受動文の使用頻度は日本語が最も高く，言語により受動文の使用頻度の傾向が異なる。しかしながら，当該の事象を受動文で表現するか否かという発想自体が言語により異なると考えられるため，対象が本来日本語である場合はそうでない場合より受動文の使用頻度がより高いことが予測される。ここでは日中両言語を原文とする作品を同時に扱い，それぞれの言語における受動について考察を進める。

3.2 受動文の対応と使用率

表1①は，日本語原文の作品『ノルウェイの森』の中国語訳『挪威的森林』のBEI受動文が原文の日本語ではどのような表現に相当するか，表1②は，『ノルウェイの森』原文のラレル受動文が，その中国語訳『挪威的森林』ではどのように訳されているかを示している。

表 1 『ノルウェイの森』(『挪威的森林』)の受動文の対応

①中→日	例数 (%)	②日→中	例数 (%)
ラレル受動文 （持ち主の受動 5）	89 (80.2%)	BEI 受動文	105 (33.7%)
		他動詞能動文	79 (25.3%)
自動詞文	11 (9.9%)	意味的受動文	40 (12.8%)
他動詞能動文	6 (5.4%)	存現文 /「是~的」	29/11
語彙的受動	2 (1.8%)	語彙的受動	19 (6.1%)
受益表現	1 (0.9%)	自然受動文	18 (5.8%)
その他	2 (1.8%)	使役文	7 (2.2%)
		自動詞文 5	6 (1.9%)
		その他	38 (12.2%)
合計	111	合計	312

---

5 「被风一吹（風に吹かれて）」）について，中国語では非対格動詞は受動文に用いられない（王 2016）ため「（风）一吹」は他動詞と考えられる。対応する日本語「吹く」も，鷲尾（2008）の述べるように他動詞という解釈も可能である。

表2①は，中国語原文の作品『活動変人形』のBEI受動文が日本語訳『応報』ではどのように訳されているか，表2②は，その日本語訳『応報』のラレル受動文が原文の中国語でどのような表現に相当するかを示している。

表2 『活動変人形』（『応報』）の受動文の対応

①中→日	例数（%）	②日→中	例数（%）
ラレル受動文 （持ち主の受動 19）	86（51.8%）	他動詞能動文	232（38.1%）
		BEI受動文	101（16.6%）
自動詞文	28（16.9%）	語彙的受動文	46（ 7.6%）
他動詞能動文	20（12.0%）	意味的受動文	40（ 6.6%）
語彙的受動文	9（ 5.4%）	存現文／「是～的」	33/7
受益表現	2（ 1.2%）	自然受動文	26（ 4.3%）
その他	21（13.3%）	自動詞文	22（ 3.6%）
		使役文	17（ 2.8%）
		その他	125（20.5%）
合計	166	合計	609

表1①『ノルウェイの森』中国語訳のBEI受動文，表2①『活動変人形』のBEI受動文は，対応する日本語が，ラレル受動文，自動詞文，他動詞能動文，語彙的受動文，受益表現に分かれることを示す。

表1②『ノルウェイの森』原文のラレル受動文，表2②『活動変人形』のラレル受動文は，対応する中国語が，BEI受動文，他動詞能動文，意味的受動文，語彙的受動文等に分かれることを示す。このうち中国語特有の受動文についてのみ以下に例を挙げる。

「自然受動文」は [yVR] の構造をもち，「自然的被動」（大河内 1974）文とも言う。例（3a）は結果の状態R「満（いっぱいだ）」の発生を表す自動詞文で，動作と結果に言及し「変化」を表す（井上 2004）。

（3） a. 秋日降临，寄宿院的中庭　铺满　　　　　　了　桦树落叶。
　　　　　　　　　　　　　　　敷く―いっぱいだ　PERF

b.　秋がやってきて寮の中庭がけやきの葉で<u>覆い尽された</u>。

（ノ 148）

　次に，「意味的受動文」のうち「存現文」は存在と出現（消滅）を表し，事物の状態に注目する表現である。例（4b）は「場所＋纏（巻きつける）＋着＋（対象物）」の形で対象物を巻きつけた結果の状態を表す。

（4）　a.　頭には白い包帯が<u>まきつけられ</u>，青白い腕には注射だか点滴
　　　　　の針だかのあとが点々とついていた。

　　　b.　头上<u>缠着</u>白绷带，苍白的胳膊上点点布满注射或打点滴的遗痕。

　また，ここでは「是…的」等の構文を存現文と合わせ，意味的受動文に分類している。

（5）　a.　第三，这部小说是在南欧<u>写的</u>。

　　　b.　第三にこの小説は南ヨーロッパで<u>書かれた</u>。　　　　（ノ 173）

　まず，表①②からわかるのは，中国語原文の日本語訳（51.8％－表2①）に比べ，日本語原文ではラレル受動文がかなり多いこと（80.2％－表1①）である。また，対応する中国語も日本語原文（33.7％－表1②）の方が中国語原文の日本語訳（16.6％－表2②）より BEI 受動文の使用率が高い。中国語原文の場合，ラレル受動文に対応するのは BEI 受動文より他動詞能動文の方が多い（表2②）ことから，同一の事象を受動で表すか能動で表すかに関し，日中の違いが存在していると言える。

　また，日中の受動文の下位範疇を比べると，日本語ではガ格のヴォイス的転換や，ガ格が動き（状態）に参画するか否か等，ガ格の被動作主と動きの関わり方が受動の下位タイプの基準となるのに対し，中国語では被動作主の被る動きの影響力の強さが受動の下位タイプを分ける基準となっている。この二つの基準は無関係ではなく，同一事象の表裏とも言える。仁田（1991）は日本語のヴォイスに関わる表現を自己制御性の高さにより配列し，日本語の受動の下位タイプにも動きの強さの濃淡があることを示している。

　被動作主の被る，動作主による動きの影響力を「受影性」と定義すれば，受影性には動きの意志性，自己制御性，結果性等が関わると考えられるが，以下では日中受動文の受影性について，動きの結果性を中心に

88 ｜ 塩入すみ

考察を進める。

4. 日中受動文の受影性
4.1 受影性

「受影性」(affectivity) は，日本語の受動文研究においても受動文の下位タイプに関わり，松下 (1930)，井上 (1976)，Kuroda (1979)，益岡 (1982) により議論されてきた。益岡 (1982) は受影性を，主語名詞句が出来事の結果として被った心理的・物理的影響を指すとし，昇格受動文の下位タイプとして受影受動文と属性叙述受動文を位置付ける。益岡 (1982) を受け，和栗 (2005) は受影性と属性を区別し，属性叙述受動文の下位タイプを考察しているが，本稿では受影性を日本語のラレル受動文と中国語のBEI 受動文に共通する特徴とし，ラレル受動文すべてに受影性を認める立場をとる。複数の言語の受動を対照する際は受動のマーカーという形式的な基準が必要であり，また属性叙述受動文と受影受動文を完全に分けるのは困難である。

一方，中国語における受影は BEI 受動文に共通する意味的特徴で，述語は動補構造 (VR) をプロトタイプとする (木村 2000)，あるいは及物性 (transitivity) の高いものである (杉村 2004)。柴谷・中川・木村・小川 (1990) は中国語の受動文における結果の表出と被害の意味という二つの要因を「影響の度合」(degree of affectedness) という概念にまとめ，日本語の受動文の成立も影響の度合というパラメータに支配されるとする。日中の受影性を構成するのは，述語の語彙的意味，被害性や意外性などの事態の意味，前景化の動機といった様々なレベルの意味であるが，以下では特に動きの結果性と前景化について考察する。

4.2 結果性

2. で述べたように，中国語の受動文の述語形式の多くは動作と結果を合わせ示すタイプの VR 構造であり，VR 構造をとる受動文には BEI 受動 (例 (6a)) 自然受動文 (例 (6b)) がある。自然受動文については香坂 (1959) が「主動／受動」という西洋文法によるとらえ方を批判し，附加

成分の付いた動詞句が状況を表す働きをするとし，「V・了」「V・着」から「V・得・補語」など21種を挙げている。その範囲は井上他（2005）による自然受動文より広く，結果を多様にとらえている。本稿の自然受動文は井上他（2005）の定義により VR 構造を中心に考えている。下の自然受動文の例で中国語の下線部は VR 部分，日本語の下線部はその翻訳の対応部分を表す。

(6) a. 我毕竟是<u>被</u>毛泽东<u>培育起来</u>的一代当中的一个……

（何しろ毛沢東に<u>育てられた</u>世代ですからね……。） （活 5）

b. 草木也都<u>修剪得整整齐齐</u>。（植木は<u>よく手入れされていた</u>。）

（ノ 57）

例 (6b) は「草木（植木）」が「修剪（刈り込む，手入れする）」の結果としてもたらされた変化である「整整齐齐（きちんと）」という状態にあることを表す。変化の表現様式に関して，日本語は変化自動詞文が自律的変化・非自律的変化のいずれも表すことができるのに対し，中国語は両者を区別する（井上 2004）ため，非自律的な変化の叙述において明確な VR 構造をもつ。一方，日本語の受動は結果性を表す形式の有無が受動文の成立の可否に関わらないものの，中国語の BEI 受動文に対応する受動の場合，結果を表す構文や述語のタイプが存在すると考えられる。

4.3　影響を含意する動詞

BEI 受動文に対応するラレル受動文ではどのような動詞が用いられているかを見ると，『ノルウェイの森』のラレル受動文 312 例に対応する中国語のうち BEI 受動文は 105 例（33.7%）で，対応するラレル受動文は有生物が被動作主かつ動きの対象で，動詞には有生物を対象とした対象変化を表す「とらえる，縛る，銃殺する，監禁する」等，有生物を対象とした位置変化を表す「引き上げる，横たえる，導く，放り込む」等，有生物が直接動作の対象となり強い影響を受けることを表す（例 (7) (8)）例が多かった。

(7)　つまり〈死はいつか確実に我々をその手に捉える。しかし逆に言えば死が我々を捉えるその日まで，我々は<u>死に捉えられる</u>こ

とはないのだ〉と。（就是说："死迟早会将我们俘获在手。但反言之，在死俘获我们之前，我们并未被死俘获。)　　　　　　　（ノ 13）

(8)　まるで荒れた冷たい海から引きあげられて毛布にくるまれて温かいベッドに横たえられているようなそんな気分ね。（那感觉，就象被人从狂暴而冰冷的海水中打捞出来，用毛巾被裹着放到温暖的床上一样。）　　　　　　　　　　　　　　　　（ノ 66）

　また，中国語では「杀（殺す），拆（取り壊す），淋（濡らす），骂（罵る），骗（騙す）」等の影響含意型の動詞は結果補語を伴わずに BEI 受動文の述語となる（木村 1992）。日本語では主に，有生物主語で有生物を対象とした変化動詞による受動文が，意味的には中国語の BEI 受動文を成立させるだけの，比較的強い結果性を表すと考えられる。

4.4　既然性

　中国語の影響含意型の動詞が結果補語なしで BEI 受動文の述語になる場合，完了相の「了」（稀に経験相「過」）を伴い既然態の形態をとる必要がある（木村 1992）。結果補語による結果性を典型的なものとするならば，既然態による受動はそれからやや外れるものの，動きの成立後の影響を表している。既然性は 4.5 で述べる具体性とも関係しており，具体的な数字や形容が結果を表すことも多く，結果性と深く関係する概念である。

　中国語においては既然態「了」が明確に既然性を表すが，対応する日本語は，中国語のように受動文の成立に関わる厳密な拘束力こそないものの，過去形・完了相が多く現れる（例 (9)(10)）。105 例の BEI 受動文のうち過去形は 20 例（うち名詞修飾が 9 例），「ている」等完成相は 16 例，計 36 例で全体の三分の一ほどを占める。

(9)　彼女はいなかったし，ドアについていた名札はとり外されていた。（她不在，门上的姓名卡片已被撤掉。）　　　　　　（ノ 227）

(10)　何かが損われてしまったのだ。あるいはそれを損ったのは僕かもしれなかった。（是被破坏掉了，说不定破坏者就是我。）

　　　　　　　　　　　　　　　　　　　　　　　　　　　　（ノ 217）

4.5 具体性を表す文・動詞

また，変化の結果や動きの様態をニ格で具体的に示すことで具体性を表す例も見られる（例（11）（12））。

(11) どこかの過程で不思議なかたちに歪められた愛し方であるにせよ，僕は間違いなく直子を愛していたし，僕の中には直子のためにかなり広い場所が手つかず保存されていたのだ。（尽管爱的方式在某一过程中被扭曲得难以思议，但我对直子的爱却是毋庸置疑的，我在自己心田中为直子保留了相当一片未曾染指的园地。） （ノ 160）

(12) そういう風に見られるとね，私もドキッとしちゃうわよ。（给她那么一看，我心里具有些发怵，） （ノ 90）

認知・言説の内容を表す動詞「知る，見る，言う，思う」等によるラレル受動文で BEI 受動文に翻訳されるものは，その認知や言説の内容を名詞節，副詞，引用節により具体的に表す（例（13）（14）（15））。

(13) でもこの大学の連中は殆んどインチキよ。みんな自分が何かをわかってないことを人に知られるのが怖くってしようがなくてビクビクして暮してるのよ。（不过，这所大学的男男女女差不多全都是江湖骗子，都生怕自己不学无术的真面目被人看穿，惶惶不可终日。） （ノ 114）

(14) 近所の人に見られて不審に思われるんじゃないかと心配したが，朝の六時前にはまだ誰も通りを歩いてはいなかった。（我担心被附近的人发现招致怀疑，好在清早 6 点之前的街上尚无任何人通过。） （ノ 144）

(15) キズキにはたしかに冷笑的な傾向があって他人からは傲慢だと思われることも多かったが，本質的には親切で公平な男だった。（木月有一种喜欢冷笑的倾向，往往被人视为傲慢，但本质上却是热情公道的人。）

認知・言説の内容は 105 例中 13 例で，変化動詞による動きの結果とは異なり，具体性を表すことで両言語においてラレル受動文・BEI 受動文を形成する。

4.6 感情を表す動詞

ラレル受動文のなかには，結果を引き起こした原因となる事態が受動の部分以外に示され，受動の動きがその結果であることを表すものもある。受動の動きが「うんざりさせられる」「圧倒される」「弱らせられる」のように本来原因格をとる，感情を表す動詞による受動文は，感情を引き起こす原因としての動きが別に存在するため，因果関係を表す構文をとる。例 (16) の「ざわめき」は受動の事態「うんざりさせられる」を引き起こした原因である。

(16) 僕はそんなざわめきにそれまでけっこううんざりさせられてきたものだが，それでもこの奇妙な静けさの中で魚を食べていると，どうも気持が落ちつかなかった。(这以前我被那嘈杂声着实折磨得忍无可忍，可是一旦在这奇妙的静寂中吃起鱼来，心里却又总象是缺踏实感。)　　　　　　　　　　　　　　　(ノ 59)

例 (17) のように，原因となる事態が副詞節で示される場合もある。

(17) つまり相手が若くて美しいんで，それに圧倒されちゃって。(就是说，对方太年少，太妩媚了，以致被其气势压倒。)　(ノ 669)

感情を表す動詞による日本語のラレル受動文においては，受動の動きとしての感情はそれを引き起こした原因の結果そのものである。

4.7 前景化

最後に，受動文における前景化に関し，成立動機の違いを考察する。日本語は他の言語に比べ被動作主の前景化 (foregrounding) の機能を担う受影受動文が多く使用され (堀江・パルデシ 2009)，被動作主が前景化される動機として，視点のほか被害性の選択が指摘されている (益岡 1991，堀江・パルデシ 2009 等)。例 (18) は「あなたが女に酒をおごられる」という動きを受け，その結果として生じる被害的な影響を「あなた」が受けることを表す。

(18) もちろんあなたが筋金入りのファシストで女に酒なんかおごられたくないと思ってるんなら話はべつだけど。(当然喽，如果你是铁杆法西斯，不乐意被女人请酒，倒另当别论。)　(ノ 109)

被害的な影響とは動きの結果生じるものであり，被害性を意味することは結果性を前提としていると言える。そして被害性について重要なのは，松下（1930），益岡（1991）が指摘するように，被害を受けるのが人であるということである。

一方，中国語の受動文は意外性「受事を視点に意外な事態との遭遇を描く」（杉村 2004）といった特徴をもつことが指摘されており，意外性は中国語において前景化が成立する動機の一つと考えられる。ただし，日本語の被害性を受けるのが基本的には人であるのに対し，中国語の意外性は事態に対して話者（あるいは話者の共感者）から示されるものであり，主語に立つものの有生性が異なっている。BEI 受動文がラレル受動文に対応しない例として，無生物の被動作主が主題化された場合（例（19）（20））を見てみる。

(19)　"却之"练习写下的一张张小楷，被两个孩子拿去欣赏品味。

　　　（「却之」が練習に書いた字を姉弟は手にとって鑑賞した。）

（活 140）

(20)　没有门牙便啃不动老玉米，毕竟有几粒玉米被啃了下来。就在这个时候轰然一声。

　　　（門歯なしではトウモロコシはかじれない。とにかく五，六粒かじりとったその時，轟音があがった。　　　（活 113）

例（19）（20）の日本語の一重下線部は，それぞれ「姉妹に手にとって鑑賞された」「五，六粒かじりとられた」とラレル受動文にすると不適切で，他動詞能動文を用いている。いずれも「練習に書いた字なのに子どもが鑑賞したこと」「門歯なしでトウモロコシをかじったこと」への意外性が表されている。

受動文の前景化に関して，日本語は被動作主の被る被害性，中国語は事態の意外性が，その重要な動機となっていると考えられる。日本語における被害性と中国語における意外性は，いずれも当該の動きや事態に対して表明される，一種の評価的意味であり，動きや事態の結果に対して示される意味である。

5. おわりに

　以上，日本語の受影受動文と中国語の「被」受動文が対応している場合，受動文の動きや受動文成立の動機はどう違うか，結果性を中心に，既成性，前景化などについて考察した。

　結果性については，中国語の「被」受動文に比べ日本語の受影受動文は構文的制限が少ないものの，感情を表す動詞のように結果そのものを表したり，認知・言説の内容が明示され結果を含意する場合もあること，また，前景化に関しては日中でその動機が異なるものの，いずれも結果性と関係していることを述べた。

　結果性及び前景化を含め受動文を成立させる被害性など，受影性を構成するいくつかの概念，ヴォイスに関する両言語間の意味・機能的な違いについて，さらに考察を進めたい。

用例

CTLJ：台湾人日本語学習者コーパス（成功大学）

ノ：『ノルウェイの森』／活：『活動変人形』（中日対訳コーパス第一版，北京日本学研究中心）

参照文献

井上和子（1976）『変形文法と日本語（上）』大修館書店.

井上優（2004）「日本語と中国語の『変化』の表現」『次世代の言語研究Ⅲ』筑波大学現代言語学研究会, pp. 147–156.

井上優・生越直樹・木村英樹・鷲尾龍一（2005）「日本語・中国語・韓国語から見た受動文の類型」『日本言語学会第 131 回大会予稿集』pp. 54–59.

大河内康憲（1974）「被動が成立する基礎―日本語などとの関連で―」『中国語学』220, pp. 1–12.

生越直樹（2002）「対照言語学の展望」『シリーズ言語科学 4　対照言語学』生越直樹編，東京大学出版, pp. 1–7.

王亜新（2016）「日本語と中国語の受動文に見られる類似点と相違点」『東洋大学人間科学総合研究所紀要』18, pp. 41–63.

木村英樹（1992）「BEI 受身文の意味と構造」『中国語』389, pp. 10–15.

木村英樹（2000）「中国語ヴォイスの構造化とカテゴリ化」『中国語学』247, pp. 9–39.

木村英樹（2012）『中国語文法の意味とかたち―「虚」的意味の形態化と構造化に

関する研究―』白帝社 .

香坂順一（1959）「『自然的被動』というもの―碗打破了のしめくくり」『人文研究』10-11, pp.1088–1121.

柴谷方良（2000）「第 3 章　ヴォイス」仁田義雄・村木新次郎・柴谷方良・矢澤真人著『日本語の文法 1　文の骨格』pp. 120–186, 岩波書店,

柴谷方良・中川正之・木村英樹・小川暁夫（1990）「間接受身の意味とその発達」言語学会第 100 回大会研究発表要旨『言語研究』98, pp. 144–146.

坂原茂（2003）「ヴォイス現象の概観」『言語』32-4, pp. 26–33, 大修館書店.

杉村博文（2004）「中国語の受動概念」『次世代の言語研究Ⅲ』筑波大学現代言語学研究会, pp. 29–43.

張志軍（2000）「受動文から見る日本語と中国語の違同」『横浜商大論集』33-2, pp. 160–180.

中島悦子（2007）『日中対照研究　ヴォイス―自・他の対応・受身・使役・可能・自発―』おうふう.

仁田義雄（1988）「意志動詞と無意志動詞」『月刊言語』17-5, pp. 34–37, 大修館書店.

仁田義雄（1991）「ヴォイス的表現と自己制御性」仁田義雄（編）『日本語のヴォイスと他動性』, pp. 31-57. くろしお出版,

堀江薫, プラシャント・パルデシ（2009）『言語のタイポロジー―認知類型論のアプローチ―講座：認知言語学のフロンティア 第 5 巻』研究社.

益岡隆志（1982）「日本語受動文の意味分析」『言語研究』82, pp. 48–64.

益岡隆志（1991）「受動表現と主観性」仁田義雄（編）『日本語のヴォイスと他動性』pp.69-76, くろしお出版.

松下大三郎（1930）「被動の詳説」『標準日本口語法』pp. 157–171, 中文館書店. （復刊（1977）勉誠社.）

和栗夏海（2005）「属性叙述受動文の本質」『日本語文法』5-2, pp.161–179.

鷲尾龍一（2008）「概念化と統語表示の問題―日本語・モンゴル語・朝鮮語の比較から見る << 風に吹かれる >> の本質―」生越直樹・木村英樹・鷲尾龍一（編）『ヴォイスの対照研究―東アジア諸語からの視点―』pp. 21–64, くろしお出版.

Givón, Talmy（1981）"Typology and Functional Domains," *Studies in Language* 5-2, pp.163–193.

Kuroda, S.-Y.（1979）On Japanese passive. In George Bedell, Eichi Kobayashi and Masataka Muraki（eds.）, *Explorations in Linguistics: Papers in Honor of Kazuko Inoue*, pp. 305–347. Kenkyusha, Tokyo.

Li, Charles N. and Thompson, Sandra A.（1981）*Mandarin Chinese: A Functional Reference Grammar*. Berkeley: University of California Press.

Washio, Ryuichi（2000）"Unaccusativity and Passivizability in Mongolian―with Special Reference to German and Japanese―," *Researching and Verifying an Advanced Theory of Human Language*, 4A, pp. 229–252.

副詞＋「の」による名詞修飾の諸相
―書き言葉コーパス調査に基づいて―

野田春美

1.　はじめに

　副詞は，定義や記述の難しい品詞である。活用せず，動詞・形容詞（イ形容詞・ナ形容詞）・ほかの副詞を修飾するというのが基本的な性質だが，「ぴかぴかの机」「まさかの結末」というように「の」を介して名詞を修飾したり，「ぼろぼろだ」「さすがだ」というように「だ」を伴って述語になったりするものもある。

　仁田（2002, p. 2）では，次のように述べられている。

　副詞的修飾成分は，雑多であり，語彙的な側面の強いものである。そういったものを，文法研究として，いかに体系的に分析・記述し組織化していくかが，今後の重要な課題となろう。

　そこで本稿では，副詞＋「の」が名詞を修飾する場合について，書き言葉コーパス調査によって実態を把握し，分析を試みる。

2.　先行研究

2.1　副詞の名詞性

　加藤（2003）は，「連用修飾成分は全般に，名詞と共通する性質を持っている」（p. 425）とし，「これまで名詞，形容動詞（の語幹），副詞とされてきたもののほとんどと連体詞とされてきたものの一部」（p. 522）を《実詞》として位置づけ直すことを提案している。加藤（2013, p. 34）では《体詞》と呼び変えられ，「体言を中心的要素として含む，体言的なものの大

範疇」とされている。

　本稿は，副詞と名詞を一つにまとめる立場ではないが，副詞＋「の」の例を見ていくなかで，当該の語を副詞とすることが妥当なのかという問題に触れることがある。

　仁田 (2002, pp. 33–34) は文は「大きく＜命題（言表事態）＞と＜モダリティ（言表態度）＞の部分に分かたれる」とした上で，命題のなかに作用する副詞的成分を，結果の副詞・様態の副詞・程度量の副詞・時間関係の副詞・頻度の副詞に分けている。

　また，仁田 (2002, pp.188–189) は，程度量の副詞の 3 つの下位分類について，純粋程度の副詞（「非常に」「とても」など）は基本的に「の」の接続が不可だが，量程度の副詞（「ずいぶん」「多少」など）は一部可能，量の副詞（「たくさん」「いっぱい」など）は基本的に可能，という段階性があるという。それは，〈程度〉より〈量〉のほうが抽象性が低く，この順で名詞性が高いためであるとしている。

　程度を表す副詞と量を表す副詞を比べた場合は，抽象性が低いほうが名詞性が高く「の」が接続しやすいという論理は妥当だと思われるが，「まさかの」のようにモダリティに関する副詞に「の」が接続する場合には当てはまらないだろう。この点については，4. 以下で考察する。

2.2　第三形容詞の存在

　副詞の研究ではないが本稿に関係するものとして，村木 (2000) を挙げる。村木 (2000) は，第一形容詞（イ形容詞とも），第二形容詞（ナ形容詞とも）に加えて第三形容詞が存在すると指摘している。第三形容詞は，連体は「－の」，連用は「－に」，述語形式は「－だ」の形をとり，格助詞を伴って主語や目的語になることは普通ない単語で，かなりの数の語が属するとしている。村木 (2000) で挙げられたリストの一部を (1) に示す。

　(1)　　一流 (の学者)，ひとかど (の人物)，仮 (の処置)，

　　　　　がらあき (の電車)，横なぐり (の雨)，無人 (の部屋)

　本稿は品詞体系の見直しまでを目的とするものではないが，副詞＋「の」を考察するなかで，第三形容詞についても触れる。

3. 調査方法

3.1 検索方法

本調査は「現代日本語書き言葉均衡コーパス（通常版）」（BCCWJ － NT1.1）を用い，中納言（2.2.0）によって検索を行った。非コアのデータ（形態論情報の自動解析後に人手による確認・修正が行われていないデータ）を含む全データを対象としている。

キーの品詞を「副詞」と指定し，後方共起（キーから1語）を，語彙素「の」で品詞「助詞」と指定したところ，27,925例が検索された。

そのうち，ナ形容詞と考えられる9例（「そっくり」「様々」「遥か」）を除外した。これらの語彙素はほとんどの例が「形状詞」として登録されている。

BCCWJ の品詞は UniDic に基づいており，「形状詞」は小椋ほか（2011，p. 61）によると，「いわゆる形容動詞の語幹に当たるもの」である。「形状詞－一般」の例として「静か，健やか，特別，シンプル，涼し気，積極的，大規模，お気に入り」などが挙げられており，「の」を介して名詞を修飾する「お気に入り」も含まれている。「形状詞－タリ型」の例としては「釈然，錚々，興味津々」が挙げられている。

BCCWJ における品詞の登録は不正確なことがあるため，副詞＋「の」として検索された語彙素736種類がほかの品詞としても登録されていないかを確認した。その結果，形状詞＋「の」で検索されたもののうち47種類の語彙素の10,334例を追加した。同じく，「名詞－普通名詞－副詞可能」＋「の」として検索されたもののうち2種類の語彙素の1,000例，「名詞－普通名詞－形状詞可能」＋「の」として検索されたもののうち2種類の語彙素の160例を追加し，39,410例となった。

3.2 除外した例

39,410例のうち2,526例を除外した36,884例を分析の対象とする。誤解析と見られる例以外の，主な除外理由を以下に挙げる。

まず，明らかに名詞として使われている場合は除外した。「ガチャガチャ」がカプセル入り玩具などの販売機名として使われている場合や，

「1 番の歌詞」の「1 番」などである。

　次に，すべての例を除外した語彙素がある。指示を表す「どう」256例，「こう」146 例，「かく [1]」89 例は，ほとんど「どうのこうの」「かくのごとく」といった例であり，名詞修飾ではないため除外した。

　「さながら」103 例は，すべて名詞のあとに接続する次の (2) のような例であり，連用修飾での使い方とは異なるため，除外した。「 – さながら」は村木 (2002, p. 231) で第三形容詞とされている。

(2) 　ナムコより発売になったプレイステーション 2 用ソフト「フットボールキングダム」は，ゲーム内容はもちろん，本番さながらの実況解説も可能にした迫力満点のサッカーゲーム。

　　　（『WORLD　SOCCER　GRAPHIC』第 12 巻第 7 号，ぴあ，2004)

　「さしも」は次の (3) のような例が 71 例検索されたが，連用修飾で使われるのは一般的でないため副詞とは言いがたいと判断し，除外した。

(3) 　ある時，最前列の何人かが，演壇のふちまで駆け寄って，委員長の足もとから罵声を浴びせはじめた。と，さしもの委員長もその声にやりきれなくなったのか，ちらっと視線を足もとに向けた。　　　　　　（三田誠広『僕って何』河出書房新社，1977)

　同じ語彙素のうち，一部の例を除外したものもある。「500 人あまりの客」のように数量に付く「あまり」694 例，「1 時間ちょっとの道のり」のように数量に付く「ちょっと」45 例，「二十歳そこそこの青年」のように数量に付く「そこそこ」70 例は，それ以外の使い方の場合と意味が異なるため，除外した。「 – そこそこ」は，村木 (2002, p. 231) で第三形容詞とされている。

　また，「たいてい」のうち「並（並み・なみ）たいてい」101 例は，それ以外の使い方の場合と意味が異なるため，除外した。「大抵の」も「並大抵の」も村木 (2003, p. 左 12) では第三形容詞とされている。「また」のうち「またの名 (を)」47 例も，それ以外の使い方の場合と意味が異なるため，除外した。

1　BCCWJ では語彙素は漢字表記が多いが，以下，一般的な表記で示す。

副詞＋「の」による名詞修飾の諸相 | 101

　オノマトペの品詞分類については諸説あるが，本稿では連用修飾の際に「～と」「～に」を介する必要があるものも，除外していない。

3.3　本稿で「副詞」と呼ぶことの暫定性

　3.1，3.2 の作業を経て得られた 36,884 例を，暫定的に副詞＋「の」として扱う。つまり，BCCWJ で副詞＋「の」として検索されたものを基本として，多少の調整を加えた範囲である。

　考察を進めるなかで，副詞と呼ぶのは適当でないと述べるものもある。したがって，「副詞」という呼び方は暫定的なものである。

4.　調査結果の概観

4.1　調査結果

　対象とする 36,884 例の語彙素は 558 種類であった。そのうち出現数が 10 例未満のものが 426 種類にのぼった。出現数が少ないもののほとんどはオノマトペである。出現数が 50 以上のものを出現数順に表 1 に示す。

　副詞の種類は大まかなものである。命題内で働く副詞については，仁田（2002）を参考に，「様態・結果の副詞」「程度・量の副詞」「時間の副詞」「頻度の副詞」に分類している。モダリティと関わる副詞は，工藤（1982）の「叙法副詞」も参考にしながら，「モダリティ副詞」としている。そのほか，文の内容に対する評価を表す「評価副詞」，文中の要素をとりたてる「とりたて副詞」に分類した。一つの副詞が複数の種類に属することも珍しくないが，主な使われ方によって分類している。

　「～の」の割合というのは，その副詞の全検索数に占める，副詞＋「の」の割合である。ただし，副詞＋「の」以外の例については誤解析などの確認・除外は行っていないため，誤差を含む数値である。副詞＋「の」の割合が 4 割を超えるものに●を，4 割未満で 3 割を超えるものに○をつけている。

102 | 野田春美

表1　副詞＋「の」の出現数上位語

順	副詞	種類	「～の」出現数	全検索数	「～の」の割合
1	たくさん[2]	程度・量	4,184	15,615	26.8%
2	かなり	程度・量	3,460	19,917	17.4%
3	初めて	頻度	2,880	19,913	14.5%
4	当然	評価	2,794	13,279	21.0%
5	かつて	時間	1,881	7,703	24.4%
6	いちばん	程度・量	1,616	22,216	7.3%
7	いっそう	程度・量	1,523	5,570	27.3%
8	たいてい	程度・量	1,054	3,247	○ 32.5%
9	全く	程度・量	956	22,639	4.2%
10	数多く	程度・量	913	2,151	● 42.4%
11	あまり	程度・量	907	3,331	27.2%
12	せっかく	モダリティ	852	6,972	12.2%
13	突然	時間	778	36,257	2.1%
14	少し	程度・量	728	30,505	2.4%
15	しばらく	時間	666	9,754	6.8%
16	たっぷり	程度・量	622	3,563	17.5%
17	なかなか	程度・量	568	12,063	4.7%
18	もちろん▲	モダリティ	552	20,916	2.6%
19	いろいろ	様態・結果	519	23,595	2.2%
20	よほど	程度・量	470	2,380	19.7%
21	ぎりぎり	様態・結果	453	1,422	○ 31.9%
22	さすが	評価	418	5,180	8.1%
23	ぴったり	様態・結果	372	2,257	16.5%
24	やっと▲	時間	350	5,524	6.3%
25	すぐ	時間	296	27,302	1.1%
26	わずか	程度・量	288	7,489	3.8%
27	当分▲	時間	265	755	○ 35.1%
28	もともと	時間	244	6,224	3.9%
29	たった[3]	とりたて	223	27,797	0.8%
30	まさか	モダリティ	221	3,276	6.7%

2　表1のうち，「たくさん」「当然」「ぼろぼろ」はBCCWJではほとんどの例が形状詞，「いっぱい」はほとんどの例が「名詞－普通名詞－形状詞可能」とされている。

3　「たった」は語彙素「唯」＋「の」として検索されたものである。「たった」223例，「ただ」4例だったため，223例を「たった」として対象にする。「ただの」の「ただ」は，ほとんどが語彙素「只」（形状詞）として登録されている。

副詞＋「の」による名詞修飾の諸相 ｜ 103

順	副詞	種類	「〜の」出現数	全検索数	「〜の」の割合
31	いっそ▲	モダリティ	215	741	29.0%
32	ちょっと	程度・量	210	29,800	0.7%
33	おおよそ	程度・量	170	517	○ 32.9%
34	いっぱい	程度・量	161	10,831	1.5%
34	そこそこ	程度・量	161	920	17.5%
36	なお▲	程度・量	136	15,915	0.9%
37	ぽろぽろ	様態・結果	128	706	18.1%
38	あいにく	評価	123	515	23.9%
39	いささか	程度・量	116	1,563	7.4%
40	思い思い	様態・結果	107	194	● 55.2%
41	さほど	程度・量	106	1,198	8.8%
42	ばらばら	様態・結果	104	1,291	8.1%
43	ぴかぴか	様態・結果	103	407	25.3%
44	しばし	時間	102	715	14.3%
45	まずまず	程度・量	96	306	○ 31.4%
46	今さら▲	時間	95	1,805	5.3%
47	無論▲	モダリティ	91	2,188	4.2%
48	ばりばり	様態・結果	85	429	19.8%
49	たちまち▲	時間	83	2,133	3.9%
50	とりあえず	様態・結果	81	5,352	1.5%
50	また	頻度	81	145,425	0.1%
52	いきなり	時間	78	4,181	1.9%
53	あまた	程度・量	70	199	○ 35.2%
54	ふわふわ	様態・結果	65	496	13.1%
55	まあまあ	程度・量	62	651	9.5%
56	なおさら▲	程度・量	59	858	6.9%
57	さらさら	様態・結果	53	605	8.8%
57	ふかふか	様態・結果	53	113	● 46.9%
57	もっぱら▲	とりたて	53	1,421	3.7%
60	ようやく▲	時間	52	5,764	0.9%
61	よれよれ	様態・結果	51	122	● 41.8%

「副詞」の欄に▲をつけているのは，修飾する名詞の偏りが非常に大きく，名詞を修飾しやすいとは言いがたいため，5.以下の考察の対象としないものである。

具体的には「〜のこと」の割合が高かったものが多い。「もちろん」は

552 例中 548 例，「いっそ」は 215 例すべて，「なお」は 136 例中 135 例，「無論」は 91 例中 90 例，「なおさら」は 59 例中 57 例が「～のこと」であった。

「～のこと」と「～の思い」が多かった副詞が 2 つあった。「やっと」は 350 例中 207 例が「やっとのこと」，138 例が「やっとの思い」であった。「ようやく」は　52 例中 33 例が「ようやくのこと」，11 例が「ようやくの思い」であった。

そのほか，「当分」は 265 例中 251 例が「～の間」，「今さら」は 95 例中 83 例が「今さらのように」，「たちまち」は 83 例中 81 例が「たちまちのうち」，「もっぱら」は 53 例中 41 例が「噂」「評判」であった。

4.2　結果の概観

表 1 で▲をつけたものを除くと，「程度・量の副詞」が 22 語，「様態・結果の副詞」が 13 語と多く，「時間の副詞」7 語，「評価の副詞」3 語，「モダリティの副詞」2 語，「頻度の副詞」2 語，「とりたての副詞」1 語であった。程度・量の副詞は語数が多いだけでなく，出現数の上位に多く現れており，「の」を介した名詞修飾が比較的多いと言える。5. 以降ではこの順で，どのような名詞をどう修飾しているのかを考察していく。

副詞 +「の」の割合が高かった●印と○印のものについては，副詞とは言えない可能性もあるため，「～の」以外の使い方も確認する。

5.　程度・量の副詞 +「の」による名詞修飾

表 1 のうち程度・量の副詞とした 22 語を，出現数の多い順に (4) に示す。副詞 +「の」の割合が 4 割を超えることを示す●と，3 割を超えることを示す○も添える。この示し方は 6. ～ 11. でも同様である。

(4)　　たくさん　かなり　いちばん　いっそう　たいてい○
　　　全く　数多く●　あまり　少し　たっぷり　なかなか
　　　よほど　わずか　ちょっと　おおよそ○　いっぱい
　　　そこそこ　いささか　さほど　まずまず○　あまた○
　　　まあまあ

このうち,「たっぷり」は 622 例のうち 357 例が名詞に接続する「野菜たっぷりの」「自信たっぷりの」のような例であった。「いっぱい」は 161 例のうち「精一杯」18 例,「目一杯」4 例,そのほかの名詞に接続する「元気いっぱい」のような例が 91 例であった。「－たっぷり」も「－いっぱい」も,村木(2002, p. 231)で第三形容詞とされている。

2.1 で述べたように,仁田(2002, pp. 188–189)は,純粋程度の副詞(「非常に」など)は基本的に「ノ」の接続が不可だが,量程度の副詞(「ずいぶん」「多少」など)は一部可能,量の副詞(「たくさん」など)は基本的に可能,という段階性があるとしている。

仁田(2002, p. 164)によると,純粋程度の副詞は,「?? お酒を {非常に／極めて} 飲んだ」「?? {非常に／極めて} 歩いた」のように「主体や対象の数量限定が表されたり,動きの量の限定が行われたりする構文に挿入されると,逸脱性が生じてしまう」ものである。

(4) の 22 語を見ると,出現数の多い「たくさん」「かなり」をはじめ,たしかに,量を限定できる副詞が多い。「数多く」「少し」「たっぷり」「わずか」「ちょっと」「いささか」「あまた」などである。

次の (5) は,「かなりの」が量を修飾している例である。

(5)　　おかしな民間団体にかなりの額の金をまわしてることはまずまちがいない。　　　　　　　　　(船戸与一『血と夢』徳間書店,2001)

ただし,同じ副詞が程度を修飾する次の (6) のような例もあり,副詞＋「の」が,量と程度のうち量だけを修飾するわけではない。

(6)　　見ると隣の神社の階段は二十段はあって,かなりの急勾配だ。
　　　　(安宅温『走れ介護タクシー　利用者の視点で移送介護を考える』ミネルヴァ書房,2001)

以下,程度・量の副詞＋「の」について,注意すべき点を見ていく。

まず,「たくさん」4,184 例,「かなり」3,460 例に次いで出現数の多かった「いちばん」「いっそう」である。これらは,量を限定する構文でも使われるが,仁田(2002, p. 166)では,量そのものの限定を表すわけではなく純粋程度の副詞だとされている。「いちばん」については,名詞として除外したものとの区別が難しいが,副詞＋「の」と判断した 1,616

例は，次の (7) のような例である。問題の重要性の程度が最も高いこと
が表されている。修飾する名詞は，ほかに「原因／理由」「目的」「お気
に入り」「近道」などが多かった。

(7) 　しかし，全体から見れば，中国人観光客を受け入れる態勢は日
本では未整備だ。その一番の問題は，日本のいわゆる「常識」
だ。(莫邦富『中国の心をつかんだ企業戦略　日米欧中の勝ち組
に学べ』集英社，2004)

「いっそうの」は 1,523 例中 819 例が「白書」の例であり，「改善」「充
実」などの程度を修飾する決まり文句になっているようである。

(8) 　また，諸外国の対日理解の促進及び在外邦人に対する必要な情
報の提供のため，我が国の国際放送の一層の充実を図る。
　　　　　　(国土交通省『観光白書　平成 17 年版』国立印刷局，2005)

　次に，全検索数における「〜の」の割合が高かったものについて述べ
る。量を修飾する「数多く」は「数多くの」が 4 割を超えているが，ほ
かはほとんど連用修飾である。意味の似た「あまた」は「あまたの」が
3 割を超えているが，ほかは連用修飾が多い。ただし，「あまたの」は村
木 (2003, p. 左 17) では第三形容詞とされている。

　「たいてい」「おおよそ」も，それぞれ「〜の」が 3 割を超えている[4]。
いずれも仁田 (2002, p. 168) では程度量の副詞の周辺的なものと位置づけ
られ，「概括・概略的な程度量を表す」とされている。

　「たいていの」1,054 例のうち 222 例が「たいていの場合」，252 例が
「たいていの人／人間／人々／者／男／男性／女／女性／女の子」であっ
た。「たいてい」の全検索数 3,247 例を見ると，「〜の」以外は基本的に
連用修飾である。ただし，「たいてい」は，村木 (2003, p. 左 12) では第
三形容詞とされている。

　「おおよその」170 例が修飾する名詞は「こと」「見当」「目安」などで
ある。「おおよそ」の全検索数 517 例を見ると，「おおよそ十年ぶり」の
ように数量を修飾する例が 125 例あるが，ほかは連用修飾が多い。

4　同じく「〜の」が 3 割を超えている「まずまず」については，あとで述べる。

次に，「全くの」956 例を見る。修飾する名詞は「偶然」「初心者／素人」「別人／別物」などが目立つ。「初心者」「別人」などでは，意味としては，「初めて」「別」の部分を修飾していると考えられる。

　最後に，表1で程度・量の副詞としてはいるが，評価性を含むと考えられるものを見ていく。「あまり」「なかなか」「よほど」「さほど」「そこそこ」「まずまず」「まあまあ」である。

　「あまり」は連用では否定と共起するが，「あまりの」907 例は，程度の高さが予想や常識を超えている次の (9) のような場合に使われる。

(9)　　久しぶりにカメラをポケットにしまって散歩にいきました，<u>あまりの暑さで花もしおれ気味でいい被写体はない</u>。。。

(Yahoo! ブログ，2008)

「よほどの」470 例中 153 例は「こと」を修飾しており，「よほどのことがない限り」「よほどのことがなければ」が多い。そのほかの例も，次の (10) のように，あとに否定を伴うものが多い。連用修飾の「よほど」は「よほど嬉しかったのだろう」のように使われ，否定と呼応するわけではないので，「よほどの」の使われ方には偏りがある。「よほどの」は村木 (2003, p. 左 19) では第三形容詞とされている。

(10)　　日本人は，高い人件費や住宅事情のせいもあってか，<u>よほどの</u>金持ちでもないと，メイドを雇わない。

(田島英一『大陸精神と海洋精神の融合炉』PHP 研究所，2004)

「さほどの」106 例も，次の (11) のように，修飾する名詞のあとに否定を伴う形で使われ，想定される程度に達しないことを表している。

(11)　　だがそれも，静子にとっては<u>さほどの問題ではない</u>。

(渡辺淳一『静寂の声　乃木希典夫妻の生涯　上巻』文藝春秋，1988)

「なかなかの」「そこそこの」「まずまずの」「まあまあの」は，特に高くないがある程度だという評価を表す点で似通っている。「なかなかの」「まずまずの」はプラス評価寄り，それらに比べると「そこそこの」「まあまあの」はマイナス評価寄りである。「まずまずの」「そこそこの」「まあまあの」は村木 (2003, p. 左 18) で第三形容詞とされている。

「なかなかの」568 例は「出来」「人気」「美人」のように程度性のある名詞を修飾するだけでなく，次の (12) のように「もの」を修飾する例も 90 例ある。実質的な意味は「なかなかだ」と同じである。

(12)　プリンス・オブ・ジェイムスの日本語は，発音一つとってもなかなかのものだった。

　　　　　（志茂田景樹『ペリカン弁護士と超成金宮殿』天山出版，1991）

「まずまずの」96 例も「出来」「成績」のように程度性のある名詞だけでなく「内容」なども修飾する。なお，「まずまず」は，全検索例 306 例のうち「まずまずの」が 3 割を超えている。ほかは連用修飾が 72 例，「まずまずだ／で」64 例で，どの使い方が多いということはない。

「そこそこの」161 例も，次の (13) の「成績」のように数値によって明確に程度性のある名詞も，「大学」のような名詞も修飾している。

(13)　…小学校から，中学，高校と，真剣に真正面から勉強に取り組んだことはなかったが，かといってドロップアウトもせず，まじめに塾通いをし，そこそこの成績を取り，そこそこの大学に進学した。　（貴志祐介『クリムゾンの迷宮』角川書店，1999）

「まあまあの」62 例も同様である。

　以上，程度・量の副詞＋「の」による名詞修飾を見てきた。量を表す「たくさん」のような副詞が名詞を修飾して量の多さを表すことは，仁田 (2002) の指摘と一致するが，「いちばん」のように程度を表す副詞や「なかなか」のように評価性を含む副詞にも，「の」を介して名詞を修飾しやすいものがある。評価性を含む副詞などは，意味の面で「抽象性が低く名詞性が高い」とは言いがたい。

6.　様態・結果の副詞＋「の」による名詞修飾

　表 1 のうち様態・結果の副詞とした 13 語を (14) に示す。「いろいろ」「思い思い」「とりあえず」以外はオノマトペである。「ぎりぎり」「ぴったり」「ばらばら」「ぴかぴか」は村木 (2003) で，「思い思い」は村木 (2002, p. 220) で第三形容詞とされている。

副詞＋「の」による名詞修飾の諸相 | 109

（14）　いろいろ　ぎりぎり○　ぴったり　ぼろぼろ　思い思い●　ば
　　　　らばら　ぴかぴか　ばりばり　とりあえず　ふわふわ　さらさ
　　　　ら　ふかふか●　よれよれ●

「ぼろぼろの服」「よれよれのシャツ」のように結果の状態を表すもの
もあれば，「フワフワの毛」「さらさらの砂」のように様態を表すものも
ある。様態といっても，「きっぱり」「ぎゅっ（と）」のように動きの様態
を表すものではなく，「ぴかぴか」「ふわふわ」「さらさら」「ふかふか」
のように事物の状態を表すものである。

　（14）のうち，修飾する名詞が推測しにくいものについて述べる。「い
ろいろの」519 例が修飾する名詞はさまざまで，「こと」「もの」「情報」
「問題」などであった。なお，「いろいろ」23,595 例中 9,718 例が「いろ
いろな」であり，「いろいろの」よりかなり多い。

　「ぎりぎりの」453 例が修飾する名詞は「ところ」136 例が最も多く，
ほかは「時間」「線」「生活」などさまざまである。「ところ」の例を次の
（15）に挙げる。

（15）　右腕を振り子のように後ろへ上げるとグッと腰を落とし，腕を
　　　　大きく廻してギリギリのところでボールを放した。（ねじめ正一
　　　　『天使の相棒　杉浦忠と長嶋茂雄』ホーム社，2003）

なお，「ぎりぎりの」453 例には，「限界ぎりぎりの」のように名詞に付
いている例 70 例も含まれている。「‐ぎりぎり」は村木（2002, p. 231）で
第三形容詞とされている。

　「ぴったりの」372 例が修飾する名詞はさまざまだが，「ぴったり」の
前に「〜に／〜には／にも」がある例が 266 例で，7 割を超える。次の
（16）のような例である。

（16）　「実は君にピッタリの仕事がある。すぐに社へ戻って来てくれ」
　　　　　　　　　　　　　　　（赤川次郎『探偵物語』角川書店，1982）

連用の「ぴったり」は，「くっつく」「重なる」などさまざまな動詞を修
飾するが，「ぴったりの」は「〜にぴったりの」の形で「〜によく合う」
という意味を表す使い方に偏っている。

　「思い思いの」107 例が修飾する名詞はさまざまで，「ペース」「姿勢」

「時間」「場所」「方向」「恰好」などであった。主体がその名詞を「思い思い」に選んだことが表されている。

「ばりばりの」85例が修飾する名詞もさまざまで，「キャリアウーマン」「関西弁」「現役」「若手」などであった。

「とりあえずの」81例が修飾する名詞もさまざまで，「結論」「処置」「措置」「方向」「目標」などであった。主体がその名詞を「とりあえず」実行したり定めたりしたことが表されている。

次に，それぞれの副詞の全検索数における「〜の」の割合が高かった4語を見る。何が続くのかを表2に示し，表2の※の内訳を表3に示す。

表2 「〜の」の例が多い様態・結果の4副詞の接続状況

	の	に	だ/で	動詞修飾	名詞修飾	後続なし	な	と	※	その他	計
ぎりぎり	453	132	190	105	59	52	3	0	392	36	1,422
思い思い	107	75	0	5	0	0	1	0	0	6	194
ふかふか	53	6	20	17	9	2	0	3	0	3	113
よれよれ	51	28	20	4	3	7	3	0	0	6	122
総計	664	241	230	131	71	61	7	3	392	51	1,851

表3 「ぎりぎり」の※の内訳

格助詞	数量修飾	形容詞修飾	別意味
302	19	14	57

表2で「名詞修飾」としたのは，「ギリギリセーフ」「ぎりぎり最後」「ふかふか布団」のような例である。「に」は，「思い思いに過ごす」「よれよれになる」のような連用修飾だが，「ぎりぎり」に関しては，次の(17)のように名詞として使われていると思われる例も含まれている。

(17) 腰をかがめたままヒグマの横を走りぬけて，太郎さんは崖の
　　　ぎりぎりに立った。

　　　　　　　　　　（風見潤『月食屋敷幽霊事件　京都探偵局』講談社，2005）

表3の格助詞は，302例中284例が「まで」である。表3で「別意味」としたのは，あとの接続に関わらず，「ギリギリと奥歯をかみしめ」のように，許容範囲の限界であることとは違う意味を表すものである。

副詞＋「の」による名詞修飾の諸相 | 111

　表2を見ると,「思い思い」「よれよれ」は, そのままの形での動詞修飾が少なく「〜の」「〜に」の使われ方が多い。したがって第三形容詞とするのが妥当だと考えられる。「ふかふか」の動詞修飾も17例中16例は「した」「して」などであり, 第三形容詞とする可能性もあるだろう。「ぎりぎり」は格助詞が付くことも多いが, そのままの形で動詞を修飾することも比較的多く, 名詞と副詞の両方に属するということになるだろう。

　以上, 様態・結果の副詞＋「の」による名詞修飾を見てきた。様態と結果のどちらかに限られるといった制限はない。いずれも名詞を修飾するのに適した意味の副詞である。それは,「〜にぴったりの」のように, 連用修飾での使い方には意味の広がりがあっても,「〜の」では名詞を修飾しやすい意味に偏るものがあることにも表れている。

7.　時間の副詞＋「の」による名詞修飾

　表1のうち, 時間の副詞としたのは, 次の7語である。

（18）　かつて　突然　しばらく　すぐ　もともと　しばし　いきなり

　仁田（2002）では, 時間関係の副詞が三分されている。「しばらく」「しばし」は「事態存続の時間量を表す副詞」,「突然」「すぐ」「いきなり」は,「起動への時間量を表す副詞」に分類されている。「事態の中における事態の進展を表す副詞」は出現数50以上の表1には含まれておらず,「〜の」の形をとりにくいようである。この類に属する「ますます」は40例あるが,「ますますの御発展／ご健勝」といった決まり文句が多かった。「かつて」は仁田（2002）では「時の状況成分」として命題内の副詞とは別にされている。「もともと」は扱われていない。

　「かつての」は1,881例で, 出現数が5位である。単に過去の事物であることを表す例もあるが, 次の（19）のように, 発話時点との対比で使われる例も多い。

（19）　自分の肉体が, かつての自分のものと変わってしまったような
　　　　気がした。　　　　　　　　　（鈴木光司『ループ』角川書店, 1998）

　「もともとの」244例も,「もともとの意味」「もともとの性格」というように, 発話時点との対比を表すものが多い。「もともとの」は村木

（2003, p. 左 25）で第三形容詞とされている。

「突然の」778 例，「すぐの」296 例，「いきなりの」78 例は，いずれも起動への時間がきわめて少ないことを表す。「すぐの」は 177 例が「〜てすぐの」という形で，「朝起きてすぐの」のように，基準となる動きが前に示されている。「すぐの」の例には，「歩いてすぐの距離」「入ってすぐの右側」のように，場所を表すものも含まれている。

「しばらくの」は 666 例中 556 例が「間」を修飾しており，偏りが大きい。ほかは「沈黙」「期間」などである。「しばし」102 例の修飾する名詞も「間」「沈黙」が多い。

以上，時間の副詞＋「の」による名詞修飾を見てきた。「かつての」「もともとの」は，修飾する名詞で表される事物が，発話時点と対比した過去の時点や当初のものであることを表す例が多く見られた。「突然の」「すぐの」など，修飾する名詞で表される出来事が，起動までの時間量がきわめて少ないものであることを表す例も多く見られた。いずれも，その名詞がどのような名詞であるかという名詞修飾の形をとるのに適した意味での使い方である。

8. 評価の副詞＋「の」による名詞修飾

表 1 のうち，評価の副詞としたのは，次の 3 語である。

（20）　当然　さすが　あいにく

「当然の」2,794 例が修飾する名詞は，「こと」が 1,725 例で最も多い。ほかは「ように」「結果」「権利」「成り行き」などである。

（21）　議会は当然のことながら執行部による評価の結果を共有し，議
　　　会審議に生かすことが期待されます。　（北大路信郷・古川俊一
　　　『公共部門評価の理論と実際』日本加除出版，2001）

「さすがの」418 例中 363 例は，修飾された名詞のあとに「も」を伴って予想外の展開を表す次の（22）のようなものであった。

（22）　すると，高坂は急にパッと，警部の手を取った。これには，
　　　さすがの警部もびっくりした様子だった。

　　　　　　　　　　　　　　　　（斎藤栄『謎の幽霊探偵』集英社，1998）

副詞＋「の」による名詞修飾の諸相 ｜ 113

渡辺（1997）は森田（1977）による「さすが」の二分類に，「さすがの〜」という連体の型を加え，現代の「さすが」を3つのモデルに整理している。「（一）Aは　さすがに　aだ」「（二）Aも　Bには　さすがに　ā(b)だ」「（三）さすがの　Aも　Bには　ā(b)だ」である。（三）は，期待される事態aが実現しない点では（二）と共通しているが，「さすが」の評価が，順当な結果aを実現させるだけの素質・力量を備えているAに集中している点で，（二）とは異なるという。（22）のような「さすがの」は，「警部」に対する高い評価を表しているということになる。「も」を伴わない55例には，期待される事態aが実現したことをふまえてAへの評価を表す「さすがの日清食品さんです。」のような例や，順当な結果aを修飾する「さすがの全勝」のような例があった。

　「あいにくの」123例が修飾する名詞はほとんどが天気に関するもので，「雨」「雨模様」「雨降り」「小雨」56例，「（お）天気」「空模様」26例，「曇り」「曇天」22例であった。「あいにく」が連用修飾で使われる場合と違い，使われ方がかなり偏っている。

　以上，評価の副詞＋「の」による名詞修飾を見た。「当然」が特に多い。「さすが」は，評価を名詞に集中させる用法を派生させているため，「さすがの」で事物への高評価を表す名詞修飾が多く見られた。

9．モダリティの副詞＋「の」による名詞修飾

　表1のうち，モダリティの副詞としたのは，次の2語である。

（23）　せっかく　まさか

　「せっかく」には，「せっかく〜のに〜」という，事物の価値を生かせないことを表す，蓮沼（1987）のいう逆接用法と，「せっかく〜だから〜」という，事物の価値を生かすことを表す，同，順接用法がある。「せっかくの」は，渡辺（1980, p. 38）によれば，それらの「圧縮表現」である。本調査で検索された852例にも，次の（24）（25）のように逆接と順接，両方の例がある。小矢野（1997），蓮沼（2014）で指摘されているように，「せっかくの」の例は逆接的なものが多いようである。

（24）　一生懸命働いて財産を残したがために家族が骨肉の争いを演じ

たのでは，せっかくの苦労が水のアワというものです。

（須田邦裕『知ってトクするあなたの税金　2004年度最新版』
高橋書店，2003）

(25)　忠秋が家光をふりかえると同時に，「せっかくの申し出だ。遠慮
なくうけよう」家光が快諾をした。

（南原幹雄『寛永風雲録』新人物往来社，1986）

「まさか」は杉村（2009）によると，事態が想定外であることを表す。
「まさかの」221例が修飾する名詞は，「とき」「逆転負け」「展開」など，
想定外の事態である。

　以上，モダリティの副詞＋「の」による名詞修飾を見た。モダリティ
の副詞であることと，名詞と同様に「の」が付くことは，一見矛盾して
いるように見える。しかし，「せっかくの＋［名詞］」で事物に価値がある
ことが表され，文全体として，その価値を生かすことや生かせないこと
が表されるという構造になっている。「まさか」は想定外であるという意
味を表すため，「まさか勝てないだろう。」における「まさか」と，「まさ
かの逆転」における「まさか」の意味に大きな異なりはない。

10.　頻度の副詞

　表1のうち，頻度の副詞としたのは，次の2語である。

(26)　初めて　また

仁田（2002）では，「また」は頻度の副詞の周辺にあるものと位置づけ
られている。「初めて」は扱われていない。

　「初めての」は2,880例と多く，出現数は3位であった。修飾する名詞
を見ると，「こと」「ケース」「経験」「体験」のような抽象的なものから，
「海外旅行」「パソコン」のように初めて経験することの内容を具体的に
表すもの，「人」「方」「お客さん」のように，初めて何かをする主体を表
すもの，「ヨーロッパ」のように初めて行く場所を表すものなど幅広く，
「初めての」の使いやすさがわかる。

　「またの」81例が修飾する名詞は，「機会」が41例，そのほかは「お
越し」「再会」などであった。

以上，頻度の副詞＋「の」による名詞修飾を見た。特に「初めての」が名詞を修飾するものとして使いやすいものであることを確認した。

11. とりたての副詞

表1のうち，とりたての副詞としたのは，「たった」である。

「たったの」223例は，「たったの5人」「たったの一度」のようにあとに数量が続く例が220例とほとんどである。数量でないのは「今」2例，「これっぽっち」1例だけであった。

12. まとめ

以上，副詞＋「の」による名詞修飾について，コーパス調査によって実態を把握し，副詞の種類ごとに考察を行ってきた。

副詞の種類によっても，それぞれの副詞によっても事情が異なるため体系化は困難だが，本稿の考察で明らかになった主な点をまとめる。

1) 「の」を介して名詞を修飾する副詞は，その点においては名詞と似ているが，多くの場合格助詞が接続しないこと，意味の上で抽象性が低いとは限らないことから，名詞性が高いとは言えない。

2) 「の」を介した名詞修飾は，程度・量の副詞に特に多いが，そのほかのさまざまな種類の副詞にも見られる。共通点としては，名詞を修飾するのにふさわしい意味であるという意味的な面が大きい。連用修飾の場合より意味や修飾する内容が限定されるものも多い。

3) 「の」を介して名詞を修飾する副詞のなかには，「思い思い」のように，第三形容詞とみなしたほうがよいものがある。

今後は，副詞それぞれについて通時的観点を含めた詳しい考察も必要であろうし，「の」を介した名詞修飾をしにくい副詞との比較も必要であろう。副詞について残された問題はまだまだ多く，語彙的意味と文法の両面からのさらなる考察が必要である。

参照文献

小椋秀樹・小磯花絵・冨士池優美・宮内佐夜香・小西光・原裕（2011）『特定領域

研究「日本語コーパス」平成 22 年度研究成果報告書『現代日本語書き言葉均衡コーパス』形態論情報規程集第 4 版 (上)』国立国語研究所.

加藤重広 (2003)『日本語修飾構造の語用論的研究』ひつじ書房.

加藤重広 (2013)『日本語統語特性論』北海道大学出版会.

工藤浩 (1982)「叙法副詞の意味と機能」『研究報告集 3』(国立国語研究所報告 71)，秀英出版 (『副詞と文』ひつじ書房 (2016) 所収，pp. 3–57).

小矢野哲夫 (1997)「規定語「せっかくの」の構文的機能」加藤正信 (編)『日本語の歴史地理構造』pp. 397–410, 明治書院.

杉村泰 (2009)『現代日本語における蓋然性を表すモダリティ副詞の研究』ひつじ書房.

仁田義雄 (2002)『副詞的表現の諸相』くろしお出版.

蓮沼昭子 (1987)「副詞の語法と社会通念―「せっかく」と「さすがに」を例として―」小泉保教授還暦記念論文集編集委員会 (編)『言語学の視界』pp. 203–222, 大学書林.

蓮沼昭子 (2014)「副詞「せっかく」による構文と意味の統制―コーパスにおける使用実態の観察を通して―」益岡隆志・大島資生・橋本修・堀江薫・前田直子・丸山岳彦 (編)『日本語複文構文の研究』pp. 427–467, ひつじ書房.

村木新次郎 (2000)「「がらあき―」「ひとかど―」は名詞か，形容詞か」『国語学研究』39, pp. (左)1–11.

村木新次郎 (2002)「第三形容詞とその形態論」佐藤喜代治 (編)『国語論究第 10 集　現代日本語の文法研究』pp. 211–237, 明治書院.

村木新次郎 (2003)「第三形容詞とその意味分類」『同志社女子大学　日本語日本文学』15，pp. (左)1–28.

森田良行 (1977)『基礎日本語』角川書店.

渡辺実 (1980)「見越しの評価「せっかく」をめぐって―国語学から言語学へ―」『言語』9-2, pp. 32–40.

渡辺実 (1997)「難語「さすが」の共時態と通時態」『上智大学国文学科紀要』14, pp. 3–21.

日本語動詞における「制御性(意図性)」をめぐって
―語彙的意味構造と統語構造―

三宅知宏

1. はじめに

　本稿は，日本語動詞の語彙的な意味構造における「制御性（意図性）」（"CONTROL"）という概念について，再考することを目的とする。

　影山（1993）の語彙概念構造のモデルでは，「制御性（意図性）」を表す概念として"CONTROL"が設定され，そして，それは階層的な構造の最上位に位置し，いわゆる「非対格性」を決定するものとされていたが，影山（1996）以降のモデルでは，このような仮説は全て放棄されてしまっている。目的を「再考」としているのはこのためである。

　本稿の主張は，影山（1993）のモデルで設定されていた「制御性（意図性）」（"CONTROL"）が，日本語における様々な言語事実の分析という記述的な面からも，また，ミニマリズム理論における統語構造との関係という理論的な面からも，重要かつ有用であり，放棄されるべきものではないという点に集約される。

　本稿は，次のような構成によって，論を展開する。

　まず，2. において，影山（1993）のモデルを紹介し，3. において，影山（1996）以降のモデルを批判的に検討する。その上で，4. において，日本語動詞の語彙的な意味構造として適切なモデルを提案し，5. において，その意味構造が反映されるべき統語構造について論じる。6. において，まとめを行う。

2. 影山 (1993) のモデルにおける「制御性」

動詞の語彙的な意味を構造的に表示するモデルとしての「語彙概念構造 (Lexical conceptual structure)」(以下「LCS」) を、はじめて本格的に日本語に適用した研究として、影山 (1993) があげられる。

このモデルを用いた場合、動詞の語彙的意味を、階層的な内部構造を持ったものとして表示することができ、その結果、統語構造における階層性の意味的な根源を示すことができるという利点があった。

ただし、影山 (1993) では主として、いわゆる「非対格性」の論証のために、このモデルが用いられているということもあり、扱われている動詞のタイプも限られたものだけで、日本語動詞全般の意味分析には至っていない。また、このモデルを使って、具体的に特定の構文を分析するということも試みられていない[1]。

影山 (1993) の LCS は、生成意味論に由来する、いわゆる語彙分解の手法を用いて、階層的に語彙的意味を表示するところに特色がある。以下のようなものがあげられている。( ) は動詞のタイプ名である。

(1)　（状態）　　　　　（状態変化）

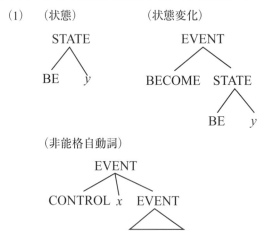

---

[1] 金水 (1994)、三宅 (1996a, b) 等は、このモデルで記述される動詞のタイプを増やした上で、特定の構文の分析に応用することが試みられている。

(使役他動詞)

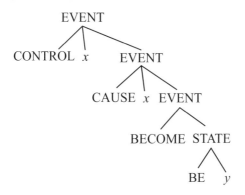

　なお，このLCSは,「項構造」を介して,「統語構造」への入力となる，派生的なモデルの中に位置付けられるものである。
（2）　「語彙概念構造」⇒「項構造」⇒「統語構造」[2]
　この影山（1993）のLCSのモデル（以下,「93モデル」）における重要な特徴は，"CONTROL"という「制御性（意図性）」を表す概念が導入されている点である。"CONTROL"は次のように説明されている。
（3）　非能格自動詞の主語は，ある出来事を自らコントロールする力を備えている。「さわぐ，踊る，けんかする」といった行為は当事者の意志によって続けたり止めたりすることが自由にできる。この「コントロールする」という概念をCONTROLで表す〜

(影山 1993, p. 70)

この"CONTROL"の導入により，動詞の語彙的意味構造の中に，広義の意図性の有無を組み込むことが可能となった。そしてその目的は，いわゆる「非対格性」の意味的な根源を，広義の意図性に求めようとすることにある。
　「非対格性」の仮説とは，いわゆる「自動詞」は単一の部類をなすものではなく，主格名詞句の統語的な位置の違いに応じて，2種類に分けられ

---

[2] 「語彙概念構造」「項構造」は「語彙部門」であるが,「統語構造」は「統語部門」であり,「項構造」と「統語構造」の間に部門の違いが設定されている。

るというものである[3]。

　下の図のように，主格名詞句であっても，「内項」の位置（他動詞の対格名詞句の位置）に生起するものを「非対格自動詞」，主格名詞句が「外項」の位置（他動詞の主格名詞句の位置）に生起するものを「非能格自動詞」として区別されると仮定するのである[4]。

(4)　　　　　　　　　[VP 外項　　[V 内項　]　　　V　　　]
　　「他動詞」　　　　　　　～が　　　～を　　　こわす
　　「非対格自動詞」　　　　　　　　　～が　　　こわれる
　　「非能格自動詞」　　　～が　　　　　　　　　さわぐ

このような統語構造における位置の違いに反映される，「非対格」と「非能格」の類別の意味的な根源を，93 モデルでは，広義の意図性に求めたということである。

　そのために，次のような「結び付け規則」が仮定されている。

(5)　　語彙概念構造と項構造の結び付け
　　　　CONTROL に統率された項は，項構造において外項の位置に結び付く。　　　　　　　　　　　　　　　　　（影山 1993, p. 71）

したがって，93 モデルでは，LCS において "CONTROL" が存在しないものが，「非対格自動詞」ということになる。

3.　影山（1996）以降のモデル

3.1　概略

　前述のように，93 モデルは，幅広い動詞のタイプを扱ったわけではなく，また具体的な構文の分析も試みられてはいなかった。そもそも影山（1993）は，動詞の意味論を中心的な課題としていたものではなかったため，それはしかたないことと言える。

　その後，LCS を用いて動詞の語彙的意味を分析し，それを具体的な構

3　この仮説は，様々な言語，様々な言語理論において検証されているものである。この仮説の日本語への適用に関する詳細については，影山（1993）を参照されたい。

4　このように本来「対格」が生起する位置に「主格」が生起するところから「非対格」と呼ばれる。

文分析に適用することを主題とした，影山（1996）が現れた。そこでは，LCS に関して，93 モデルから大幅な改訂が行われ，大きく異なったものになってしまっている。

　なお，影山（1996）以降は，小修正はあるものの，大幅な改訂はなく，ほぼ同じモデルと言ってよいので，影山（1996）以降のモデル（以下，「96 モデル」）と 93 モデルは大きく異なる，と言い換えてもよい[5]。

　ここでは，96 モデルの概略を紹介し，次節で，批判的に検討する。

　影山（1996）で仮定されている LCS は次のようなものである。

(6)　A.　静止状態・静止位置

　　　　　$[_\text{STATE} \; y \; BE \; [_\text{LOC} \; AT \; z]]$

　　　B.　位置変化・状態変化

　　　　　$[_\text{EVENT} \; BECOME \; [_\text{STATE} \; y \; BE \; [_\text{LOC} \; AT \; z]]]$

　　　C.　継続活動

　　　　　$[_\text{EVENT} \; x \; ACT \; (ON \; y)]$

　　　D.　達成動詞

$$\left\{ \begin{array}{c} x \\ [_\text{EVENT} \; x \; ACT \; (ON \; y)] \end{array} \right\} CONTROL \; [\; BECOME \; [\; y \; BE \; AT \; z]]$$

そして，これらは次の図で示されるように，上位事象，下位事象の名のもとに，一つの図式（スキーマ）としてまとめられるとされている。

5　現在，影山の仮定する LCS を用いて，日本語の分析を行おうとする論考は，ほぼ全て 96 モデルに基づくものである。93 モデルが使われることはまずない。

(7)

　まず,注意すべきは,"CONTROL"が,93モデルと96モデルでは全く異質のものとなっていることである。
　96モデルにおける"CONTROL"は,いわゆる「使役関係」(「因果関係」)を表す"CAUSE"に類似したものであり,「制御性(意図性)」を表すものではない。次のように説明されている。

(8)　X CONTROL Y ＝　XがYの成立を直接的に左右する。
(影山 1996, p. 86)

そして,"CAUSE"との違いは次のように述べられている。

(9)　CONTROL は～必ずしもYの成立を含意するわけではない。もしYの成立が含意されれば,CONTROL は実質上,CAUSE という意味に解釈されるが,もしYの成立が含意されなければ,Yは「目標」という程度に解釈される。

(10)　X CONTROL Y という概念構造において,Yに焦点がある場合に,CONTROL が実質的に CAUSE(使役)という意味に解釈される。
(影山 1996, pp. 86–87)

　このような"CONTROL"の説明は,特に"CAUSE"との違いは,非常に分かりにくいと言わざるを得ない。さらに,影山(1996, p. 197)では,次のような記述があり,混乱している。(11)のような例文をあげて,(12)のように述べているのである。

(11) 雨が傘を濡らした：雨が<u>原因で</u>，傘が濡れた。

日照りが花を枯らした：日照りが<u>原因で</u>，花が枯れた。

(12) このように「～が原因で」と言い換えられるときに，CAUSE を使うことにしよう。

[EVENT X ACT] CAUSE [EVENT …]

このような混乱，また，そもそもの分かりにくさが省みられたためか，理由ははっきりしないが，影山・由本 (1997) では，次のように，"CAUSE" が再び用いられ，"CONTROL" は，モデルから消えている[6]。

(13) a. 状態動詞 (stative verbs)：

[STATE [ ]y BE AT-[ ]z]

b. 到達動詞 (achievement verbs)：

[EVENT [ ]y BECOME [STATE [ ]y BE AT-[ ]z]]

c. 活動動詞 (activity verbs)：

[EVENT [ ]x ACT ON-[ ]y]

d. 達成動詞 (accomplishment verbs)：

[EVENT [ ]x ACT ON-[ ]y] CAUSE [EVENT BECOME [STATE [ ]y BE AT-[ ]z]]　　　　　　　　　　　　　　（影山・由本 1997, p. 6）

このように，いわゆる "CAUSE" に解消してしまっても問題ないような影山 (1996) の "CONTROL" は，93 モデルの "CONTROL" とは全くの別物である。影山・由本 (1997) 以降，消えていることからも，96 モデルでは，「制御性（意図性）」を表示する "CONTROL" は存在しておらず，動詞の語彙的意味構造の中に「制御性（意図性）」は組み込まれなくなったと言える。

これは，96 モデルは，93 モデルよりも階層性が少なくなることを意味するが，実際に，前掲の 96 モデルでは階層性がほぼ失われている。「上位」，「下位」というラベルは貼られているが，構造的に階層が示されているわけではない。

むしろ，前掲の (7) では，線状的な前後関係のようなものが表される

6　影山・由本 (1997) 以降，"CONTROL" は完全にモデルから消えている。

ようになっており、いわゆる「ビリヤードモデル」や「使役連鎖モデル」からの類推が見てとれる。その点で、認知言語学的な発想への接近があるとも言えよう。93モデルが「構成的 (compositional)」であったのに対し、96モデルは、「スキーマ」という用語が使われていることからも、完全ではないものの「構文的 (constructional)」と言ってもよいと思われる。

　以上のようなことは、LCS が、階層的な統語構造への入力となるような派生的なモデルとは齟齬をきたすことを意味する。

　実際に、影山 (1996) では、はじめは前掲の (2) のような派生的なモデルを採用していたものの、第3章の途中から唐突に次のように変更されてしまう。

(14) 　第2章では、語彙概念構造から項構造を経て統語構造が出来るという「派生」の過程を想定したが、ここではそれを幾分修正し、次のように考える。

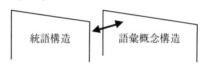

(影山 1996, p. 133)

LCS は統語構造の入力となるようなものではなく、お互いに自律して存在し、その関係は一方通行的なものではなく、相互的なものと考えるということである。両者の関係を、いわゆる「結び付け規則」から「対応規則」に変更すると言うことでもある。

　このような変更は、根本的な言語観にも関わることであり、一つの論考の途中でなされることには、とまどわざるを得ない。(14) には「幾分修正し、～」という文言があるが、少なくとも「幾分」の修正ではない。ただし、どのような統語構造を仮定するかにもよるが、96モデルの性格を考えると、語彙部門から統語部門への派生的なモデルを維持することは極めて困難であると思われるため、このような変更は、必然だったのかもしれない。

3.2　問題点

前節で紹介した 96 モデルの最大の問題点は，「制御性 (意図性)」を表示する "CONTROL" を排除してしまったことである。

広義の意図性を，動詞の語彙的意味構造に位置付けることを放棄してしまったことは，少なくとも日本語においては，様々な言語事実と動詞の語彙的意味との関係，およびその説明を考える上で，極めて残念である。日本語の言語事実には，動詞の意図性が関与していると考えられるものが多くあるためである (いくつかの事例は次節で述べる)。

理論的にも，「非対格性」の意味的根源を，広義の意図性に求められなくなったということは極めて重大である。

96 モデルにおいて「非対格性」の (意味的) 根源は，(7) の図式に見られるように，「状態」「到達」というアスペクトに求めることになっている。これは明らかに不適切であると思われる。

アスペクト的に「到達」であったとしても ("BECOME" を内蔵していても)，非能格動詞とみなすべきものは存在するし，逆に「活動」であっても，非対格動詞とみなすべきものも存在するからである。

具体例は次節で示すが，それらは，広義の意図性に基づくなら正しく非対格動詞かどうかを類別できるものばかりである。

4.　日本語動詞の語彙的意味構造

この節では，いよいよ本稿の仮定する，日本語動詞の語彙的な意味構造の分析を提示する [7]。

93 モデルの "CONTROL" を前提とし，次の (15)，(16) のような仮説のもとに，主要な動詞のタイプを記述する。

(15)　動詞のタイプごとに，「制御性 (意図性)」("CONTROL") を持つ型と持たない型がある。

(16)　"CONTROL" が生起しない場合が「非対格」型になる。

7　ただし，これから記述する「構造」を「語彙概念構造 (LCS)」と呼ぶことはしない。後の 5. で議論するように，本稿の仮定する語彙的な意味構造は，統語構造と一体化したものを目指しているからである。

上は，文字通り，動詞の全てのタイプに，"CONTROL"を持つパターンと持たないパターンがあり，持たないパターンのものが，「非対格動詞」だということである。これは「非対格他動詞」もあり得ることを意味する。"EVENT"の内容を問わず，全てのタイプに次の2つの型があるという仮説である。b. の型が「非対格」ということになる。

(17) a.　　[$_{EVENT}$ CONTROL X [$_{EVENT}$ ……　]]

　　 b.　　　　　　　ϕ　　　[$_{EVENT}$ ……　]

なお，以下の記述にあたって，三宅 (2011, p. 148) の分析に従い，「状態」（"STATE"）を表示する"BE"は，項の<u>存在</u>を表す「存在」（"existential"）と項の<u>属性</u>を表す「叙述」（"predicative"）の2種類に類別できるものとし，前者を"BE$_{EXIST.}$"，後者を"BE$_{PRED.}$"と表示し分けることにする[8]。

それでは，主な動詞のタイプごとに見ていこう。

まず，「存在」である。これに関しては，日本語には"いる"と"ある"の区別があるので，"CONTROL"の有無は分かりやすい。

(18) a.　　[$_{EVENT}$ CONTROL X [$_{STATE}$ X BE $_{EXIST.}$]]　　　　…"いる"

　　 b.　　　　　　　　　　[$_{STATE}$ X BE $_{EXIST.}$]　　　　…"ある"

次に，「出現」／「発生」である。

(19) a.　　[CONTROL X [BECOME [$_{STATE}$ X BE $_{EXIST.}$]]]

　　　　　　　　　…"現れる／出る／死ぬ／隠れる／等"

　　 b.　　　　　　　　[BECOME [$_{STATE}$ X BE $_{EXIST.}$]]

　　　　　　　　　…"生える／できる／等"

次に「状態変化」である。「出現」／「発生」との違いは，前述の"BE"の類別に基づく。

8　三宅 (1996a, 2011) では，この類別を用いて，「対象変化」と「作成」の違いの表示を試みている。

　「対象変化」：[… [$_{EVENT}$ BECOME [$_{STATE}$ y BE $_{PRED.}$]]]

　「作成」　　：[… [$_{EVENT}$ BECOME [$_{STATE}$ y BE $_{EXIST.}$]]]

　i．太郎はその記念碑を<u>粉々に</u>壊した（「対象変化」，下線部は「属性」）

　ⅱ．太郎はその記念碑を<u>公園に</u>建てた（「作成」，下線部は「場所」）

（20）a.　[CONTROL X [BECOME [$_{STATE}$ X BE $_{PRED.}$]]]

…"なる / やせる / 等"

　　　b.　　　　　　　　　[BECOME [$_{STATE}$ X BE $_{PRED.}$]]

…"なる / 壊れる / 等"（多数）

上の"なる"のように，"CONTROL"を持つ場合と持たない場合があるものもあり，次例のように，"CONTROL"を持つ場合，すなわち意図性がある場合は"BECOME"を内蔵していても，「非能格動詞」ということになる。前述した 96 モデルでは予測できない例の一つである。

（21）　海賊王に俺は<u>なる</u>

次に，「移動」（「位置変化」）を見てみよう。

（22）a.　[CONTROL X [MOVE X [$_{PATH}$ Y FROM/TO/…]]]

…"行く / 来る / 等"

　　　b.　　　　　　　　　[MOVE X [$_{PATH}$ Y FROM/TO/…]]

…"流れる / 降る / 等"

注意すべきは，"出る""入る"等，両方の用法を持つものがあることである。

（23）a.　太郎が部屋から出た　／　太郎が部屋に入った

　　　b.　煙が煙突から出た　／　ボールがゴールに入った

上の a. は「非能格」，b. は「非対格」ということになる。興味深いのは，「非能格」の場合のみ「起点」を表す"から"を「対格」（"ヲ"）で標示できる点である（三宅 1996b, 2011）。

（24）a.　太郎が部屋 {から / を} 出た

　　　b.　煙が煙突 {から / *を} 出た

この言語事実は，「非対格動詞」は原則的に「対格」を標示できないという，「非対格性」を示す非常に分かりやすいデータである。統語構造上，「非対格動詞」の場合，本来「対格」が標示される位置を，「主格」名詞句が埋めてしまっているためと説明される[9]。

9　なお，日本語では検証できないが，韓国語では，「着点」も「対格」で標示可能なため，"太郎が部屋に入った／ボールが<u>ゴールに</u>入った"のようなペアでも検証できる。予測通り，意図性のある前者のみ「対格」で標示可能である。詳細は，三宅（1996b,

しかしながら，意図性の有無にかかわらず，アスペクト的な特性は変わらないので，"出る""入る"等に関して，96 モデルでは一律に「非対格」ということになってしまい，上のような言語事実を分析できない。「非対格性」の根源を意図性に求めることの妥当性を示している。

さらに言うと，"出る""入る"等は，対応する他動詞"出す""入れる"を持つので，形態的には「非対格」の型が基本であると考えられる。すなわち，b. の方が基本で，それに"CONTROL"が被さって，a. になっていると考えられるのである。

次例のような「姿勢変化」（他にも"座る"等）の場合も類似のことが言える。

(25) a. 赤ちゃんが立った ／ b. 茶柱が立った

次に「行為」である。

(26) a. [CONTROL X [ACT X]]   …"踊る / 暴れる / 等"（多数）
     b.   [ACT X]   …"ふるえる / 回る / 等"（少数）

この場合，少数であっても，やはり"CONTROL"を持たない型は存在する。それらは非意図的なので，当然"ACT"であっても「非対格」ということになる。そしてその予測は正しい。

しかしながら，b. はアスペクト的には「活動」であり，96 モデルでは「非能格」であることを予測してしまう。

なお，興味深い事実として，このタイプは他に，"ゆれる / はためく / 鳴る / 翻る / 転ぶ / すべる / 光る / 輝く"等があるが，これらの動詞の他動詞形は全て，"-as"という接辞の語幹への付加で形成される。"ふるわす / 回す / ゆらす / はためかす"等である[10]。この事実が何を示すのかについての説明はここでは控えておく。事実の指摘にとどめる。

ここからは，いわゆる「他動詞」である。まず「働きかけ」から。

この「働きかけ」という用語は，対象が変化しないタイプを指すものとして使われるが，本稿もそれに従う。

2011) を参照。

10　ただし，子音語幹動詞（いわゆる五段動詞）は，使役の接辞"-(s)ase"の短形"-(s)as"と同形になり，区別ができない。

日本語動詞における「制御性（意図性）」をめぐって　│　129

(27) a.　[CONTROL X [X ACT-ON Y]]

…"ほめる / なぐる / 等"（多数）

b.　　　　　　　　[X ACT-ON Y]

…"囲む / 支える / 含む / 圧迫する / 等"（極少数）

b. のタイプは，極少数ではあるが，やはり観察できる。結果として，これらは「非対格他動詞」ということになる。その場合，「非対格」でありながら，なぜ「対格」が標示できるのかということが問題になる。

　非意図的な事態でありながら，「対格」が標示されることは，類型論的にみても稀なことであるとされ，極めて例外的な現象である[11]。したがって，一般的な統語構造ではない，特殊な構造をなしていることが予想されるが，それがどのようなものかについては，ここでは議論しない。ただし次の2点を指摘しておく。

　1点目は，極めて例外的であっても，非対格動詞でありながら「対格」の標示が可能になるのは「他の手段」がない場合に限られるということである。「他の手段」すなわち対格以外の格による標示が可能な場合は，相当厳密に，非対格動詞による「対格」の標示は制限されると言える（三宅 1996b, 2007）。前述の「移動」の「起点」の場合や次例を参照されたい[12]。

(28) a.　花子が肩 {に / を} さわった

b.　花子の髪が肩に {に / *を} さわった

　2点目は，非対格他動詞は，いわゆる直接受動は可能でも，いわゆる間接受動は不可能ということである。一般に，間接受動になり得る動詞の範囲は直接受動になり得る動詞の範囲よりも広いため，「間接受動は可能でも直接受動は不可能」という動詞は多くあるものの，この場合のように，その逆というのは，非常に稀で，興味深い事実である。

11　いわゆる「Burzio の一般化」（Burzio 1986）等を参照。

12　「起点」に対し，「経路」は，日本語では専ら「対格」によって標示されるため，「他の手段」がない。そのため，「起点」の際に見られた「非対格性」による制約が見られない（三宅 1996b）。次のような例を参照されたい。

i.　振動が壁をつたわった／木の葉が川を流れた。

（29）a.　この鉱石はたくさんの鉄分を含む

　　b.　たくさんの鉄分がこの鉱石には含まれている：「直接受動」

　　c.　*私はこの鉱石にたくさんの鉄分を含まれた：「間接受動」

（仁田 1989, p. 57）

　古くは三上（1953）の「所動詞」に関する議論や，影山（1993）における「非対格性」のテストとして採用されていること等からも，非対格動詞は間接受動文になりにくいと言える。

　したがって，この事実は，他動詞にも，非対格動詞があると仮定することの根拠となると思われる。

　最後に「対象変化」（「使役」）を見ておこう。

（30）a.　[CONTROL X [CAUSE X [BECOME [$_{STATE}$ Y BE $_{PRED.}$]]]]

…"壊す / 割る / 開ける / 等"（多数）

　　b.　　　　　　　　　[CAUSE X [BECOME [$_{STATE}$ Y BE $_{PRED.}$]]]

…"悩ませる / 悲しませる / 苦しめる / 等"

b. のタイプはいわゆる「心理動詞」だが，日本語は体系的に他動詞形が欠如しているため，生産的な使役形（接辞 "-(s)ase" を伴う形）で代用する場合が多い。形態的に使役形の場合でも，統語的／意味的には他動詞相当と見てよいと考えられる。

（31）a.　子どもが窓を割った

　　b.　子どもの誕生が親を喜ばせた

　いわゆる「意味役割」による分析だと，下線部の主格名詞句は，a. は「動作主」，b. は「原因」のように，全く別物のような扱いになるが，階層的な意味構造に基づく，本稿のような分析だと，基本的な構造は共有した上で，違いは "CONTROL" の有無のみに帰せられる。

　動詞のタイプごとの記述とは異なるが，"CONTROL" に関して，もう1点だけ補足しておく。

　日本語において，受動文を形成する接辞 "-(r)are" は動詞的な接辞であるが，これにも "CONTROL" が生起する場合があると言える[13]。次例のよ

13　ただし，直接受動の場合に限られ，間接受動の場合は不可能である。

うなものを参照されたい。

(32) 自信をつけさせるために，太郎はわざと次郎になぐられた／

なぐられてやった

　上のような例において，下線部で示されるような「意図性」を表す表現の対象は，"なぐる"という行為ではなく，"〜られる"という受動行為と解釈される。すなわち接辞"-(r)are"自体が「意図性」を持つ場合があるということである。

　仮に，接辞"-(r)are"の持つ意味を，"AFFECTED"と表示される「被影響」とすると，次のような分析になる。

(33) [CONTROL X [AFFECTED X [$_{EVENT}$ ……]]]

　ただし，"教える""預ける"のような動詞は，通常の受動形（"教えられる""預けられる"）とは別に，"教わる""預かる"のような，形態的に類似はしているものの，"-(r)are"を伴わずに受動的な意味を持つ，対応する動詞が存在するが，そのような場合は，上のような現象は生じないようである。おそらくブロッキングであろう。

(34) 太郎は先生 {から／に} 英語を 教えられた／教わった

(35) 太郎は次郎 {から／に} 貴重品を 預けられた／預かった

(36) *わざと教えられた 　／ ^{OK}わざと教わった

5.　日本語動詞（句）の統語構造

　ここでは，前節までの分析と統語構造との関係について考えよう。

　近年の生成文法（ミニマリズム理論）においては，統語構造として，動詞句を3つの主要部（例えば，下の(37)では"Voice"，"v"，"$\sqrt{}$"）からなる三層構造とする仮説がとられることがある[14]。

(37) [$_{VoiceP}$ Subj Voice [$_{vP}$ v [$_{\sqrt{P}}$ $\sqrt{}$ Obj]]]

（藤田 2016, p. 127）

"Voice"，"v"，"$\sqrt{}$"では，分かりにくいので，藤田・松本 (2005) に従い，"$v1$"，"$v2$"，"V"と表記することにする。趣旨は同じである。

14　"$\sqrt{}$"は"Root"の意味である。

(38)

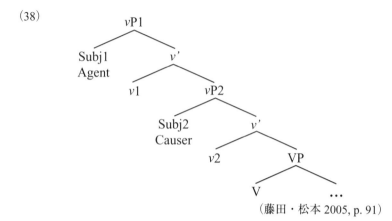

(藤田・松本 2005, p. 91)

　このように，統語構造も，主要部を分割することにより，複雑な構造をなしているという仮説が正しければ，動詞の語彙的意味を階層的な構造としてとらえる本稿のような分析と整合性が高いと考えられる。

　"$v1$"を"CONTROL"に，"$v2$"を"CAUSE"に，"V"を"BECOME"，"ACT"，等に，それぞれ相当するものと仮定すると，語彙的な意味構造との同型性が追求できることになるためである。

　同型性があるとすると，"$v1$"の有無が「非対格性」の根源ということになり，統語的な「非対格性」に意味的な根拠が与えられることになる。また，"$v1$"の指定部に生起する要素がいわゆる「外項」ということにもなる。

　このような仮説の理論的な意味合いについては以下の通りである。

　93 モデルは，統語構造としては，かつての「GB 理論」の頃のモデルを採用していたが，そこには，語彙部門と統語部門の接点となる「D 構造」と呼ばれる表示レベルが存在していた。そのため，語彙部門から統語部門へという派生的なモデルが成立しやすかったと言える。

　一方，近年のミニマリズム理論においては，「D 構造」は理論的必然性により廃止され，存在しないため，前述の (2) で示したような派生的モデルは，そのままでは成立しにくい。

　しかしながら，本稿の分析のように，動詞の語彙的な意味構造と統語構造との同型性が追究できるなら，統語構造において，十分に語彙的意

味が反映されると言えるので，わざわざ語彙部門から統語部門への派生関係を考える必要もなくなる。統語構造がすなわち語彙的意味構造ということになるからである。

これは，「語彙部門」「統語部門」という「部門」の違いを認めないという仮説に近付くことを意味するが，本稿ではそこまでの強い主張は保留しておく[15]。

6. おわりに

本稿の結論は，93 モデルの "CONTROL" は放棄されるべきものではない，換言すると，日本語動詞の語彙的な意味構造を考える上で，また，いわゆる「非対格性」を考える上で，さらに，語彙的意味構造と統語構造の関係を考える上で，「制御性（意図性）」は極めて重要である，ということに集約される。

本稿では，紙幅の都合上，「制御性（意図性）」が重要であるということを示す具体的な事例を，十分には紹介することができなかった。特に，「使役文」等の特定の構文に関する，事例研究を提示すべきであったが，紙幅の関係で許されなかった。別稿を期したい。

備考

本稿は，2016 年 9 月 10 日に開催された Morphology & Lexicon Forum（MLF 2016）における招待講演を基にしたものである。その際，出席者の方々より有益な御教示を賜った。記してお礼申し上げる。ただし本稿における不備，誤りはすべて筆者の責に帰せられるものである。

参照文献

影山太郎（1993）『文法と語形成』ひつじ書房.
影山太郎（1996）『動詞意味論』くろしお出版.
影山太郎・由本陽子（1997）『語形成と概念構造』研究社出版.
金水 敏（1994）「連体修飾の『〜タ』について」田窪行則（編）『日本語の名詞修飾

15　藤田（2016）等のような「生物（進化）言語学」の立場からは，統語構造こそが（語彙的）意味を生成するというような非常に強い主張がなされている。

表現』pp. 29–65, くろしお出版.

仁田義雄 (1989)「拡大語彙論的統語論」久野暲・柴谷方良 (編)『日本語学の新展開』pp. 45–77, くろしお出版.

藤田耕司・松本マスミ (2005)『語彙範疇 (I) 動詞』研究社.

藤田耕司 (2016)「受動動詞の日英比較―生物言語学的アプローチの試み―」藤田耕司・西村義樹 (編)『日英対照 文法と語彙への統合的アプローチ―生成文法・認知言語学と日本語学―』pp. 116–142, 開拓社.

三上 章 (1953)『現代語法序説』刀江書院.〔復刊 (1972) くろしお出版.〕

三宅知宏 (1996a)「日本語の受益構文について」『国語学』186, pp. (左)1–14.

三宅知宏 (1996b)「日本語の移動動詞の対格標示について」『言語研究』110, pp.143–168.

三宅知宏 (2007)『日本語と他言語』神奈川新聞社.

三宅知宏 (2011)『日本語研究のインターフェイス』くろしお出版.

Burzio, Luigi (1986) *Italian Syntax*, Dordrecht: D. Reidel.

意志性の諸相と「ておく」「てみる」

森山卓郎

1. はじめに

意志・無意志，あるいは自己制御性という問題は，事態の発生の仕方について日本語がどのように扱うかという問題である[1]。動詞の語彙的意味として問題にされてきたことであり，様々な文法現象の説明に用いられてきている。

ただし，意志・無意志と文法形式との関係は，実は単純ではない。ある事態が無意志的であるという場合にも，そこには様々な要因がある。この場合，意志・無意志という単純な二分法でいいのかということも検討される必要がある。

例えば，「知る」は無意志動詞とされ，命令文にはならず，

(1) ＊遊びを知れ。

のようには言えない。しかし，「ておく」を共起させた場合には，

(2) 養父は「お前はいずれ商売相手を接待することがある。遊びも
知っておけ。ただし，遊ぶのなら一流の女と遊べ」といったと
いう。 (橋本克彦『森に訊け』BCCWJ)

のように，命令文で使われても違和感がない。ただし，「ておく」自体はそのまま終止する場合に「知る」に共起しない。例えば，

(3) ＊私はこのことを知っておいた。

---

1 自己制御性という呼び方もある（久野(1973)）。ただし，本稿の関心の範囲では，基本的意味は同じであり，ここでは，意志性という用語を使用する。

136 | 森山卓郎

などと言うことはできない。なお，命令文以外にも，

　(4)　　私はたくさんのことを知っておきたい。

　(5)　　君たちにはたくさんのことを知っておいてほしい。

のように後に「たい」「ほしい」などが付く場合には，「知る＋ておく」という連続も可能になる。

　「ておく」と同様，「てみる」も，独立して使われる場合には，

　(6)　　＊いろいろなことを知ってみた。

と言えないように，基本的に意志的な動きにしか共起しない。しかし，

　(7)　　いろいろなことを知ってみたい。

　(8)　　いろいろなことを知ってみてほしい。

のように言うことは可能である。ただし，命令文の場合には「てみる」は使えず，

　(9)　　＊いろいろなことを知ってみろ。

と言えない（「そうすれば～」のように条件文のような構造になれば言える場合はある。後述）。

　このように，意志・無意志に関わる現象は語彙的意味との相関として単純に一般化することはできない。

　そもそも，無意志動詞と考えられる動詞でも，「わざと」などが共起すれば意志動詞的な使い方ができる場合がある。例えば「落ちる」は「落とす」に対する非対格自動詞であり，基本的に無意志動詞だが，

　(10)　　わざとジャングルジムから落ちてみた。

のように意志的にとらえ直すこともできる。

　こうしたことも含めて，意志動詞および無意志動詞の特質を改めて整理する必要があるように思われる。本稿ではまず多様な「無意志動詞的事態」を整理し，「てみる」「ておく」との共起関係に触れたいと思う。

2.　考察にあたっての準備

　まず，考察を始めるにあたって，三つのことを確認しておきたい。

　一つ目は，意志・無意志といった違いは，単純に語レベルだけの違いではないということである。関わるのは「事態」のレベルである。例え

ば，「死ぬ」という動詞は，

（11）　もはやこれまでだ。潔く死のう。お前も死ね。

のように言え，意志動詞としての用法もある。一方，「病気で死ぬ」の場合，「*病気で死のう。」「*病気で死ね。」などと言うことはできず，意志動詞とは言えない。従って，「死ぬ」という動詞の単独での意志性が問題になるのではなく，問題となるのは，事態としての意味である。

　前述の「落ちる」に対して，「わざと落ちる」のように言えるということも同様であり，「落ちる」という重力に任せた動作でも，どのように行うかが問題となる場合には，意志的な動作となる。例えば，演技指導の文脈では，

（12）　もっと上手に落ちてみろ。

のように言える。このように，意志か無意志かということは，単純な「動詞の語彙的な意味」だけではなく，「事態のあり方」の類型として考えるべきである。

　二つ目は，語用論と意味論に関わる問題である。例えば，「勝つ」という動きは意志的だろうか。現実的には「勝つ」ことは完全に意志的に制御できる問題ではない。しかし，「今度の試合には頑張って勝とう！」「必ず勝て！」などと言うことはできる。この場合，「勝つ」という事態が制御可能であるという世界が想定されている。語用論的には意志的でないこともあろうが，意味論的には意志的と見るべきである。一方，「辛勝する」は語義の内部に偶然的要素があり，一般的には「?? 辛勝しよう」のように言うことはできない。

　従って，例えば「～になる」の場合も，「まじめな学生になる」は意志的で，「透明人間になる」は無意志的であるといった考え方は採らない。夢や小説の中のように，想定する世界を定義し直すことで意志的制御性は変わるからである。特に比喩的な表現であればこうした表現は成立する。その点で，意味論的には，語義として意志的だと言える。「病気になる」と「発病する」も意味論的な違いがある。典型的にはどちらも無意志的だが，

（13）　休みたければ病気になれ。

(14) *休みたければ発病しろ。

のように「病気になる」よりも「発病する」は語義としてより強固に偶然性が含まれている[2]。語用論的に無意志性にも連続性を認めるべき点があるのだが，意味論の段階としても無意志性ということがあるということを確認しておきたい。

こうした点と関連するのが，三つ目の問題，すなわちどこまでを語義と考えるかという問題である。例えば「走れ」は「走る」行為の達成の命令であるが，「落ち着け」は達成への過程の命令と言え，「落ち着くように努めること」である（仁田（1988））。

こうした語義の拡張は一般的に指摘できることである。宮島（2013）が述べるように，例えば「探す」は発見のための動作を表すが，「新たに探した貸家に移った」では，「動作＋結果」を表す。このように語義には拡張性がある。

ただし，「落ち着け」が言えるのに対して，「わかれ！」は「わかるように努めること」として拡張的に解釈したとしても言いにくい。事態の意味論的特性として無意志性を位置づけておく必要があろう。

3. 無意志事態の分類―価値性との関わりから―

ここで無意志事態を分類してみたい。まず「無意志性」の認定の根底には，そもそも「動き」となっているかどうか，そして，人間が主語になっているかどうかという問題がある（意志性が問題になるのは「事態」であるが，中核にある動詞の意味に言及する場合には「動詞」と呼ぶこともある）。

第一は，「青い目をする，欠ける，優れる，要る」のような「動きを表さない述語」である。そもそも「動き」ではない点で，意志の制御によって「成立する」ということがない[3]。動きという広い意味での過程が

2　ふつう「??病気になっておいた」と言えないように，「病気になる」は完全に意志的な事態とも言いにくい。ただ，「発病する」ほど発生時点が具体的でなく，意志的な文脈での用法はまだしもあり得るように思われる。

3　「青い目をしている」のようにテイル形で使用される。可能動詞には，動きの発動と

あることが，出来事の「発生」の基盤であり，意志性という「事態の発生のあり方」の前提となっているのである。

ただし，潜在的能力を表せる「飲める」などの可能動詞は実現可能の用法を持ち，「事態の発生」を表すことはできる。厳密にいえば可能動詞が「動きを表さない述語」とは言えない。この実現可能の用法は，プラス価値の事態の無意志的な実現を表すのがむしろ本義といえる。例えば，「論文を書いた」は意志的な事態だが，「論文を（が）書けた」は，完全に意志的に制御したというよりも意志以外の力（能力）に助けられたといった意味を表し，無意志的である。「動きを表さない述語」ではないが，そうした明らかな無意志性を持つ形式である点，「動きを表さない」用法もあるという点で，可能動詞も，ここに位置づけておきたい。

なお，例外としては，状態動詞「いる」「ある」がある。動きを表さないが，どういう状態であるかということが意志的に制御できる。ここでは，［−動き］の事態としてまとめたが[4]，こうしたことを考えると，「動きを表さない述語」はむしろ動詞であっても形容詞的な述語であるとまとめる方がいいのかもしれない。

無意志事態の第二のパタンは，非人間主語動詞である。無意志といっても，例えば「割れる」のような，そもそも人間が主語にならない動詞の事態では，最初から意志性を問題にすることはできない[5]。意志性が問題になるのは，主語が人間ないし人間に準じた名詞であり，その事態に偶然性の要因があるなど，意志的制御が関わる場合である。いわば「非人間主語事態」は自動的に無意志である。

ただし，非人間主語事態でも，願望的な命令形は可能である。例えば，「玉が入る」は物主語の非対格自動詞であるが，

（15）（玉入れの競技で）入れ！

のように言うことはできる。「雨が降る」が「雨よ降れ」になるような

しての「実現可能」の用法はあるが，むしろ意志的でない動きの表示と言え，これも無意志的である（後述）。「*飲めたい」のように言えない理由は今のところ説明できない。

4　「ここにいろ」「まじめであれ」のような状態は意志的制御可能である。

5　比喩的な特殊な用法は別に考える。

「自然的力」がなくてもこうした命令形は成立する。ただし，意志に関わる形式として成立するのは命令形だけであって，当然，意志形や「てみる」「ておく」のような表現は言えない。その意味では命令形の表すモーダルな意味は用法として広いと言える[6]。

第三に類型化される無意志事態とは，人が主語になるにも関わらず，意志的な制御が語義的に考えられないというタイプである。次のようなものがある。

　　　(16)　マイナス経験事態（心因性なし）：失敗する，置き忘れる，間違う，躓く，台無しにする，書き損なう，滑り落ちる，転ぶ，損をする，けがをする，足を擦りむく

　　　(17)　マイナス感情事態（心因性あり）：飽きる，驚く，心配する，悲しむ，まごつく，あきれる，飽きる，失望する，苦しむ

これは価値性に深く関わっている。人間の意志に関わる以上，マイナス価値的事態は意志的に実現させることが考えにくい（ただし，マイナス価値でない場合，必ずしもすべて意的的であるとは限らない）[7]。主語にとってマイナス価値の事態が発生するということは，望ましくない事態が勝手に成立してしまうということである。そのために無意志的なのである。これも，意志形，「てみる」「ておく」などは言えないのだが，

　　　(18)　（ライバルを見ながら）失敗してくれ・・・

　　　(19)　（ドラマの悪役）悲しめ！もっと悲しめ！

のように命令形のみ言うことができる。いわばマイナス価値なので「呪いの命令形」とでも名付けたい用法であるが，「知る」などがどのような形であれ命令形にならないことと比べると一応の命令形そのものは成立

6　「プリンが固まる」のように人間が主語でなくても，主体的に動きが発生する場合，「このプリンは一時間で固まることができる。」のように言える。これに対して，物自体が運動をしない場合は，「*この卵の殻は割れることができる。」のように，可能表現も成立しない。こうした違いはあるが共に願望としての命令文は成立するように思われる。

7　仮に「今の内に損をしておく」などと言える場合もあるが，こうした用法の「損をする」は本当の意味でのマイナス価値ではないことになる。

することに注意したい[8]。

　これはさらに心因性のあるものとないものとに分けることができる。心因性がないものは「わざと」を共起させ，「わざと転んだ」のように意志動詞化させることができる。マイナス価値の事態は一般的には意志的に発生させないのだが，必要があれば意志的に行うことができる。そのために必要な副詞が「わざと」のような[プラス意志化]副詞である。

　「上手に（書き損なう）」「賢く（損をする）」など，「わざと」に類する他の副詞もある。

　一方，心因性がある場合，「*わざとあきれた」などと言えないように，「わざと」による意志化はできない。心因性のあるマイナス価値の動詞は，心の動きそのものであり，心的な制御は及ばない。

　なお，心因性のある感情の動きで，逆に意志的なものとしては，次のようなものが挙げられる。

（20）　喜ぶ，頑張る，励む，感じる，酔う，敬う，誇る，願う，
　　　　信じる，疑う，称える，期待する

いずれもマイナス価値的ではない点で，価値性と意志性との関わりは，ここでも示唆される。

　以上のように考えることで，

（21）　財布を落とす：マイナス価値であり一般的に無意志的。ただし
　　　　　　　　　　「わざと」は共起可能。

（22）　気を落とす：マイナス価値の感情的動きであり無意志的。「わざ
　　　　　　　　　と」は共起不可能。

（23）　焼夷弾を落とす：主語にとってマイナス価値でなく意志的。

のような違いが説明できる。「道で滑る・スキー場で滑る」「妻をなくす・問題点をなくす」「岩を割る・コップを割る」「鉛筆を折る・薪を折る」などの対応もこうして位置づけられる。

　第四のタイプとして，動作主にとってマイナス価値でないにも関わらず無意志的な事態がある。これは意味論的に偶然性を含む事態と言え，

8　禁止は言える場合がある。ただし「失敗するな」は言え，「*飽きるな」が言えないように語による違いもある。改めて検討したい。

「偶然依存事態」とでも呼べるものである。具体的には次のように三つの下位類が考えられる。

(24) 偶然要素類：知る，わかる，出会う，巡り会う，気づく，思い当たる，辛勝する，助かる

(25) 非マイナス受動的感情類：ときめく，よろこびにふける

(26) 外部観察類：寒がる，たたずむ，うそぶく

　これらは，語義の中に偶然性に関わる明確な素性があり，「*知れ，*知ってみた，*知っておいた，*知るな……」のように，命令形，意志形，「てみる」「ておく」，禁止などは言えない。

　これらは，願望的な意味での「命令」も言えない。そもそも人間動作でないものや，マイナス価値のものは，そのゆえに命令形にならないのであったが，逆に，一種の擬人化をしたり，呪いのように動作主体にとってのマイナス価値事態をあえて望むような用法にしたりすることで，願望の命令文としては成立する。一方，語義的に制御できない要因があることで命令文にならないものについては，そうした用法の如何にかかわらず本来的に命令形にならない[9]。同じ理由で，これらは，「わざと」と共起しない。「*わざと知る」などとは言えないのである。

　下位類として，「出会う，知る」などの偶然要素類は，マイナス価値でない点だけで見れば，「てみる」「ておく」と共起できる余地がある。終止する形で「*出会っておいた」のようには言えないのであるが，「出会っておきたい」のようには言える（この点は次節で触れたい）。また，その実現への努力を含む拡張ができ，「ようとする」が言える[10]。

(27) さて，実験者達は好奇心をもって，この闘いの反射がどのような範囲で起こるかを知ろうとしました。

　　　　　　　　　　　　　（ラカン（小出ほか訳）『精神病』BCCWJ）

　心因的なもの，すなわちマイナス価値ではない感情の動きとしては，

9　「*ときめくな」「*飽きるな」のように非制御的な心の動きは禁止が言えないが，「驚くな」のように言えるものもある。この理由については改めて考えたい。

10　「思い当ろうとする」のように偶然性が強いものは言えないが，「知ろうとする」などは言える。

（28）　ときめく，よろこびにふける

などがある[11]。

　さらに，外部観察的なものとして，

（29）　懐かしがる，たたずむ，うそぶく，亡くなる

などがある。外部から観察することでその事態が成り立つという点で，これも意志的なコントロールができないものである。「亡くなる」などは待遇的意味があるが，それだけではなく，動きの発生を外部観察的にとらえるように思われる。

　以上，価値性との関わりを述べてきたが，これと関連して，「てしまう」がマイナス価値で解釈されやすく，無意志としての解釈を誘導するということも説明できる。例えば，「空欄に線を書いた。」はふつう意志的に解釈されるが，

（30）　空欄に線を書いてしまった。

は無意志的解釈の方が出やすくなる。このように，マイナス価値は望まないにもかかわらず事態が発生する。この点で，典型には無意志事態として把握される。無意志事態の類型は以下のようにまとめられる。

（31）

類型	：例	：命令形	：わざと	：他
［−動き］（非動き的事態）	：要　る	：×	：×	：×
［＋動き］［−人間主語］ 　　　　　（非人間主語事態）	：割れる	：○	：×	：×
［＋動き］［＋人間主語］［＋負価値］ （マイナス経験事態・マイナス感情事態）	：間違う	：○	：○／×	：×
［＋動き］［＋人間主語］［−負価値］ （偶然依存事態：偶然要素，非マイナス感情，外部観察）	：知　る	：×	：×	：×

（「他」とは意志形「てみる」「ておく」等。○／×には心因性が関与）

4.「ておく」「てみる」と意志性

　次に，「ておく」「てみる」と無意志性の関わりを見てみたい。ここで共起関係について問題にできるのは，［＋人間主語］の動きで，マイナス

11　基本的には禁止で言うことはない。マイナス価値でないことによると思われる。

価値という素性がないものである。

一般に「ておく」「てみる」は意志性が必要である。金水（2004）は，「ておく」「てみる」などの助動詞をめぐって，「出来事が完成した時の結果の状態」としての「文脈的結果状態」という概念を提案し，それが基本的に「望ましさ」などの評価の対象になるとしている。その中で「ておく」は「後に生起する q のための準備的動作」を表し，「てみる」は動作の結果を「見る」すなわち「評価する」ものとして位置づける。こうして，「てみる」が，

（32）　試験前は随分心配だったが，いざ試験が始まってみると，案外
　　　　落ち着いて臨めた。　　　　　　　　　　　　（金水 2004:（10））

のように，条件文で言えることも説明できる。前件と後件の間に結果の状態があるため，「結果を気にしながら動作を行う」という意味を持たなくてもよく，無意志動詞でも言える。

確かに，「知る，わかる，出会う，気づく」などは，無意志的な事態であって，「ておく」「てみる」は共起しない。「*いろんなことを知って {おいた・みた}。」などと言えない。ただし，「たい」が共起していれば，

（33）　いろんなことを知って {おきたい・みたい}。

と言える。この点は少し説明が必要であろう。かつて森山（1988）は，こうした現象を取り上げ，「たい」が現実でないという扱い（非現実モードと呼んだ）になることによるという議論をした。ただし，何が非現実モードかということや，なぜ共起できるようになるのかの理由も明示的ではなかった。例えば，「知る」に対して「知っておけ」と言うことができるが，「*知ってみろ」とは言えない。同じ命令形でも，「ておく」「てみる」で振る舞いが違うのである。そもそも他の意志性に関わる形式との関係の説明も必要である[12]。

「知る，わかる，出会う」などはマイナス価値でない。無意志的である

12　当然のことだが，「*シュートしそこないたい」「*ぼやぼやすることにしたい」と言えないように，「〜たい」の共起があっても，「しそこなう」「ことにする」などの意志性に関わる形式は共起しない。これも，非現実のモードという観点からは説明できない。

意志性の諸相と「ておく」「てみる」 | 145

ために通常は「ておく」「てみる」などは共起しないが，事態の「発動」の具体性がない場合には共起できることがある。

そこで問題になるのが，事態発生の具体性という問題である。無意志的要因があれば，具体的な事態発生は指定できない。しかし，具体的な事態発生でない場合，発生そのものは指定できなくても，準備性や試行性をもって事態を取り上げることはできる。具体的な事態発生となるかどうかは，願望の表現のように共起する形式にも関連するが，事態の内容的なあり方も関連する。以下，「ておく」から述べていく。

5. 「ておく」と意志性

「知っておいた」と言えないのに対して，「知っておこう」「知っておいてくれ」などと言えるには事態の発生のあり方が関わっている。例えば「たい」があっても，具体的時間に位置づけて，

　　(34)　*もうすぐピタゴラスの定理を知っておきたい。

などと言うことはできない。特定の時間に位置づけて具体的な内容を「知る」場合，その事態の発生の仕方が焦点化され，無意志的な事態は共起できないのである。これに対して，

　　(35)　入院にあたり，治療に必要なことを知っておきたい。

のように言うことはできる。一般的な事態として言う場合，願望というモダリティの中では，「知っておく」という状態がどこかで成立すればいいのであり，事態発生に焦点が当てられないからである。「ておく」という形式そのものは，従来の研究で「準備」と言われてきたように，

　　(36)　連絡しておく。(今するのでなく，一定時間後でも可)

　　(37)　飴をしばらく戸棚にしまっておく。(対象の状態を規定)

　　(38)　?飴をしばらく戸棚にしまう。

のように，事態の完了後，準備的な効力があることを表す。そこで，具体的発生ということを離れて，いずれかの時点でその事態の完了後の効力があることを希望するという意味は成立する。

命令文や意志文の場合も同様である。いずれかの時点でその事態の完了後の効力があることを命令するといった意味でなら，事態そのものの

発生が無意志的であっても共起できる。

（39）　若いうちに，努力の大切さを知っておけ。

（40）　最初に基本的なことを知っておこう。

のように言うことはできる[13]。ただ，この場合でも，「知る」内容はどちらかといえば抽象的な方が表現としては安定する。例えば，

（41）?明日彼が発表するかどうか知っておきなさい。

とは少し言いにくいのに対して，

（42）　今度の出張にそなえ，現地のことをよく知っておきなさい。

は自然である。事態内容が特定のものであれば，それを偶然性と共に「知る」ことは難しいが，特定のものではなく抽象的な内容になる場合，具体的な事態の発生を問題にしない解釈が可能である。

「出会う」でも，「ておく」は事態成立後の結果が重要なのであって，

（43）*彼と明日昼に東京駅で出会っておきなさい。

（44）　学生時代には，できるだけ多くの先生に出会っておきなさい。

のように，事態内容の発生が漠然とした内容である場合には言いやすい。事態が抽象的か具体的か，発生時点が指定されているかどうか，などによって，その実現への制御は変わってくるのである[14]。

　具体的に事態を発生させるには厳密な意志的な制御が必要であるが，ある時点までに「知った」「出会った」という効力が残った状態とすることを命令したり意志的に述べたりすることは，事態発生レベルでの意志的な制御がなくてもできる。事態発生そのものを指定するわけではないからである。

　従って，独立したモーダルな文とせず，現実的断定を表さない場合，

（45）　学生時代に世の中のことを少しでも多く知っておく。この心がけは大切だ。

のように，「知っておく」という終止形の語形でも成立する。このように

13　「知っておこう」は本の解説のような文脈が典型的かもしれない。

14　付言ながら，ある時点での実現を表す表現の場合，「卒業までには {?知っていろ／知っておけ}」のように，状態だけを表すテイル形は意志的にならない。一方，「ておく」の場合，合目的性が強く出るために意志的になるのであろう。

意志性の諸相と「ておく」「てみる」 ｜ 147

事態の発生をリアルな時間として指定しない文脈を構成することができるのは，「たい」のほか，「ほしい」「べきだ」，「なら」を除く仮定条件などが共起する場合である[15]。

(46) 君にはいろんなことを知っておいてほしい。

(47) それさえ{知っておけば／知っておくと}心配は要らない。

などと言える。「出会う」なども同様である。

偶然依存事態の無意志的な事態の場合，事態発生を規定する「ておいた」のような終止法は言えないが，マイナス価値ではないので，具体的発生を表さない場合にはこのように「ておけ」「ておこう」「ておきたい」などが共起できるのである。

6. 「てみる」と意志性

「てみる」の場合もほぼ同様の現象が観察される。

(48) *そのことを知ってみた。

などと言うことができないのは，偶然性がある無意志事態に，「てみる」の試行性（知りたい気持があって，試みに動きをすること）が矛盾するからである[16]。しかし，「てみる」においても，「たい」「ほしい」「必要がある」のような文末形式が後に共起すれば，

(49) いろんなことを知ってみたい。

(50) いろんなことを知ってみてほしい。

(51) いろんなことを知ってみる必要がある。

のように言える。願望や必要などを述べる場合，文脈的結果として成立していることが重要であり，その見込みをもって実際に特定の時点で事

---

15 「なら」の場合，「?? それさえ知っておくなら大丈夫だ。」のように言いにくい。これは，「なら」節がテンスを含む節を構成する点で，事態の実現が焦点化されることによるとみられる。「べきだ」などは意志的な事態の選択をする点で典型的には意志に関わるが，用法による違いもある。森山（1997）参照。

16 日本語記述文法研究会（2009）では，「試みに行う動作」としている。「てみる」は条件文や継起のテ形の複文では無意志動詞につく場合があり，事態出現への気づきを表すという記述もある。「できあがってみると」のような用法は「みる」の形式化の度合いによる問題と言える。従属節のみに見られるので本稿では別扱いする。

148 | 森山卓郎

態を発生させるわけではないからである。もちろん，条件文の場合は，
さらに主語が人間でなくてもよいのであって，

(52) ?準備していても，いざ地震が発生してみると，大変だった。

のように言える[17]。ほかに，

(53)　第二課はいわば第一課のつづきみたいなもので，しみじみとみ
　　　つめることのかわりに，あれこれと自分の体のあちこちをさ
　　　わってみることで，自分の体をよりくわしく知ってみようとい
　　　う学習です。

　　　　　　（フリード（奈良林訳）『カリフォルニア SEX 入門』BCCWJ）

のように，意志文でも共起できる。具体的な発生を問題としないような
文脈を構成すれば，「知る」のような動詞に「てみる」が共起することは
可能である。ただし，命令文には共起しにくいようで，「知っておきなさ
い」に比べると，

(54) *自分の体をよりくわしく知ってみなさい。

のようには言いにくい（「そうすると〜」のような後件がある場合は一種
の条件文になるので言いやすいが，これは別）。この原因についてはよく
わからないが，「ておく」が結果を焦点化するのに対して，「てみる」は
試行性を表す点で，事態の発生を背景化しにくい側面があることと関わ
るようである。前述のように，無意志事態への命令形による願望はあり
得るにしても，試行的な事態の聞き手への要求はその発生が焦点化され
るのではないだろうか。一方，意志形の「知ってみよう」という表現は，
「したい」のような願望表現に近いものとして，具体的な発生が背景化す
る用法で使われるのであろう。

　このように事態発生の具体性ということが関与し，「たい」が共起して
いても，具体的な発生時間が指定されるような場合には，

(55) *日本語文法の知識を明日のセミナーの冒頭で知ってみたい。

のように言いにくい。それに対して，

(56)　今後の授業では日本語文法のことを色々と知ってみたい。

─────────
17　条件文がすべて無条件で言えるわけでなく，共起には一定の「文型」がある。文法
化のプロセスと関わるようだが，この点については機会を改めて述べたい。

とは言える。「わかる」という動詞でも，

　（57）　*彼が明日何時に来るかをわかってみたい。

とは言いにくいのに対して，

　（58）　たくさんのことをわかってみたい。

は言いやすくなる。また，「出会う」など別の動詞でも同様である。「出会ってみた」と言えない一方で，「出会ってみたい」と言えるのは，事態としての発生が指定されないことによる。

　（59）　大きなリビアという国の大半を占めるサハラ砂漠はここから無限の砂丘を見せてくれるのだろう。今見ているのが未知なる世界のほんの入り口でしかないことはわかっていても，いつの日かきっと出会ってみたいと，私は切に願っていた。

　　　　　　　　　　（井原三津子『1歳からの子連れ辺境旅行』BCCWJ）

さらに事態内容の具体性も関わり，

　（60）　*明日京都駅でブルガリア人に出会ってみたい。

のように言うことはできない。

7.　おわりに

　以上，意志性という「語彙的意味」について考えてみた。まず，意志性をめぐっては，「事態」としてのあり方が問題になることなどを確認した後，無意志性の要因を，非動き事態，非人間主語事態，人間主語事態で無意志的要因があるものとに分け，人間主語事態については，さらに価値性との関わりから整理した。人間主語事態では，マイナス価値が無意志と相関するのであり，マイナス価値でないにもかかわらず無意志的な事態は「知る，出会う」など比較的少数である。それらの事態には「てみる」「ておく」が関わるが，独立した終止では言えなくても，命令文や「〜たい」などの発動が焦点化されない環境では共起できる。これには，事態の発生の制御という問題が関わっており，具体的発生を問題にしない文脈で共起しやすいこと，などを述べた。

　ひとしなみに「無意志動詞」という認定をするのではなく，こうした事態のあり方に応じた整理が必要ではないだろうか。森山（1988）で取り

上げた「非現実のモード」かどうかという問題は，単純に述べ方として
の現実性を一律に問題とするのではなく，このように，事態の発生が言
語的にどう組み立てられるのかという観点から個別に説明するべきであ
ろう。

　ただし，本稿は検討した動詞の問題としても，関連する形式の問題と
しても，包括的な分析とは言えない。意志・無意志に関する現象には，
「ておく」「てみる」のみならず，様々な現象がある[18]。また，事態の発生
という点では，

（61）＊怖い話をしたので，子供達を怖がらせた。

　　　cf.怖がらせてしまった。

のように意志的な現象が因果関係で接続できないということがある。こ
うしたことは意志的事態の発生という観点から今後関連づけていくこと
が必要であろう。さらに検討していくべき課題は多い。

参照文献

金水　敏（2004）「文脈的結果に基づく日本語助動詞の意味記述」影山太郎・岸
　　本秀樹（編）『日本語の分析と言語類型―柴谷方良教授還暦記念論文集―』
　　pp.47–56，くろしお出版.

久野　暲（1973）『日本文法研究』大修館書店.

高橋太郎（1969）「すがたともくろみ」（金田一春彦（編）（1976）『日本語動詞のアス
　　ペクト』pp. 115–153，むぎ書房.）

仁田義雄（1990）「働きかけの表現をめぐって」佐藤喜代治（編）『国語論究 第 2 集
　　文字・音韻の歴史』pp. 369–406，明治書院.

仁田義雄（1998）「意志動詞と無意志動詞」『月刊言語』17-5, pp. 34–37, 大修館書店.

日本語記述文法研究会（2009）『現代日本語文法 2』くろしお出版.

宮島達夫（2013）「動作範囲の拡張」『京都橘大学研究紀要』30, pp. 左 19–30.

森山卓郎（1988）『日本語動詞述語文の研究』明治書院.

森山卓郎（1997）「日本語における事態選択の形式について―義務，必要，許可な
　　どのムード形式をめぐって―」『国語学』188, pp. 左 12–25.

森山卓郎（2012）「因果関係の複文と意志的制御」『国文学研究』170, pp. 65–55, 早
　　稲田大学国文学会.

18　同一の意志的制御に関わると原因の接続ができないが（森山 2012），これも事態の
発生の仕方という観点からさらに検討できる問題かもしれない。

「しようと思う／思っている」と「つもりだ」
—書き言葉における使用実態から—

高梨信乃

1. はじめに

　現代日本語のモダリティの記述的研究はこれまで盛んに行われてきた。形式を記述する際に重要なポイントとなるのは，隣接する形式の間の異同である。これまで類義関係にある複数の形式の間にある細かな意味・性格の違いを明らかにしようとする研究が数多くなされてきた。しかし，その違いを考える方法として，それぞれの形式の使用実態に照らして考察するという作業は，必ずしも十分には行われていないように思われる。

　本稿では，意志の形式である「しようと思う」（「しようと思っている」）と「つもりだ」を取り上げ，書き言葉における使用実態からそれらの意味・性格の違いに考察を加えてみたい。

2. 先行研究と本稿の目的

　まず，先行研究の重要な指摘をまとめておく。

　意志を表す中心的な形式は動詞の意向形「しよう」である。「しよう」を言い切りで用いる文は，基本的に〈意志の表出〉を表すとされ，①発話時に生起した話し手の意志を，②聞き手への伝達を意図せずに発するものであることが指摘されている（森山 1990, 仁田 1991, 安達 2002）。

　(1)　　あ，6時か。もう帰ろう。〈意志の表出〉

　(1) を，話し手の意志を聞き手に伝達する〈意志の伝達〉の文にするためには，「と思う」を付加する必要がある。そして，「と思う」の付加に

より，聞き手への伝達性が加わると同時に，意志決定のタイミングが発話時ではなく発話時以前であることが示されるようになる（宮崎 2001）。

(2)　明日，映画を<u>見に行こうと思う</u>。

一方，「つもりだ」は名詞「つもり」に由来する形式である。土岐 (2012) によれば，動詞「つもる」の連用形「つもり」が「計算」という意味から「将来の計画を算段する」といった意志の意味を表す普通名詞として用いられるようになり，19 世紀後半から 20 世紀初頭にモダリティ形式としての「つもりだ」の文法化が完了したという。

森山 (1990)，仁田 (1991)，安達 (2002) では，「つもりだ」の文について，①発話時以前に決定された話し手の意志を，②聞き手に伝達するものである，また，③他者の意志を表すこともできる，という 3 点が指摘されている。

(3)　#<u>では</u>，明日 3 時に研究室に<u>伺うつもりです</u>[1]。

(4)　佐藤さんは，もう 1 日，出発を<u>遅らせるつもりだ</u>。

そして，「つもりだ」の意味は，「しようと思う」がテイル形をとった「しようと思っている」に近いとされている（日本語記述文法研究会 2003）。

先行研究の指摘の通り，(5)(6) はともに〈意志の伝達〉として機能する。また，特に「しようと思っている」の形をとった場合，「つもりだ」の意味に非常に接近して感じられる。

(5)　明日，映画を見に行こうと {思う／思っている}。

(6)　明日，映画を<u>見に行くつもりだ</u>。

しかし，動詞の意向形からなる「しようと思う／思っている」と名詞「つもり」に由来する「つもりだ」とでは，文法的な性質が当然異なり，意味や用いられ方にも何らかの違いがあることが予測される。(5)(6) のような例文を見て内省を働かせるだけでは分からない違いがあるのではないか。多くの実例を対象とし，(5)(6) のような文末・言い切りで用いられた場合だけでなく，疑問文や他の形式と共起した場合，文末以外で用いられた場合なども含めて広く見ていく必要があるだろう。

1　「つもりだ」は，①の性格のため，その場での新規情報に対する反応であることを示す「では」「それなら」などとは共起できない（森山 1990）。

そこで本稿では，現代日本語書き言葉均衡コーパス（通常版，BCCWJ–NT）を用いて書き言葉における使用実態を調べ，これらの形式間の意味・性格の違いに考察を加えたい。その際，「しようと思っている」も独立させ，3形式で比べることにする。

3. BCCWJ による調査の方法

BCCWJ の非コアも含む全データを対象とし，検索ツール「中納言」1.1.0 の短単位検索を使用した。検索条件は以下の通りである。

• 「しようと思う」「しようと思っている」

語彙素「思う」をキーとし，前方共起（キーから 2 語）に品詞＝動詞，活用形＝意志推量形を指定して検索した。その結果得られた 10,162 件のうち，動詞が無意志動詞である場合など（例：～であろうと思う，～ことになろうと思う）731 件を除外し，9,431 件を得た。

これを「思う」がル形の場合とテイル形の場合で分けると，「しようと思う」が 6,612 件，「しようと思っている」が 2,819 件であった。

• 「つもりだ」

語彙素「積り」をキーとし，前方共起（キーから 1 語）に品詞＝動詞，活用形＝連体形を指定して検索した結果，7,547 件が得られた。そのうち，「つもり」が名詞として用いられている場合（例：つもりがある，つもりをする）や，前接する動詞が無意志動詞である場合（例：できるつもりだ）など 2,905 件を除外した。その結果，4,642 件が得られた。

4. BCCWJ による調査の結果概観

データ全体では「しようと思う」の出現数がもっとも高い。次いで多いのが「つもりだ」であり，「しようと思っている」の約 1.5 倍出現している。

このデータを以下，4.1 で用い方別に，4.2 で〈ジャンル〉別に見ることにする。

4.1 用い方別の出現状況

用い方は，当該形式が現れた位置（主節末／従属節末）によって二分し

154 ｜ 高梨信乃

たうえで，表 1 のように分類した[2]。

**表 1 「しようと思う」「しようと思っている」「つもりだ」の
用い方別の出現数（件）と割合（%）**

用い方			形式例	しようと思う	しようと思っている	つもりだ
主節末	非過去形	言い切り	言い切り，終助詞付加	1,416 (21.4)	1,056 (37.5)	1,105 (23.8)
		疑問形式付加	〜か，〜かな，〜かしら	22 (0.3)	3 (0.1)	441 (9.5)
		モダリティ形式付加	〜だろう，〜らしい，〜のか	119 (1.8)	128 (4.5)	708 (15.3)
	過去形		〜た，〜たようだ，〜たのか	788 (11.9)	233 (8.3)	709 (15.3)
	否定形		〜ない，〜なかった，〜なかったのか	78 (1.2)	12 (0.4)	56 (1.2)
	動詞後続形式付加		〜てしまう，〜ようになる	95 (1.4)	0 (0.0)	0 (0.0)
	その他		〜だけだ，〜たところだ	22 (0.3)	49 (1.7)	0 (0.0)
従属節末	様態節		〜て，〜ながら〜つつ	1,052 (15.9)	32 (1.1)	560 (12.1)
	順接条件節		〜と，〜ば，〜たら，〜なら	908 (13.7)	57 (2.0)	126 (2.7)
	逆接条件節		〜ても，〜のに	290 (4.4)	60 (2.1)	69 (1.5)
	原因・理由節		〜から，〜ので〜だけに	82 (1.2)	75 (2.7)	114 (2.5)
	時間節		〜とき，〜うちに，〜とたん	99 (1.5)	26 (0.9)	0 (0.0)
	並列節		〜たり	13 (0.2)	1 (0.0)	11 (0.2)
	等位節		〜が，〜し	1,314 (19.9)	881 (31.3)	465 (10.0)
	名詞修飾節		〜N，〜たN	174 (2.6)	172 (6.1)	82 (1.8)
	補足節		〜こと，〜と，〜かどうか	140 (2.1)	34 (1.2)	196 (4.2)
計				6,612 (100)	2,819 (100)	4,642 (100)

2　過去形・否定形には，疑問やモダリティなど他の形式が付加された場合も含む。従属節の分類は日本語記述文法研究会（2008）に従う。

表 1 から 3 形式の出現状況の特徴を見てみよう。まず，「しようと思う」は従属節末が 60％強を占める。このうち，文に近い性質をもつ等位節を除くと，様態節と順接条件節の割合が高い。「しようと思っている」は主節と従属節がほぼ半々である。特に言い切りと等位節の割合が高く，それ以外の用い方は少ない。「つもりだ」は主節末が 65％を占めており，疑問形式付加とモダリティ形式付加の例が目立って多い。以上を含め，次の点が注目されるだろう。

〈1〉 「つもりだ」は疑問形式付加およびモダリティ形式付加の例が目立って多い。

〈2〉 「しようと思う」には動詞後続形式付加の例が見られる。

〈3〉 「つもりだ」は時間節では見られない。

〈4〉 「しようと思う」は様態節と順接条件節で多い。

4.2 〈ジャンル〉別の出現状況

本稿では，用例の現れた文章の種類を区別するにあたり，BCCWJ のレジスタを基本としつつ，そのうちの「書籍」と「ベストセラー」を併せたうえで，「文学」と「文学以外」に分類し直した。結果，計 12 分類することになるが，これを便宜上〈ジャンル〉と呼ぶことにする（BCCWJ の「ジャンル」とは異なる）。〈ジャンル〉ごとの総語数が異なるため，100 万語単位での出現数（Per Million Words, 略号 PMW）も示す。

表 2 のように，3 形式の出現状況は〈ジャンル〉によって少しずつ異なるが，ここでは次の点に注目したい。

〈ア〉 「つもりだ」は文学での出現率が目立って高い。

〈イ〉 「しようと思う」と「しようと思っている」は知恵袋とブログでの出現率が高い。

以下，3 形式の違いを，上記の用法別の出現状況に関する〈1〉～〈4〉と〈ジャンル〉別の出現状況に関する〈ア〉〈イ〉から見ていくが，主節末での用いられ方の違いに関わる点（〈1〉〈ア〉〈イ〉）とその他の違いに関わる点（〈2〉〈3〉〈4〉）に分け，前者を 5 節で，後者を 6 節で考察することにする。

156 ｜ 高梨信乃

表2 「しようと思う」「しようと思っている」「つもりだ」の〈ジャンル〉別の出現状況

〈ジャンル〉	総語数	しようと思う		しようと思っている		つもりだ	
		件数	PMW	件数	PMW	件数	PMW
文学	20,139,268	1,324	65.7	409	20.3	2,443	121.3
文学以外	42,533,142	1,516	35.6	356	8.4	930	21.9
雑誌	4,444,492	164	36.9	74	16.6	141	31.7
新聞	1,370,233	23	16.8	6	4.4	46	33.6
白書	4,882,812	2	0.4	2	0.4	3	0.6
広報誌	3,755,161	38	10.1	10	2.7	8	2.1
法律	1,079,146	0	0	0	0	0	0
国会会議録	5,102,469	138	27	61	12	153	30
教科書	928,448	17	18.3	2	2.2	7	7.5
韻文	225,273	4	17.8	0	0	6	26.6
知恵袋	10,256,877	1,977	192.7	1,403	136.8	505	49.2
ブログ	10,194,143	1,409	138.2	496	48.7	400	39.2
計	104,911,464	6,612	63	2,819	26.9	4,642	44.2

5. 主節末での用いられ方の違いに関わる点

〈1〉 「つもりだ」は疑問形式付加およびモダリティ形式付加の例が目立って多い

　表1で見たように，言い切りでは3形式の出現数の差は少ないのに対し，疑問形式付加とモダリティ形式付加では「つもりだ」と他の2形式の間に大きな差が見られる。

　まず，モダリティ形式付加から見よう。これは「だろう」「らしい」「ようだ」「のか」などが後接した場合であり，基本的には，他者の行為や状況からその背景にある他者の意志を推察したり疑ったりする文になる。

　(7)　　しかし，ドアを開けるとルールは目を覚まし，もぞもぞと体を動かした。どうやら起き上がるつもりらしい。キャサリンはあわててトレイをナイトテーブルの上に置き，彼のそばに駆け寄った。　　　　　　　　　　　　　　　　　（文学・美しい悲劇）

　(8)　　貧困な想像力でイメージするセクシーは，ボディコン，ハイレ

グ，そしてながーい髪。(あの髪の毛で男を絡めとるつもりなの
かしら)　　　　　　　　　　　　　　(文学・わたしから好きになる)

　こうした例が「つもりだ」に多いのはなぜだろうか。2節で見たように，「つもりだ」はもともと「意志・意図」を表す名詞から形成されたものであることと関連して，主語の意志をことさらに表示する性格をもっており(「つもりだ」の〈意志のマーク機能〉：高梨 2016)，このことと関係するのではないかと考えられる。

　次に，疑問形式付加についてはどうか。先に「しようと思う」「しようと思っている」について見ると，(9)(10)のような疑問形式付加はごく少数である[3]。

(9)　男性です。時々女性に携帯電話で撮影されるのです。女性に質
　　　問ですが，どういう場合に全くの他人を撮影しようと思います
　　　か？良いケース，良くないケースあると思いますが…。
　　　　　　　　　　　　　　　　　　　　　　　　(Yahoo! 知恵袋)

(10)　今濃い人とか居なくてふりーのひと。クリスマスまでに，作ろ
　　　うと思ってますか？　　　　　　　　　　　(Yahoo! 知恵袋)

　こうした疑問文が少ないのはなぜだろうか。それは，聞き手に単純にある行為をする意志の有無を尋ねたければ，意志の形式を使わなくとも「その行為をするかしないか」を問えば十分であるからだと思われる。

　あえて聞き手の意志について尋ねるのは，聞き手の行動に疑義や不満がある場合などが多い。こうした場合，単純な質問ではなく非難の表明になることが多い。「つもりだ」の疑問文の大半はそのような例である。

(11)　「そうですね。こうなると，ペンションへ戻るしかないな」　警
　　　部は決心した。「どうするんです？…妻の遺体をここへ放ってお
　　　くつもりですか？」吹谷が，真っ蒼になって言った。
　　　　　　　　　　　　　　　　　　　(文学・天城高原殺人迷路)

(12)　「えー？アンタのオタクと，私の悩みを一緒にするワケぇ？それ
　　　はちょっと，ノーサンキューだなあ」「…キミは，せっかくの僕

3　「の(だ)」を介在する「のか？」「のだろうか？」などは，疑問形式付加ではなく，モダリティ形式付加に含めている。

のフォローを全部，台無しにするつもりか…」ブツブツと口の中で文句を言う幸四郎。　　　　（文学・コスプレ探偵かおり）

「つもりだ」の疑問文に上記のようなタイプが多い理由も，「つもりだ」の〈意志のマーク機能〉から説明できる。つまり，「つもりだ」を用いた疑問文ではことさらに表示した聞き手の意志に言及することから，より不躾なニュアンスが強まるため，非難の表明という意図に合致するのだと考えられる。

〈ア〉「つもりだ」は文学での出現率が目立って高い

文学における「つもりだ」は，8割近くが主節末で用いられているが，言い切りのほか，過去形やモダリティ形式付加もそれぞれ一定程度見られる。

「つもりだ」の特徴がよく表れるのは，次のような地の文の例である。

(13)　初は中野に保護されたまま，居候になっていた。『酒匂屋』押し込み一件が落着すれば，初は身の振り方を考えるつもりである。
　　　　　　　　　　　　　　　　　　　　　　　　（文学・将軍の密偵）

(14)　「私の罪です。私は父の娘です」まり子はここで口を閉ざすつもりだった。だが，顔を上げると，彼の自分への思いやり，配慮，そして愛が感じられた。　　　　　　　　　　　　（文学・将軍）

(15)　烈膳もおそらくそれを承知しているのだろう。あえて構えたということは，最速の抜刀で涼子の突きを迎え撃つつもりだ。　（―ままよ！）　引き絞られた弓から矢が放たれるように，涼子は踏み込んで突きを放った。　　　（文学・リアルバウトハイスクール）

(16)　肩の荷が下りたように，急に気持ちが軽くなった。ゲイはぼくとまた会うつもりだったのだ。自分で仮免許の手続きをしたのがその証拠だ。ジョナサンは歓声をあげたいほどうれしかった。
　　　　　　　　　　　　　　　　　　　　（文学・あこがれる心の裏で）

(13)(14)は，書き手の視点が置かれた作中人物の意志を表す場合である。それに対して，(15)は言い切り，(16)は過去形にモダリティ形式が付加された形で，作中人物による他者の意志の推察を表す場合である。

上の (7) (8) のようなモダリティ形式付加の形をとる場合も含め，「つもりだ」では，他者の意志の推察を表す例が多く見られる。

　文学の地の文では，作中人物のさまざまな思考内容が語られるが，その中には他の人物の意志について推察したり疑ったりする場合も含まれる。そうした場合には，〈意志のマーク機能〉をもつ「つもりだ」が適合し，よく用いられるものと思われる。

　一方，文学の地の文における「しようと思う」「しようと思っている」の例を見ると，(17) (18) のように作中人物自身の意志を表す場合が大半を占め，(19) のような作中人物による他者の意志の推察は少数である。

(17)　女は丸善の角を曲がって，東京駅の方へ歩いて行く。私はどこ迄も付いて行って見ようと思うた。　　　　　　　（文学・贋世捨人）

(18)　太平はその調査に参加し，研究を終えて帰国したら小説ではなく論文をまとめようと思っていた。　　　　　　（文学・Y 殺人事件）

(19)　パークスの表情が変わった。あたりを見回したのは，警備の士官を呼ぼうと思ったのかも知れない。

（文学・十五代将軍徳川慶喜）

　このことから，「しようと思う」「しようと思っている」は，「つもりだ」に比べて，話し手自身の意志を伝達する表現としての性格がより強いと考えられるだろう。

〈イ〉「しようと思う」「しようと思っている」は知恵袋とブログでの出現率が高い

　知恵袋とブログは，いずれも BCCWJ の中で話し言葉に近い性格をもつとされているが，両者にはもう一つの重要な共通点がある。それは，書き手が自身の行動や考えを一人称で記述する文章だということである。上で見たように，「しようと思う」「しようと思っている」が話し手自身の意志の伝達表現としての性格が濃いものであるならば，これらの形式の知恵袋・ブログへの出現率が高いことは自然であり，納得できるだろう。(20) (21) はブログに現れた両形式の例である。

(20)　そういえば昨日，六甲山牧場へ祖母と出掛けたのですが，祖母

がすぐ疲れてしまい，あまりまわれませんでした。六甲山から見た景色も素晴らしかったので，今度一眼レフを買ってからもう一度行って来ようと思います。　　　　　　　（Yahoo! ブログ）

(21)【バッハ：平均律第7番】プレリュードとフーガ，ともにメトロノームのお世話になることにしました。プレリュードは若干テンポが速くなっているので，丁度良いテンポを探そうと思っています。　　　　　　　　　　　　　　　　　　　（Yahoo! ブログ）

しかし，両形式の現れ方は知恵袋とブログの間で異なりが見られる。ここで 4.2 の表 2 を再び見ると，「しようと思う」は知恵袋とブログのいずれにおいても多いのに対して，「しようと思っている」はブログでは知恵袋に比べてかなり出現率が低い。

ここで (20)(21) のように主節末に言い切りで現れた場合に注目してみよう。「つもりだ」も加えた 3 形式で知恵袋とブログへの出現状況を比べると，表 3・図 1 のようになる。

表 3　言い切りの形での知恵袋とブログへの出現状況

〈ジャンル〉	総語数	しようと思う 件数	PMW	しようと思っている 件数	PMW	つもりだ 件数	PMW
知恵袋	10,256,877	472	46	692	67.5	165	16.1
ブログ	10,194,143	583	57.2	175	17.2	145	14.2

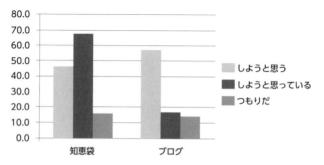

図 1　言い切りの形での知恵袋とブログへの出現状況（100 万語単位）

表3と図1から，「しようと思っている」は知恵袋とブログで出現率に大きな差があることが分かる。その理由は「しようと思っている」がもつ意志の継続の意味と関わるのではないだろうか。

　(22)(23)は知恵袋によく見られる文章展開のパターンである。

(22)　ギターを<u>はじめようと思ってます</u>。そこで質問なんですが，最初はアコギかエレキどっちがいいですかね？　　（Yahoo! 知恵袋）

(23)　GWに福島県に堤防釣りに<u>行こうと思っています</u>。良く釣れる漁港を教えて下さい。魚種は問いません。　　（Yahoo! 知恵袋）

知恵袋は，書き手が不特定多数である読み手に情報提供を求める文章である。そのため，(22)(23)に見られるように，問いかけの前提としてまず自分が実行しようとしている行為を示すことが多い。そうした行為は実行の意志が一定程度「継続」したものであることが多いと思われる。そのため「しようと思っている」が適合し，よく用いられるのではないだろうか。

6. その他の違いに関わる点
〈2〉「しようと思う」には動詞後続形式付加の例が見られる

　ここで「動詞後続形式がついた形」と総称するのは，複合動詞（「思い始める」「思い続ける」など），可能形（「思える」），補助動詞の付加（「思ってしまう」など），モダリティ形式の付加（「思ってはいけない」「思えばいい」「思うな」）である。「しようと思う」では，これらの形をとることによって，意志の生起・持続というアスペクト的な意味や，意志を持つことに対する評価的な意味，さらに禁止などの働きかけが表される。

(24)　しかし，Dさんは憧れのコンサルティング業界でビジネスパーソンとしての第一歩を踏み出すも，慣れない土地での生活，思ったように営業成績があがらないことに対するいらだち，さらには人間関係の難しさなどから，入社半年で会社を<u>辞めようと思い始めた</u>。

　　　（文学以外・大学生の職業意識とキャリア教育）【意志の生起】

(25)　それは渓流に逆らうように建つ，背の高い三本の橋脚で，とて

も印象的であった。いずれ近くに行ったら，その鉄橋の跡を<u>訪</u>
<u>ねてみようと思い続けていた</u>。それが熊本市南部の南熊本駅
（旧・春竹駅）から二十八.六キロ先の砥用までの熊延鉄道だっ
た。　　　　　　　　（文学以外・鉄道廃線ウオーク）【意志の持続】

(26)　パパ姉からベビーリングのネックレスをもらった♪「一番頑
　　　張ったから」って☆あー私頑張ったんだぁ.，.って素直に嬉し
　　　くて，これからも<u>頑張ろうって思えた</u>。本当にありがと。

（Yahoo! ブログ）【プラス評価】

(27)　いざ，勉強をしてもしなくてもどちらでもよい，となると，め
　　　んどうだから<u>やめておこうと思ってしまう</u>のですよ。でも，何
　　　度か授業に参加して，よかったなあと思います。

（文学以外・誇りです，登校拒否）【マイナス評価】

(28)　「見映えよく<u>つくろうと思ってはいかん</u>。所詮木仏金仏で，木仏
　　　が最も功徳があるのは，燃やして尻をあたためることかもしれ
　　　ん。それを思って，心を込めるのじゃ。見る人が，仏にしてく
　　　れる（後略）」　　　　　　　　　　　　　（文学・木喰）【禁止】

こうした表現は「しようと思う」が「思う」というル形の動詞を末尾
にもつことによって可能になっているものである。3形式の中で「しよ
うと思う」のみがもつ特徴として注目される。

〈3〉「つもりだ」は時間節では見られない

　「〜とき」「〜瞬間」「〜うちに」などの時間節に「しようと思う」「し
ようと思っている」が現れている例では，「ある意志が生起する時点／意
志が持続している時間」が前件で示され，その時点／時間に起きた出来
事が後件に置かれる。

(29)　「すぐに迎えにいくからね」（うん，それまでお兄ちゃんに遊ん
　　　でもらうよ）　お兄ちゃんて誰のこと，と<u>聞こうと思った瞬間</u>，
　　　電話は切れた。和代が警戒して理沙から電話器を取り上げたら
　　　しい。「理沙っ，理沙っ」　　　　　　（文学・過去からの声）

(30)　大手総合出版社の外国語辞書編集長Ｂ氏に，採用の時に外国語

能力をどう評価するか訊こうと思った矢先に，十七年前同社の
月刊誌でお世話になった，当時の編集長Ｃ氏が通りかかった。

(文学以外・出世できない英語バカ)

(31) 午後十一時をまわって，寝ようと思っていた時，電話が鳴った。
シャワーを浴びて，クーラーで涼んでいた裕子はドキッとして，
受話器に手を伸ばした。　　　　　　　　(文学・耳すます部屋)

(32) 智は，実は本間夫妻の養子なのだ。本人が十二歳になったらほん
とうのことを打ち明けようと思っているうちに，本間の妻の千鶴
子は急死してしまった。　　　　(文学・宮部みゆきが読まれる理由)

こうした例は「つもりだ」には見られない。動詞からなる「しようと
思う」「しようと思っている」であればこそ，意志の生起や持続を時間軸
上の出来事として捉えることが可能なのだと言えるだろう⁴。

〈4〉「しようと思う」は様態節と順接条件節で多い

まず，「しようと思う」が様態節（「〜て」「〜ながら」「〜つつ」など）
に現れた場合を見よう。

(33) 「おみやげ買いにいこうと思って，さそいにきたの。」そのとき
の，ぼくの気持。なんていったらいいんだろう…。

(文学・あやかし修学旅行)

基本的には「ある行為をする意志をもって」という意志の付帯を表すも
のと言える。意志の付帯は「するつもりで」の形でも表すことができる
が，「しようと思って」などのほうがより多様なケースで使用可能なよう
である。例えば，(34) では実現済みの行為の理由の説明として用いられ
ている。また，(35)(36) のように，実際にはその行為が実現せず逆接的

4　従属節ではないが，主節末の「しようと思ったところだ」「しようと思っていたとこ
ろだ」も，意志の生起・存在の時点を捉える働きでは共通すると言える。

・　お昼おばさんちでリラックスした私は朝ごはんを食べて二度寝。起きたら「ちょ
うど起こそうと思ったとこよ〜」？あ！もう１時？！　　　(Yahoo! ブログ)

・　「手伝っちゃどうです？」と，石津が言った。「あの子がコップの破片で手を切っ
たら，傷害罪─」「も，もちろんです！今，手伝おうと思ってたところなんです
よ」

(文学・三毛猫ホームズと愛の花束)

な意味になっていることも少なくない。

(34) 「なに見てんだ」「うん，デスク・パッドをね。新しく<u>しようと思って</u>」 ちょっと立ち話をして別れたんですが，会社がすぐ傍でよく覗くんだそうです。男は，だいたい，文房具が好きです。

（文学・たたずまいの研究）

(35) ●後回しにするのは失敗のモト　よく電話を<u>掛けよう掛けようと思って</u>忘れてしまうとか，手紙を<u>出そうと思って</u>忘れてしまうという人は，まずそれは大人の行為として許されない，ということを強く自分に言い聞かせておくことです。

（文学以外・人を思いやる力）

(36) 気になっていることは早くした方がいいんですね。実は母のところへも，そのうち<u>行こうと思いながら</u>，なかなか行けなくて。まだ二度しか行ってないんです。　　（文学・窓の下の天の川）

次に，順接条件節の場合について見よう。

順接条件節に現れること自体は 3 形式とも可能であり，次のような例が見られる。

(37) これからヨガを<u>始めようと思っている</u>のであれば，ぜひ，この朝の時間を有効に使ってみませんか。1 時間とはいいません。三十分が無理なら，十分でもいいのです。

（文学以外・簡単ヨガレッスン）

(38) 今までの志穂子よりもずっと堅固な，どこから崩そうにも絶対に落ちない城壁だった。そこまで真剣に子供を<u>生むつもりなら</u>，何故自分に打ち明けてはくれないのか，と井岡は半ば恨めしい気にさえなってくる。　　　　（文学・幸福な朝食）

(37)(38) は通常の条件節である。一方，「しようと思う」では，このような例のほかに，特徴的な 2 つのタイプが見られる。

第一は，(39)(40) のように，「X しようと思えば／思うと／思ったら Y」の形で，行為 X の実現可能性や難易について Y で述べるものである。

(39) 「泊ったほうがいいでしょう」「でも，それじゃ実家の人に会えないじゃないか」「それはいいの，<u>会おうと思えば</u>いつでも会え

るから」 (文学・ひとひらの雪)

(40) ケガに一番近いスポーツだと思いましたね。だからケガをさせ
ないように，コラーゲンやグルコサミンを勧めた。骨や腱に必
要な栄養ですね。ただ，これを食事から摂ろうと思うと大変な
んですよ。スープとか鍋でどうにかとは思っているんですが，
絶対量が足りない。 (雑誌・TARZAN)

第二は，(41)(42)のように，行為Xの実現の必要条件や手段をYに示
すものである。「XするためにはY」に近い意味を表す。

(41) 人生において，大きな成果をあげようと思えば，ある程度の犠
牲を払わなければいけないことがあります。その転換点におい
て，それまで持っていたものを捨てなければいけなくなるので
す。 (文学以外・常勝の法)

(42) でも，今の自分があるのは国見に行ったからですからね。地元
の佐賀の高校に行ってたら今の自分はないと思ってます。全国
大会に出ようと思ったら，強い高校に行くのが1番の近道でし
たしね。 (雑誌・週刊サッカーダイジェスト)

いずれもある程度固定化が進んだ表現と見られる。「しようと思う」の
場合，例の多くをこの2つのタイプが占めており，こうした用い方が可
能なことが，順接条件節における「しようと思う」の出現数が多くなる
一因だと考えられる。

7. おわりに

以上，「しようと思う」「しようと思っている」「つもりだ」の3形式を
BCCWJにおける使用実態から比較してきた。

用い方別・ジャンル別の出現状況を比べ，多くの実例を見ることに
よって，内省のみでは気がつかない違いがいくつか明らかになった。以
下にまとめておく。

1) 動詞の意向形からなる「しようと思う」「しようと思っている」
は，「つもりだ」に比べて，話し手自身の意志を伝達する表現とし
ての性格が強い。また，意志の生起・持続を時間軸上に捉えるこ

とができる。

2) 「しようと思う」は，動詞後続形式を伴うことによってアスペクト・評価などの意味を付加できる。また，様態節や順接条件節で多様に用いられ，「X しようと思えば Y」などの固定化が進んだ表現も見られる。

3) 名詞「つもり」に由来する「つもりだ」は，「しようと思う」「しようと思っている」に比べて，他者の意志の推察に用いられやすい傾向がある。また，聞き手の意志をことさらに問う場合にも用いられやすいが，そのような場合は聞き手に対する非難の意が表されることが多い。

本稿で調査対象としたのは書き言葉のみであった。話し言葉における使用実態も調査すれば，新たな知見が得られる可能性があるが，それは将来の課題としたい。

備考

本稿は，口頭発表「「しようと思う」と「つもりだ」—書き言葉における使用を中心に—」(日本語文法学会第 16 回大会，学習院女子大学，2015 年 11 月 15 日)に改訂を加えたものである。発表後に貴重なコメントをくださったみなさまに感謝申し上げる。なお，本研究は，科学研究費 (学術研究助成基金助成金) 基盤研究 (C)「バラエティを考慮した使用実態調査に基づく日本語のモダリティ記述発展のための研究」(2013–2015 年度，課題番号 25370534，研究代表者：野田春美) の成果の一部である。

調査資料

「現代日本語書き言葉均衡コーパス通常版」(BCCWJ-NT)　国立国語研究所.

参照文献

安達太郎 (2002)「意志・勧誘のモダリティ」宮崎和人・安達太郎・野田春美・高梨信乃『新日本語文法選書 4　モダリティ』pp. 18–41，くろしお出版.

高梨信乃 (2016)「「つもり (だ)」をめぐって—意志表現の指導の観点から—」『神戸大学留学生センター紀要』22, pp. 1–20.

土岐留美江 (2012)「意志表現とモダリティ」澤田治美 (編)『ひつじ意味論講座第

4巻 モダリティⅡ　事例研究』pp. 121–140, ひつじ書房.

仁田義雄（1991）『日本語のモダリティと人称』ひつじ書房.

日本語記述文法研究会（2003）『現代日本語文法4　モダリティ』くろしお出版.

日本語記述文法研究会（2008）『現代日本語文法6　複文』くろしお出版.

宮崎和人（2001）「動詞「思う」のモーダルな意味について」『現代日本語研究』8, pp. 111–136, 大阪大学文学部現代日本語学講座.

森山卓郎（1990）「意志のモダリティについて」『阪大日本語研究』2, pp. 1–19, 大阪大学文学部日本学科（言語系）.

関西方言の知識共有化要求表現の動態

日高水穂

1. はじめに

関西方言には，否定疑問形の「ヤンカ」による確認要求表現がある。関東方言の「ジャンカ」と同様に，(1) のような話し手と聞き手の間の共有知識を活性化させる用法で用いられる。

(1)　AがBと一緒に旅行に行く予定であることを話題にする場合

　　　A　「来週，旅行に {行くやんか／行くじゃんか}」

　　　B　「うん」

さらに，関西方言の「ヤンカ」には，ノダ文に後接した「ンヤンカ」の形で，聞き手にとって未知の情報を提示し，その情報を共有した上で話題を展開する (2) のような表現がある。この表現をここでは，確認要求の疑問文の一類として，「知識共有化要求表現」と呼ぶことにする。

(2)　AがBと一緒に旅行に行く予定であることをCに告げる場合

　　　A　「来週，私，Bさんと旅行に<u>行くんやんか</u>」

　　　C　「そうなんや」

「ンヤンカ」が知識共有化要求表現として機能するのは関西方言の特徴であり，関東方言の「ンジャンカ」にはそうした機能はない。関東方言で，これに近似する機能をもつのは，「ンダヨネ」という形式であろう。

(3)　AがBと一緒に旅行に行く予定であることをCに告げる場合

　　　A　「来週，私，Bさんと旅行に {*行くんじゃんか／行くんだよね}」

　　　C　「そうなんだ」

「ンヤンカ」に相当する形式にはバリエーションがあり，関西の中でも地域差がある（日高2018予定）。以下，本稿では，ンヤンカ類のバリエーションについて整理し，否定疑問形による確認要求の疑問文の表現体系の中での知識共有化要求表現の位置づけを示したうえで，関西方言における確認要求表現の諸形式の使用実態についてのアンケート調査の結果を分析する。

2.　ンヤンカ類のバリエーション

勝村（1991）は，関西方言の「ンヤンカ」の用法を「伝達」と呼び，「「当然わかってしかるべきだ」という前提が，いつのまにか，「当然わかってくれるはずだ」と拡大解釈されて生まれた用法」としている。あげられている例文は，以下のものである。

(4)　あの子今度結婚するねんヤンカ。

(5)　こないだ試験やってんヤンカ。

(6)　そん時はまだ二人しか来てへんかってんヤンカ。

上記の例に見られるように，「（スル／シタ）ンヤンカ」には，「スルネンヤンカ」（「スルネヤンカ」となる場合もある），「シテンヤンカ」の形が存在する。さらに，「スルンヤンカ」「スルネ（ン）ヤンカ」に相当するものとして「スルネンカ」，「シタンヤンカ」「シテンヤンカ」に相当するものとして「シテンカ」という形式の使用も認められる。

(7)　AがBと一緒に旅行に行く予定であることをCに告げる場合

　　　A　「来週，私，Bさんと旅行に {行くんやんか／行くねんやんか／行くねやんか／行くねんか}」

　　　C　「そうなんや」

(8)　AがBと一緒に旅行に行ったことをCに告げる場合

　　　A　「先週，私，Bさんと旅行に {行ったんやんか／行ってんやんか／行ってんか}」

　　　C　「そうなんや」

これらのンヤンカ類の諸形式には地域差があり，兵庫・大阪・奈良・和歌山（地域A）では「（スル／シタ）ンヤンカ」「スルネ（ン）ヤンカ」

「シテンヤンカ」が優勢であり，京都・滋賀（地域B）では「スルネンカ」「シテンカ」が優勢である（日高 2018 予定）。

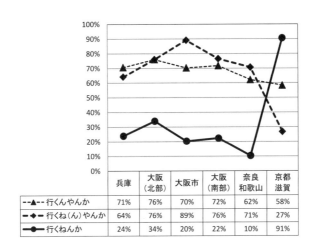

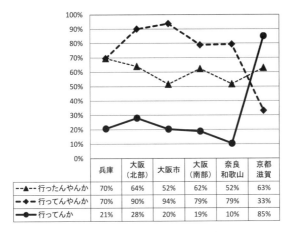

図 1　知識共有化要求表現ンヤンカ類の使用状況[1]（日高 2018 予定）

1　調査概要を以下に示す。
[回答者] 近畿地方出身若年層（関西大学・滋賀大学・同志社大学学生）(10-20代) 782 名
　（出身地内訳：兵庫 146 名，大阪北部（大東市以北）149 名，大阪市 104 名，大阪南部（東大阪市以南）132 名，奈良 77 名，和歌山 23 名，京都 78 名，滋賀 73 名）

地域Ａと地域Ｂとでは，ンヤンカ類の優勢な使用形式に差があるが，その機能は等価なものだと言ってよい。以下は，「遅刻の連絡²」という場面設定の電話会話の例であるが，遅刻した側が状況を説明する際に知識共有化要求表現が現れている。(9) の「思うねんやんか」と (10) の「思うねんか」，(11) の「起きてんやんかー」と (12) の「起きてんか」が，ほぼ同じ文脈で使用されていることがわかる。

(9)　4A：あんな，今ちょっとだいぶ…待ち合わせのあの時間なんか
　　　　　 過ぎてる…やんな

　　　5B：うん

　　　6A：なんか，今…起きて，（B：うん）で，なんかめっちゃ申し
　　　　　 訳ないねんけど，まだ…（B：うん）もうちょっとかかると
　　　　　 <u>思うねんやんか</u>

　　　（A：大阪府東大阪市・女性／ B：大阪府大阪市・女性，収録時

[調査時期] 2013 年 6 〜 12 月，2014 年 6 月

[調査項目] 次のそれぞれの場面設定で，下線部分の表現を言う場合は○を，言わない場合は×を【　】内に記入してもらう。

(1) 来週友人のＡさんと一緒に旅行に行くことを，別の友人Ｂさんと話すとき。
　a【　】来週，Ａさんと旅行に<u>行くんやんか</u>。
　b【　】来週，Ａさんと旅行に<u>行くねんやんか</u>。
　c【　】来週，Ａさんと旅行に<u>行くねやんか</u>。
　d【　】来週，Ａさんと旅行に<u>行くねんか</u>。

(2) 先週友人のＡさんと一緒に旅行に行ったことを，別の友人Ｂさんと話すとき。
　a【　】先週，Ａさんと旅行に<u>行ったんやんか</u>。
　b【　】先週，Ａさんと旅行に<u>行ってんやんか</u>。
　c【　】先週，Ａさんと旅行に<u>行ってんか</u>。

集計の際には，(1) の b「行くねんやんか」と c「行くねやんか」の回答は統合し「行くね（ん）やんか」として集計した。

2　「遅刻の連絡」の話者Ａ・Ｂへの指示内容は以下の通りである。話者は関西大学の学生で，日高が担当する授業（国語国文学専修研究Ⅳ）の受講者である。

[Ａへの指示内容] あなたは，Ｂさんと駅で待ち合わせをし，一緒に遊びに行くことになっています。ところが寝坊をしてしまい，待ち合わせの時間をかなり過ぎてしまいました。Ｂさんに電話をかけてください。

[Ｂへの指示内容] あなたは，Ａさんと駅で待ち合わせをし，一緒に遊びに行くことになっています。ところが，待ち合わせの時間をかなり過ぎてもＡさんがやってきません。そこにＡさんから電話がかかってきます。普段通りに対応してください。

期：2013 年 9 月）

(10) 4A：ごめん，私さー，めっちゃ寝坊してもてさー

5B：あ，そうなーん？

6A：うん，めっちゃたぶんめっちゃ（B：あ）遅れると<u>思うねんか</u>

7B：あー，全然いいでー

（A：大阪府高槻市・女性／ B：大阪府富田林市・女性，収録時
期：2012 年 9 月）

(11) 2A：もしもしおはようごめん今<u>起きてんやんかー</u>，えっとーあ
のさ，まだだいぶかかると（B：{笑}）思うねんけどもー，
大丈夫？

3B：{笑} 大丈夫

（A：兵庫県尼崎市・女性／ B：大阪府岸和田市・女性，収録時
期：2014 年 9 月）

(12) 4A：あんな，もうそっち着いてる？

5B：うん（A：やんな）もう着いとるよ。そっち大丈夫？なんか
なかなか来ないけど，どしたん，なんかあった？

6A：うん，ごめん，あんなー（B：うん）<u>さっき起きてんか</u>

7B：あっ {笑} そうやったんや

（A：滋賀県大津市・女性／ B：香川県三豊市・女性，収録時
期：2012 年 9 月）

3. 知識共有化要求表現の位置づけ

　知識共有化要求表現は，確認要求の疑問文の表現体系（日本語記述文
法研究会編 2003，三宅 2011）の中に位置づけられる。表 1 は，関東方言
および関西方言の否定疑問形による確認要求の疑問文の形式を整理した
ものである（「知識共有化要求」以外の用語と共通語例文については三宅
2011 による）。

174 ｜ 日高水穂

表1 関東方言と関西方言の否定疑問形による確認要求の疑問文の表現体系 (1)

用法			共通語例文	関東方言	関西方言
確認要求の疑問文	確認要求	命題確認の要求	お姉ちゃん，会いたいんじゃない。今井さんと，すっごく。	ンジャナイカ ンジャンカ	ンヤナイカ
		知識確認の要求 潜在的共有知識の活性化	ホラ東光大学のボクシング同好会の高木，大学の時に，よく試合をしたじゃないか。	ジャナイカ ジャンカ	ヤナイカ ヤンカ
		認識の同一化要求	早朝にあんな大声をだしてご近所にも誤解されるじゃないか。	ジャナイカ ジャンカ	ヤナイカ ヤンカ
	同意要求		おっ，おいしいじゃないか。	ジャナイカ ジャンカ	ヤナイカ ヤンカ
	知識共有化要求		先週友達と旅行に行ったんだよね。		ンヤンカ

　先に述べたように，関東方言では「ンジャンカ」を知識共有化要求表現として用いることができない。これは，「ンジャンカ」が命題確認の要求を表す形式となるためである（松丸2001）[3]。一方，関西方言の「ンヤンカ」は命題確認の要求では用いることができない。

　（13）　この空模様だとそのうち雨 ｛降るんじゃんか／*降るんやんか｝？

　一方，関西方言には，名詞述語の否定形式として用いられる「（ト）チャウ」があり，これが否定疑問形に相当する表現形式として，命題確認の要求にも用いられる。

　（14）　この空模様だとそのうち雨降るん（と）ちゃうか？

　関西方言では，「ン（ト）チャウカ」が命題確認の要求の形式として定着していることにより，「ンヤンカ」が当該用法から押し出され，知識共

3　以下，松丸（2001）のあげる，デハナイカⅡ類（田野村1988）に相当する「ジャンカ」の用例である。
　a.［不審な様子から］どうもあの男，犯人 ｛じゃないか／ジャン（カ）｝？
　b.［空模様を見て］雨でも降るん ｛じゃないか／ジャン（カ）｝？
　なお，こうした「ジャンカ」の用法は，「ジャンカ」使用地域の中でも地域差があるようであり，東海地方以西では許容されていないように思われる。

関西方言の知識共有化要求表現の動態 ｜ 175

有化要求表現の専用形式として分化することになったものと考えられる。

表2　関東方言と関西方言の否定疑問形による確認要求の疑問文の表現体系 (2)

用法			関東方言	関西方言
確認要求の疑問文	確認要求	命題確認の要求	ンジャナイカ ンジャンカ	ンヤナイカ ン(ト)チャウカ
		知識確認の要求	ジャナイカ ジャンカ	ヤナイカ ヤンカ
	同意要求		ジャナイカ ジャンカ	ヤナイカ ヤンカ
	知識共有化要求			ンヤンカ

4.　確認要求の疑問文の諸形式の使用実態

　ここで，関西方言の確認要求の疑問文の使用形式について，関西出身在住者に対するアンケート調査の結果を分析する。

4.1　ノ＋否定疑問形の使用形式

　まず，ノ＋否定疑問形の形をとる「ンヤナイカ」「ンヤンカ」「ンヤン」「ネンヤンカ」「ネンカ」の5つの形式について，命題確認の要求，知識確認の要求，知識共有化要求の3用法での許容度を，近畿地方出身在住の中高年層と若年層に調査した。調査概要を以下に示す。

[回答者] 近畿地方出身中高年層 (50–70代) 30名 (出身地内訳：兵庫4名，大阪19名，奈良3名，京都2名，滋賀2名) ／近畿地方出身若年層 (関西大学学生) (10–20代) 30名 (出身地内訳：兵庫6名，大阪19名，奈良2名，京都2名，滋賀1名)

[調査時期] 2015年7～8月，2016年7～8月

[調査項目] 次のそれぞれの場面設定で，下線部分の表現について，「よく言う」「言うこともある」「言わない」の3択で回答してもらう。

　(1)「ひょっとしたら太郎も行くんじゃないか？」と言うとき。

　　a　ひょっとしたら太郎も行くんやないか？

　　b　ひょっとしたら太郎も行くんやんか？

c　ひょっとしたら太郎も<u>行くんやん</u>？

　　d　ひょっとしたら太郎も<u>行くねんやんか</u>？

　　e　ひょっとしたら太郎も<u>行くねんか</u>？

⑵　太郎も行くことが判明して「やっぱり太郎も行くんじゃない
　　か。」と言うとき。

　　a　やっぱり太郎も<u>行くんやないか</u>。

　　b　やっぱり太郎も<u>行くんやんか</u>。

　　c　やっぱり太郎も<u>行くんやん</u>。

　　d　やっぱり太郎も<u>行くねんやんか</u>。

　　e　やっぱり太郎も<u>行くねんか</u>。

⑶　来週友人のＡさんと一緒に旅行に行くことを，別の友人Ｂさん
　　と話すとき。

　　a　来週，Ａさんと旅行に<u>行くんやないか</u>。

　　b　来週，Ａさんと旅行に<u>行くんやんか</u>。

　　c　来週，Ａさんと旅行に<u>行くんやん</u>。

　　d　来週，Ａさんと旅行に<u>行くねんやんか</u>。

　　e　来週，Ａさんと旅行に<u>行くねんか</u>。

　⑴は命題確認の要求，⑵は知識確認の要求，⑶は知識共有化要求の表
現の許容度を問うものである。調査結果を図２〜４に示す。

　ノ＋否定疑問形の形をとる「ンヤナイカ」「ンヤンカ」「ンヤン」「ネ
ンヤンカ」「ネンカ」は機能的には等価ではなく，おおまかには表３に示す
ように，「ンヤナイカ」は命題確認の要求と知識確認の要求は表し得るが
知識共有化要求は表せず，「ンヤンカ」「ンヤン」「ネンヤンカ」は知識確
認の要求と知識共有化要求は表し得るが命題確認の要求は表せない。「ン
ヤンカ」と「ンヤン」では，若年層が後者を許容する率が高い。また，
「ネンヤンカ」「ネンカ」は特に若年層において知識共有化要求の専用形
式として使用される傾向が生じている。

関西方言の知識共有化要求表現の動態 | 177

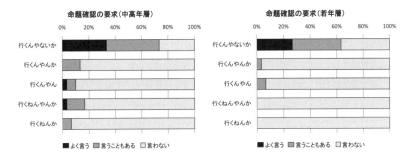

図2 命題確認の要求（「ひょっとしたら太郎も〜」）の表現形式の許容度

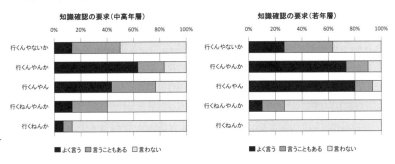

図3 知識確認の要求（「やっぱり太郎も〜」）の表現形式の許容度

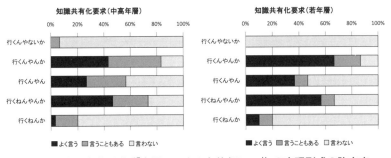

図4 知識共有化要求（「来週，Aさんと旅行に〜」）の表現形式の許容度

178 ｜ 日高水穂

表3　関西方言のノ＋否定疑問形の意味機能

用法	ンヤナイカ	ンヤンカ	ンヤン	ネンヤンカ	ネンカ
命題確認の要求	△	×	×	×	×
知識確認の要求	△	○	○	△	×
知識共有化要求	×	○	△	○	△

　この調査では，選択肢にあげた形式以外の使用形式についても自由記述での回答を求めたが，命題確認の要求で「ン（ト）チャウカ」を使用するという回答が多く見られた。3で述べたように，関西方言では，「ン（ト）チャウカ」が命題確認の要求の形式として定着している一方，ンヤンカ類の形式は当該用法では用いられず，知識共有化要求表現として機能するようになったことが裏付けられる。

4.2　確認要求の疑問文の形式の世代差

　命題確認の要求を表す「ン（ト）チャウカ」の使用率を確認すること，およびヤンカ・ンヤンカ類の諸形式について，終助詞「カ」の有無による使用率を確認することを目的として，近畿地方出身在住の高年層と若年層に調査をした。調査概要を以下に示す。

［回答者］近畿地方出身高年層（60–70代）30名（出身地内訳：兵庫8名，大阪17名，京都5名）／近畿地方出身若年層（関西大学学生）（10–20代）178名（出身地内訳：兵庫41名，大阪99名，奈良12名，和歌山5名，京都15名，滋賀6名）

［調査時期］2016年12月

［調査項目］次のそれぞれの場面設定で，下線部分の表現を言う場合は○を，言わない場合は×を【　　　】内に記入してもらう。

　⑴　友人のAさんと話しているとき，空が急に曇ってきたのを見て。

　　①【　　　】雨でも<u>降るんちゃうか</u>。

　　②【　　　】雨でも<u>降るんちゃん</u>。

　　③【　　　】雨でも<u>降るんやんか</u>。

　　④【　　　】雨でも<u>降るんやん</u>。

(2) 来週友人のAさんと一緒に旅行に行くことを，Aさんと話すとき。

①【　　】来週，旅行に行くやんか。

②【　　】来週，旅行に行くやん。

(3) 先週友人のAさんと一緒に旅行に行ったことを，Aさんと話すとき。

①【　　】先週，旅行に行ったやんか。

②【　　】先週，旅行に行ったやん。

(4) 来週友人のAさんと一緒に旅行に行くことを，別の友人Bさんと話すとき。

①【　　】来週，Aさんと旅行に行くんやんか。

②【　　】来週，Aさんと旅行に行くんやん。

③【　　】来週，Aさんと旅行に行くね（ん）やんか。

④【　　】来週，Aさんと旅行に行くね（ん）やん。

⑤【　　】来週，Aさんと旅行に行くねんか。

(5) 先週友人のAさんと一緒に旅行に行ったことを，別の友人Bさんと話すとき。

①【　　】先週，Aさんと旅行に行ったんやんか。

②【　　】先週，Aさんと旅行に行ったんやん。

③【　　】先週，Aさんと旅行に行ってんやんか。

④【　　】先週，Aさんと旅行に行ってんやん。

⑤【　　】先週，Aさんと旅行に行ってんか。

　(1)は命題確認の要求の用法で，「ンチャウカ」とともに，現在，若年層で多用されるようになっている「ンチャン」（「ンチャウノ」に由来する形式）をあげた。また，ンヤンカ類の形式として「ンヤンカ」と「ンヤン」についても，他の用法との比較のために，確認することとした。

　(2)(3)は知識確認の要求の用法で，(2)は動詞スル形，(3)は動詞シタ形の例をあげ，「ヤンカ」と「ヤン」を比較する項目設定とした。

　(4)(5)は知識共有化要求の用法で，(4)は動詞スル形，(5)は動詞シタ形の例をあげ，「ンヤンカ」と「ンヤン」，「ネ（ン）ヤンカ」「テンヤンカ」と

「ネ(ン)ヤン」「テンヤン」および「ネンカ」「テンカ」を比較する項目設定とした。調査結果を図5～図9に示す。

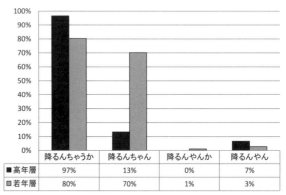

図5　命題確認の要求の表現形式の使用率

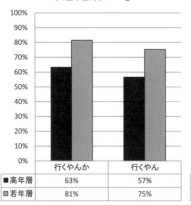

図6　知識確認の要求の表現形式の使用率（動詞スル形）

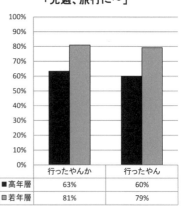

図7　知識確認の要求の表現形式の使用率（動詞シタ形）

関西方言の知識共有化要求表現の動態 | 181

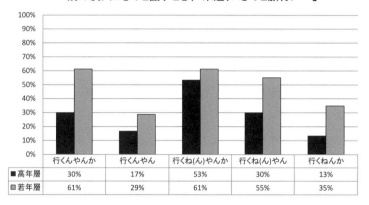

図8 知識共有化要求の表現形式の使用率（動詞スル形）

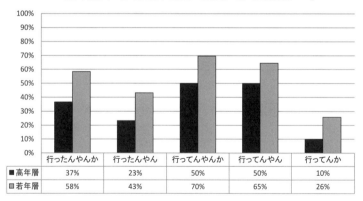

図9 知識共有化要求の表現形式の使用率（動詞シタ形）

図5によれば，命題確認の要求の表現形式として「ンチャウカ」が圧倒的に優勢であること，若年層では「ンチャン」という縮約形が優勢になりつつあること，「ンヤンカ」「ンヤン」はいずれも使用されないこと

が確認できる。

図6・7によれば，知識確認の要求の表現形式としては，動詞スル形・シタ形ともに，「ヤンカ」「ヤン」が同程度に優勢であることが確認できる。

図8・9によれば，知識共有化要求の表現形式としては，動詞スル形・シタ形ともに，「ンヤンカ」と「ンヤン」では前者のほうが優勢であるのに対し，「ネ（ン）ヤンカ」「テンヤンカ」と「ネ（ン）ヤン」「テンヤン」では前者と後者では使用率にあまり差がないことが確認できる。

また，図6〜9を見ると，いずれの表現形式についても，高年層よりも若年層のほうが使用率が高い。否定疑問形による知識確認の要求，知識共有化要求の表現を好んで用いる傾向が，若年層において顕在化していると言える。

4.1で報告した調査の結果と合わせて考えると，命題確認の要求は「ン（ト）チャウカ」と「ンヤナイカ」，知識確認の要求は「（ン）ヤン（カ）」，知識共有化要求は「ネ（ン）ヤン（カ）・テンヤン（カ）」「ネンカ・テンカ」という機能分化が生じつつあるのではないかと思われる。

5.　おわりに

本稿では，関西方言のンヤンカ類の表現形式による確認要求の疑問文について，知識共有化要求表現としての位置づけを与え，その諸形式の使用実態について報告した。知識共有化要求は，関東方言の「ンジャンカ」には認められない意味機能であり，関西方言のンヤンカ類に見られる特徴的なものである。

関東方言では，「ンジャナイカ」とその変異形である「ンジャンカ」は用法の上で並行的なものと見なされるが，関西方言の「ンヤナイカ」と「ンヤンカ」は機能的に等価ではない。すなわち，「ンヤナイカ」は命題確認の要求と知識確認の要求は表し得るが知識共有化要求は表せず，「ンヤンカ」は知識確認の要求と知識共有化要求は表し得るが命題確認の要求は表せない。

関西方言では，命題確認の要求を表す表現形式として「ン（ト）チャウカ」が優勢であり，この表現が定着したことが，「ンヤンカ」を知識共有

化要求の表現形式として分化させることとなったものと考えられる。これらの表現形式の機能分化は，近代以降の関東方言と関西方言で生じた新しい現象であり，その分化のプロセスをたどることが今後の課題となる。

備考

本稿は，JSPS 科研費 26244024, 26284064, 16H01933 の助成を受けている。

参照文献

勝村聡子（1991）「「やんか」について—その表現機能と「ではないか」との対比—」『地域言語』3, pp. 19–31, 天理・地域言語研究会.

高木千恵（2008）「大阪方言における動詞チガウに由来する諸形式の用法」『国文学』92, 左 pp. 83–96, 関西大学国文学会.

田野村忠温（1988）「否定疑問文小考」『国語学』152, 左 pp. 16–30.

日本語記述文法研究会（編）（2003）『現代日本語文法④モダリティ』くろしお出版.

日高水穂（2018 予定）「関西方言の知識共有化要求表現の地域差—ンヤンカ類のバリエーションの発生メカニズム—」藤田保幸・山崎誠（編）『形式語研究の現在』和泉書院.

松丸真大（2001）「東京方言のジャンについて」『阪大社会言語学研究ノート』3, pp. 33–48, 大阪大学大学院文学研究科社会言語学研究室.

三宅知宏（2011）『日本語研究のインターフェイス』くろしお出版.

逆接条件文「テモ文」の「モード」をめぐって
前田直子

1. はじめに
　仁田（2009）では，条件表現とモダリティ諸形式との共起関係を検討する中で，条件表現に描き出される叙述世界を「モード」と名付け，次のように定義・分類した。
(1)　文の叙述内容として描き取られている事態が，どの世界での存在として捉えられ描き出されるのかを，仮に《モード》と呼んでおこう。　　　　　　　　　　　　　　　　　　　　　　　(p. 208)
(2)　モードには，《現実モード》と《想定モード》があり，想定モードには《非事実モード》と《反事実モード》がある。　　(p. 208)
　本稿は，仁田（2009）で提示された条件文の「モード」について，特に逆接条件文である「テモ文」のモードについて考察する。

2. モードとは
　仁田（2009）にある上記(2)によれば，「モード」は次のように3分類されることになる。

(3)　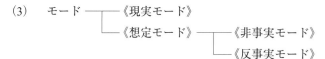

　そして3つのモードについて，次のように説明されている。
(4)　現実モードとは，叙述内容として描き出されている事態を現実

世界での存在として捉えるものであり，想定モードとは，描き
出された事態を想定世界での存在として捉えるものである。ま
た，非事実モードとは，描き出された事態が想定世界での存在
に過ぎず，現実化していない存在として捉えるものであり，反
事実モードとは，想定世界に事実ではないことが分かっている
事態の存在を仮想したものである。　　　　　　　　　　(p. 208)

　条件表現が「現実」とは異なる世界における事態を描くものである
ことは他にも指摘があるが（例えば，言語学研究会 (1986) および前田
(2009) では「モード」に類するものを「レアリティ」と呼んでいる），
このモードについて順接条件文と逆接条件文（テモ文）には次のような表
れの異なりがあることを指摘している点は注目すべきであろう。

(5)　仮定条件文の場合，逆条件を表す「テモ」にあっても，…（例
　　　文略）…などが示しているように，条件文の主節の叙述内容と
　　　して描き出されている事態は，想定世界における事態である。
　　　これが基本であり，そのほとんどである。

　　　　ただ，逆条件の仮定条件文の場合，…（例文略）…などのよう
　　　に，条件節に想定世界における事態を要因として取りながら，
　　　仮定条件文の主節に現実世界における事態が出現しうる場合が
　　　ある。仮定条件文の叙述内容に描き出される事態は想定世界で
　　　の存在である，という特徴は，帰結事態として，要因の無効・
　　　要因からの無拘束の事態を取るところの，逆条件の仮定条件文
　　　の例外的な使用法にあって破られることになる。　(pp. 203–204)

　すなわち，テモ文におけるモードの組み合わせの基本は次の (6) であ
るが，「例外的」に (7) のような場合があるということである。それぞれ
挙げられている例文と共に示す。

(6)　基本　：　想定世界　テモ　想定世界 。
　　　・「戦争の結果，もしかすると日本は滅亡するかもしれない。たと
　　　　え日本が滅びても，日本の文化は残るにちがいない。多分，た
　　　　とえば『源氏物語』は生き残るだろう，と」

　　　　　　　　　　　　　（朝日新聞 1993.2.1 ＝同 p. 204 例文 (3)）

・…京子が故意に見落しているのかもしれなかったが，たとえ海
の彼方が入国を許可してくれても，贋夫婦の名を旅券に書き込
んでくれるほど日本の外務省は甘くない筈である。

（堀田善衛「広場の孤独」＝同（4））

(7)　　例外　：　想定世界　テモ　現実世界。

・コール西独首相やアンドレオッチ・イタリア元首相らもゴンサ
レス首相に国民投票を思いとどまるよう再三，要請したと伝え
られる。だが，同首相は国民投票に踏み切った。……，スペイ
ンでは今秋総選挙が予定されており，諮問的性格が強い国民投
票で万一敗れてもゴンサレス首相にはけん土重来のチャンスが
残されていた。　　　　　　　　　　（朝日新聞 1986.3.14 ＝同（5））

・基調としては円安に逆戻りする情勢にはなく，また原油価格も
弱合みなので，料金コストはこれからも下がるだろう。万一そ
の見込みが違っても，電力9社には約1兆円の価格変動準備金
があるなど，巨額の利益が留保されている。

（朝日新聞 1987.12.8 ＝同（6））

本稿は，この (6) (7) について，すなわちテモ文のモードについて検討す
ることを目的とする。テモ文のモードにどのようなタイプがあるか，ま
た「例外」がなぜ生じるのかを考察する。なお本稿では，「ても」と「と
しても」は区別せずに考察する。

3.　条件文の「モード」と「レアリティ」

モードには現実モードとそうでない想定モードがあり，想定モードに
は反事実モードと仮想モードがあるということであったが，反事実と仮
想の「想定」の度合いを考えてみると，反事実のほうが，実現化する確
率が0％であるという点で，より想定の度合いが高いと見ることができ，
仮想モードのほうは，場合によっては現実化する可能性があることから，
想定の度合いは低いとみなすことができるだろう。

また，条件節のモードには，これら3つには含みがたい場合がある。
順接条件文で言えば一般条件・恒常条件（ともにテンスなし）あるいは反

復条件（テンスあり）と呼ばれるような条件文の場合である。

　(8)　　水は100度になると，沸騰する。
　(9)　　春になれば桜が咲く。秋になればモミジが紅葉する。

このような文のモードはどのタイプになるのだろうか。反事実でないことは明らかであるが，「想定世界」として描かれているのか「現実世界」として描かれているのか，判断が困難である。(10)のような明らかな事実とは異なるが，一方で，実現性が不確かな想定世界のものとも言いにくいところがある。

　(10)　　ヤカンの水は，100度になると，沸騰した。

このような一般条件・恒常条件あるいは反復条件の場合は，事実とも仮説とも分けておくほうが役立つ場合がある。例えば，順接条件接辞の「と」と「たら」の違いを考える場合などである。こうした観点から，モード（以下，レアリティと呼ぶ）を次のように捉えることとする。仁田(2009)の3分類（上記(3)）に「一般」を加えた分類となる。

　(11)　　レアリティの種類

以上に基づき，まずは順接条件文のレアリティから確認していこう。

3.1　順接条件文の場合

　順接条件文の条件節・主節にどのようなレアリティが来うるかについては，既に先行研究に指摘がある。まずは主節のレアリティを固定し，想定の度合いの高い「反事実」から整理していく。一回的なレアリティは条件節と従属節に組み合わせが設定できるが，多回的なレアリティは一回的なものとは組み合わせられないので，可能な組み合わせは，次表のようになる。

逆接条件文「テモ文」の「モード」をめぐって ｜ 189

表1

	条件節	主節	
①	反事実	反事実	◎
②	仮説	反事実	×
③	事実	反事実	○

	条件節	主節	
④	反事実	仮説	×
⑤	仮説	仮説	◎
⑥	事実	仮説	○

	条件節	主節	
⑦	反事実	事実	×
⑧	仮説	事実	×
⑨	事実	事実	◎

	条件節	主節	
⑩	一般	一般	◎

◎（可能），○（可能だが少ない），×（不可能）

例文　①　雨が降れ_ば_，中止になったのに。

　　　③　あなたが来る_なら_，借りた本を持ってきたのに。

　　　⑤　雨が降れ_ば_，中止になるだろう。

　　　⑥　ここまで来れ_ば_，追ってこないだろう。

　　　⑨　「お前のせいだ」と言われれ_ば_，黙るしかなかった。

　　　⑩　雨が降れ_ば_，気温が下がる。

　ここから分かることは次のようなことである。

　第一に，条件節・主節ともに「同じレアリティ」であることが基本である（cf. 表の①⑤⑨）。ただし，前件のみが事実となる場合もある（表の③「事実＋反事実」，⑥「事実＋仮説」）。③は，事実を取り上げて，「従属節事態を認識していれば」という意味になり（cf.「認識的条件文」有田 2007），「なら」によってのみ可能である。また⑥は，事実として認識した直後の事態を条件節に取り上げる場合である。この場合，事態として，事実ではあるものの，認識としてはまだ事実になっていないと考え

られるものであり（cf. Akatsuka 1985），文脈や指示表現による支えが一般
に必要である。

　以上のような順接条件文のレアリティの出現を分かりやすく書き直す
と，次表のようになる。条件節と主節のレアリティは同じであることが
原則であること，ただし，反事実条件文および仮説条件文の場合には，
条件節が事実である場合がある，ということになる。

表2

	条件節	主節	
①	反事実	反事実	◎
③	事実	反事実	○

⑤	仮説	仮説	◎
⑥	事実	仮説	○

⑨	事実	事実	◎

⑩	一般	一般	◎

◎（可能），○（可能だが少ない）

順接条件文の場合，このようなレアリティ（モード）が出現することは，
既によく知られていることであるが，一方で逆接条件文については，ど
のようなレアリティ（モード）が出現しうるかについて，ほとんど言及さ
れたことはない。次節ではそれを確認していきたい。

3.2　逆接条件文（テモ文）の場合

　順接条件文の場合と同様に，主節のレアリティを想定度の高い反事実
から順に固定して確認していくと，次のようになる。

逆接条件文「テモ文」の「モード」をめぐって ｜ 191

表3

	テモ節	主節	
⑪	反事実	反事実	×
⑫	仮説	反事実	×
⑬	事実	反事実	×

	テモ節	主節	
⑭	反事実	仮説	○
⑮	仮説	仮説	◎ ←「基本」仁田 (2009)
⑯	事実	仮説	○

	テモ節	主節	
⑰	反事実	事実	○
⑱	仮説	事実	○ ←「例外」仁田 (2009)
⑲	事実	事実	◎

	テモ節	主節	
⑳	一般	一般	◎

◎（可能），○（可能だが少ない），×（不可能）

例文　⑭　父が賛成していて<u>も</u>，兄が反対していただろう。

（実際には父は賛成していなかった。兄は不明だが，父が賛成した場合には，兄が反対していた可能性がある）

⑮　薬を飲んで<u>も</u>，治らないだろう。

⑯　（薬を飲んだと聞いて）薬を飲んで<u>も</u>，治らないだろう。

⑰-1　仮にあいつと結婚していて<u>も</u>，君は俺の妹だ。

⑰-2　薬を飲まなく<u>ても</u>，治っていただろう。

⑰-3　あなたが試合に出なく<u>ても</u>，勝てたのに。

⑱　あいつと結婚して<u>も</u>，君は俺の妹だ。

⑲　薬を飲んで<u>も</u>，治らなかった。

⑳　深い海底では，100度になっ<u>ても</u>水は沸騰しない。

この表のうち，仁田 (2009) が指摘した「テモ文」の「基本」と「例外」（それぞれ (6) (7)）は，それぞれ⑮と⑱に当たるが，上表のように，それ以外にも可能な組み合わせがあることが分かる。

192 | 前田直子

この表から分かることは以下の通りである。

(a) テモ文の主節には，反事実の事態が来ない (cf. ⑪〜⑬)。

(12) a.　手術を受ければ，治ったのに。

　　 b.　手術を受けなくても，治ったのに。

a の現実は「手術を受けなかった。そして治らなかった。」であり，順接条件節も主節もレアリティは反事実である。一方 b は，現実は「手術を受けた。そして治った。」であり，テモ節は反事実であるが，主節は事実である。順接条件節では，従属節・主節ともに反事実を表すことができるが，テモ文では，前節が「反事実であっても後節は事実になってしまう」(cf. 言語学研究会 1986, p. 60)。この点は順接条件文と逆接条件文の大きな違いである。

(b) 反事実の場合を除けば，順接条件節の場合と同様，テモ節と主節が「同じレアリティ」であること，すなわち仮説と仮説 (⑮)，事実と事実 (⑲)，一般と一般 (⑳) であることが基本である。

(c) テモ節と主節のレアリティが同じでない場合については，順接条件文とは違いが見られる。

まず主節に仮説的な事態が来る場合，条件節のレアリティは何でもよい。(13) のように仮説の場合もあれば，(14) のように事実の場合もあり，さらには (15) のような反事実の場合も可能である[1]。そしてテモ文は「どのような事態が来ても，帰結は変わらないと話し手が予測する」ことを表す。このことを仁田 (2009) は，テモ節が「要件の無効・要件からの無拘束」(p. 204) を表すものであるためだと述べている[2]。

(13)　乳飲み児を抱えて生活に困っている現状では，たとえ英子が裁判に勝っても現実には貴子からお金は取れない。

　　　　　　　　(佐藤むつみ「弁護士む〜みんの解決！女の一大事」[3])

1　言語学研究会 (1986) では，例 (15) の主節のレアリティを「レアル (＝事実)」としているが，本稿は「だろう」により，仮説的と捉える。

2　言語学研究会 (1986) は「あたらしい状況のものとでも事態は変わらない，ということの確認」(p. 59) と記述している。

3　以下，実例は，4 節の BCCWJ 調査から採集したものを示す。

(14)　彼等も何とか彼女を助けたいとは思ってい<u>ても</u>，彼等にもそん
　　　な余裕はないのだろうし，マザーテレサの施設の存在も知らな
　　　かったに違いない。

　　　　　　　　　　　　（ひのもと由利子「やっぱりノープロブレムの旅」）

(15)　そのときはしらなかった。戦争がすんで，すこしおちついてか
　　　らきいた。しってい<u>ても</u>，空襲のはげしいさいちゅうだから，
　　　東京にはでていかなかっただろうね。

　　　　　　（「山の音」129，言語学研究会（1986, p. 60）例444による）

　また，同様に，主節に事実が来る場合も，条件節の「モード」は何で
もよい。(16) のように仮説の場合もあれば，(17) のように事実の場合も
あり，(18) のような反事実の場合も可能である (cf. 言語学研究会 1986,
p. 60)。つまり，「新たに生じた事態によって主節の事実は変わるという
ことはなかったと話し手が述べる」ことを表す。同じく，テモ文が「要
件の無効・要件からの無拘束」を表すからであろう。

(16)　わらわらと人垣と入れかわるように朝鮮の兵が何重にも元八郎
　　　たちをとり囲んだ。元八郎はほぞを嚙んだ。ここをどのように
　　　切りぬけたとし<u>ても</u>もう琉球へ渡ることは不可能になった。

　　　　　　　　　　　　　　　　　　　　　（上田秀人「波濤剣」）

(17)　病院を探す振りをして車を寂しい方角へ進め<u>ても</u>，彼女は目を
　　　つむったままなにも言わなかった。　　　（森村誠一「雪煙」）

(18)　採決はとらなく<u>ても</u>，結果はわかっていた。採決はたんなる形
　　　式にすぎない。もはや混乱はおさまって，警官も手もちぶさた
　　　だった。九時四〇分採決。

　　　　　　（「人間の壁」350，言語学研究会（1986, p. 61, 例445））

　テモ文とは，ある事態（主節）を話し手が予測したり事実として述べた
りする文であり，テモ節の事態はどのような世界の事態でも構わない。
事実であれ，そうでないものであれ，どのような事態が生じた場合でも
帰結は変わらないということを述べる文であるということになる。先行
研究で指摘されている通り，これがテモ文の本質的な意味であると考え
られる。

(d) 順接条件文と逆接条件文の「モード」は非対称的である（同じでは
ない）。

こうしたことが確認できる。

3.3 反事実をめぐって

前節の (a) で「テモ文の主節には，反事実の事態が来ない」と述べた
が，これに反すると見られる用例がある。次の文は，⑫に相当するとも
考えられるのではないだろうか。

(19)　「江崎は能古見人形と，時計と，松永さんを殺害したとき交換し
　　　た形です。そのとき人形を落としたとしても，時計を持って来
　　　なければ，足がつかなかったでしょう。犯人にとっては迂闊と
　　　いうより魔がさしたと言うべきでしょうか」松家が言った。「江
　　　崎が，たとえ人形と時計を交換しても，清瀬殺しの現場に時計
　　　を落とさなければ，少なくとも松永さん殺しの余罪までは引き
　　　出されずにすんだはずです。清瀬殺しの現場に時計を遺留させ
　　　たのは，犯人の過失と言うよりは，浮かばれない松永さんの怨
　　　霊が時計を取り返したのではありませんか」（森村誠一「雪煙」）

ここにはテモ文が2つあるが，2つ目を例に説明しよう。やや分かりに
くい文であるが，ここでは冒頭にあるように，「実際に人形と時計を交換
した。そして，松永山殺しの余罪まで引き出されずにはすまなかった（＝
引き出されてしまった）」ことが描かれている。すなわちテモ節は事実で
あり，主節は反事実となっている。

だがこの文は，テモ節と主節の2つの節から成る単純なテモ文ではな
く，間に条件節「清瀬殺しの現場に時計を落とさなければ」が入ってい
る点に注意しなければならない。この条件節「清瀬殺しの現場に時計を
落とさなければ」は反事実であり，実際には「落としている」。この反
事実を表す条件節があることによって，この文の主節に反事実が可能に
なっているのではないだろうか（なお節順は換えても可能だと思われる）。
この事情は (19) の一つ目のテモ文でも同様であり，「そのとき人形を落
とした」は事実であるが，「時計を持って来なければ，足がつかなかっ

たでしょう」は反事実条件文である。図示すれば，次のようになるだろう⁴。

(20) | 事実　ても　| 反事実　ば　反事実 |

(21) a　時間がなければ，旅行には行けなかっただろう。

　　b　お金があっても，旅行には行けなかっただろう。

　　c　お金があっても，時間がなければ，旅行には行けなかっただろう。

(21) a は条件節・主節ともに反事実と解釈され（実際には，時間があったから，旅行に行けた），b は，テモ節は反事実であるが主節は事実である（すなわち，実際にはお金はなかったが，あったと想定しても，旅行には行けなかったと推測する）。だが b は「旅行に行けなかった」ことを表すのに対して，c は「旅行に行った」ことが表されており，主節は反事実となっている（すなわち，「事実としては，お金もあり，時間もあったので，結局，旅行に行くことができた。」）。

　このことから，(a) については，「テモ文の主節には，単独では，反事実の事態が来ない。」ということになるだろう。そして，テモ節に対応するものが，単独の主節ではなく，「順接条件節（反事実）＋主節（反事実）」全体である場合は，それと共起するテモ節の主節にも反事実が来うる。それは順接条件節により文全体の主節に反事実が出現可能であるからであり，新たな状況（テモ節）によっても，反事実的な順接条件節・主節の関係には変更がないということを表すものである。

　テモ節はそれ自体は反事実の事態を表すことができるが，その主節には反事実は出現しない。このことは，テモ節の基本的な意味が「要件の無効・要件からの無拘束」を表すからであり，どのような事態が要件として表れても（反事実であっても仮説であっても事実であっても），主節

4　このような 2 種類以上の従属節を持つものを田中 (2004, p. 208) は「多項複文」と呼び，考察の必要性を述べている。また，仁田 (2009, pp. 212–214) には，順接あるいは逆接の条件文と理由文とによる多項複文の分析がある。

の事態は変わらないことを，予測するか（主節が仮説的な場合），あるいは，事実として述べるか（主節が事実的な場合）の2種類しかないということが分かった。

4. 「テモ文」のレアリティの「基本」について

　前節まで，テモ文に現れるレアリティの組み合わせを確認してきたが，この中で「基本」と呼べるものはどのタイプなのだろうか。仁田（2009, pp. 203–204）では，次のように述べられていた。

 (22) 仮定条件文の場合，逆条件を表す「テモ」にあっても，…（例文略）…などが示しているように，条件文の主節の叙述内容として描き出されている事態は，想定世界における事態である。これが基本であり，そのほとんどである。

すなわち「仮説＋仮説」の組み合わせが「基本」であるということになる。このことを確認するために，『現代日本語書き言葉均衡コーパス　通常版（BCCWJ-NT）』を使用し，調査を行った。「コアデータ」の「出版・書籍」のみを検索対象とし，コーパス検索アプリケーション「中納言」の短単位検索[5]により得られた401件のレアリティを分析したところ，次表のようになった。

　全例のうち，条件文としての用例数は半数強の226件である。またそのうち，テモ節・主節ともに仮説の例は，最も多い82件であった。仁田（2009）が述べるように，条件文としてのテモ文においては，仮説＋仮説の組み合わせが「基本」であることが，本調査でも裏付けられた。一方で，テモ文には，一般条件を表す場合も多く見られることが分かった。そしてこの2種の文を表せるということから，テ形に取り立て助詞「も」の接続したテモ文が「条件文」の一つとして機能していることが改めて強く支持されるだろう。

5　検索条件は，語彙素「て」をキーとし，後方共起に語彙素「も」を指定した。

表4

テモ節	主節		
仮説	仮説	82	
仮説	事実	7	
事実	事実	56	226
事実	仮説	1	
事実	反事実＋反事実	2	
一般	一般	78	
複合助詞（といっても，としても，にしても等）		74	
副詞（どうしても，何と言っても，またしても，等）		41	
てもいい		38	175
接続詞（それにしても，とはいっても，等）		17	
継続相アスペクト（て（も）いる）		4	
～なくても済む		1	
計		401	

5. まとめ

本稿は，仁田（2009）で指摘された逆接条件文（テモ文）の「モード」（レアリティ）のタイプを考察した。順接条件文の場合と異なり，テモ文では主節に反事実が単独では現れないという特徴があり，ただし，反事実を表す条件節と主節が共に出現する場合であれば，テモ文の主節として反事実が現れうることが明らかになった。

反事実の場合を除けば，テモ文でも順接条件文と同様に，テモ節と主節が同じレアリティを持つことが「基本」である。

さらに，主節が仮説および事実の場合，テモ節のレアリティは主節と異なるレアリティも出現しうる（＝例外）。それはテモ文が「要件の無効・要件からの無拘束」を表すものだからであろう。すなわち，テモ文とは，ある事態（主節）を話し手が予測したり事実として述べたりする文であり，条件節の事態はどのような世界の事態でも構わないということになる。事実であれ，そうでないものであれ，どのような事態が生じた場合でも帰結は変わらないということを述べる文であるということである。これ

がテモ文の本質的な意味であると考えられる。

参考文献

有田節子 (2007)『日本語条件文と時制節性』くろしお出版.

言語学研究会・構文論グループ (1985)「条件づけを表現するつきそい・あわせ文 (3) —その3・条件的なつきそい・あわせ文—」『教育国語』83, pp. 2–37.

言語学研究会・構文論グループ (1986)「条件づけを表現するつきそい・あわせ文 (4) —その4・うらめ的なつきそい・あわせ文—」『教育国語』84, pp. 49–68.

田中寛 (2004)『日本語複文表現の研究—接続と叙述の構造—』白帝社.

仁田義雄 (2009)「第9章　条件表現の叙述世界とモダリティ」『仁田義雄日本語文法著作選2　モダリティとその周辺』pp. 191–214, ひつじ書房.

前田直子 (2009)『日本語の複文—条件文と原因・理由文の記述的研究—』くろしお出版.

Akatsuka, Noriko (1985) Conditionals and epistemic scale, *Language* 61, pp. 625–639.

トイッテ類の意味機能

―接続詞「トイッテ」・「カトイッテ」・「ソウカトイッテ」を含む文の分析―

高橋美奈子

1. はじめに

日本語の逆接表現[1]の中には，引用提示を行う形式「トイウ」を内部に含むものがいくつか存在する。

(1) 本当は，こんな台風の日に外出したくない。{しかし／けれども／と（は）いっても／とはいうものの／といって／かといって／そうかといって}，出勤しないわけにはいかない。

(2) 暦の上では春になった {が／けれども／と（は）いっても／とはいうものの／といえど（も）／とはいいながら}，連日けっこうな降雪がある。

(1) の文連続に介在する接続詞，および (2) の文中に介在する接続助詞のうち「ト（ハ）イッテモ」，「トハイウモノノ」，「トイエド（モ）」は，引用提示を行う「トイウ」に逆接や逆条件の形式が加わった形式であり，これらが逆接の機能を持つことに不思議はない。他方，やはり (1) 中に介在する接続詞「トイッテ」「カトイッテ」「ソウカトイッテ」―本稿ではこれらを一括する場合「トイッテ類」と呼ぶ―は，形の上では引用提示を行う「トイウ」のテ形，もしくはそれに「カ」「ソウカ」が前接したものであり，その内部に逆接を表す形式を特に含まないが，(1) では逆接の接続表現として機能している。

---

1 逆接の接続表現とは「前件から想定される内容に，後件が反する・対立することを示すもの」とする。

本稿は，接続詞「トイッテ」「カトイッテ」「ソウカトイッテ」が介在する文・文連続を観察し，これらの表現の特徴，意味機能を明らかにすることを目的とする[2]。

2. 先行研究と本稿の立場

2.1 先行研究の概観

先行研究を概観すると，トイッテ類については幾通りかの説明の仕方がある。一つは「逆接」の機能を果たす形式としての説明で，意味説明に「しかしながら」「けれども」といった逆接の接続詞が用いられていたり，「先行の事柄に対し，それを承認しながらも，それと矛盾する事柄を述べるときに用いられる」（『日本国語大辞典　第二版』第二巻 p. 877「と言うて」[3]の項」）といった説明がなされたりする。

また，前件から予測・予想される内容に続かない，そのような内容を否定するという「推論否定」の機能を持つという説明もある。「状況を表す文を受けて，「しかしながら」という意味を表す。後ろには，その状況から当然予測できる事態には続かないということが表される。」（グループ・ジャマシィ 1998 pp. 305–306「といって」の項より。下線は引用者），「（「そうだからといって」の意。接続詞的に用いられる）ある事柄をあげ，それから当然予想される対立的または付加的な事柄を打ち消す場合に用いる。そうかといって。」（『日本国語大辞典　第二版』第三巻 p. 841「かといって」の項より。下線は引用者）などがそれである。そのほかにも，藤田（2000）が「トイッテ」を推論否定の形式とし，同じく推論否定の形式とする「トイッテモ」との比較において，「「トイッテ」は，理由の接続助詞「カラ」を表立てた「〜カラトイッテ……」のようなパタンを形成するのが基本であるとすれば，これは原因―結果の関係に殊更光をあてる言い方であり，どちらかというと，そうした命題相互の論理関係を云々することに重点がある形式かと思われる」（p. 426）と述べている。

2　実例は，KOTONOHA「現代日本語書き言葉均衡コーパス（BCCWJ）」，『朝日新聞』web 版，『読売新聞』web 版，書籍から採集した。

3　『日本国語大辞典』では，「と言って」の項には「と言うて」に同じとある。

これらと異なるのが機能語用例文データベース「はごろも」[4] であり，「といって」の意味を「補足」と記載しているが，詳しい説明はない。そのほか，田中 (2010) は「かといって」について「「X は確かにそうであるが，実は」といった修正の意味を表す」(p. 74) と述べる[5]。

2.2　本稿の立場

本稿は，1. に述べたように，「トイッテ」「カトイッテ」「ソウカトイッテ」という 3 つの形式を考察対象とする。

これらの形式の先行研究での扱いは，2.1 で挙げた文献では，「トイッテ」はそのすべてが扱っているが，「カトイッテ」「ソウカトイッテ」に関しては扱っていない文献もある。また，中上級日本語学習者を想定した文法書には，3 形式のどれも扱いのないものもある。

今回「現代日本語書き言葉均衡コーパス（BCCWJ）」で採取したトイッテ類の例数の内訳は次の通りである[6]。

表 1　BCCWJ で採取したトイッテ類 3 形式の数 (%)

トイッテ	カトイッテ	ソウカトイッテ	合計
203 (22.02)	638 (69.20)	81 (8.79)	922

今回 BCCWJ で採取したトイッテ類の例では，その 7 割近くをカトイッテが占めており，トイッテに劣らず看過すべきではない形式であることがうかがわれる。

因みに，これらの例における前件の形式の内訳を示すと次のようになる。(1) は文を前件とする例であったが，トイッテ類は種々の節と主節の

4　日本語文法項目用例文データベース『はごろも』ver1.2 (http://hgrm.jpn.org) を利用した。

5　「といって」については，主文（後件）の特徴〈一部を否定する言い方が見られるなど〉を挙げている。

6　「といって」「と言って」「と云って」「かといって」「かと言って」「かと云って」「そうかといって」「そうかと言って」「そうかと云って」を検索して採取した。トイッテ類のバリエーションとして「というて」や「と申して」といった例も見つかったが，今回は対象としていない。

間にも介在する。

表 2　BCCWJ で採取したトイッテ類の前件の内訳

前件		トイッテ	カトイッテ	ソウカトイッテ	合計
文		155	384	53	592
逆接条件節	ガ節	23	67	12	102
	ケレドモ節	2	11	3	16
	テモ節		1		1
	モノノ節		1		1
シ節		12	82	7	101
連用中止節		9	83	6	98
ナガラ節		1	1		2
タリ節			1		1
トカ節			1		1
連体節		1	1		2
その他 [7]			5		5
合計		203	638	81	922

　観察の結果，本稿では，トイッテ類の意味機能として 2 つのものを提示したいと考える。一つは，先行研究でも示されていた「推論否定」である。もう一つは「補遺・注釈」である。以下，3. で「推論否定」の機能について，4. で「補遺・注釈」の機能について述べていく。

3.　推論否定

3.1　推論否定とは

　2.1 でも触れたように，トイッテ類はしばしば「カラトイッテ」と関連付けて説明される。「カラトイッテ」は，前件に示される事柄を理由・根拠として予想・想定される帰結・結論を導き出すという推論や判断を否定するのに用いられる形式であり，後件には様々な形で否定が表され

7　「似たようなペンばかりたまる一方，かといって捨てるわけにはいかずに…」，「～することも，かといって～することもできない」，「～するわけにも，かといって～するわけにもいかない」などの例をここに入れた。

トイッテ類の意味機能 | 203

る[8]。前件を p, 前件を根拠とする帰結・結論を q, p から q を導き出すことを「→」で表すと，「p カラトイッテ…」という文・文連続では，⟨p → q⟩という推論が否定される。

3.2 トイッテ類による推論否定

　トイッテ類が文中や文連続に介在する場合も，「カラトイッテ」と同じく，"前件の内容に基づき何らかの帰結や結論を想定する"という推論や判断を否定するのに用いられていると言えるものがある。

　後件には，「カラトイッテ」の場合と同様に，文法的否定形式のほか，語彙的否定形式，疑念や疑義の提示など様々な形で否定が表される。

(3)　お国の心はにわかにおちつきを失なった。といって，表面にあらわれたところは別段なことはない。

（BCCWJ・海音寺潮五郎『二本の銀杏』）

(4)　一方，英語がこれから重要になることは言うまでもないが，かといって，日本語による学問や表現，文化に意味がないかと言えば，そんなことはもちろんない。国際化の時代だからこそ，日本固有の分化の価値も高まるというべきだろう。

（読売新聞 2014.2.17）

(5)　（手話では）「教育」も「教える」も，場合によっては「先生」も「授業」も同じ表現をします。そうかといって，手話ではまったく単純な内容しか表現できないのかといえば必ずしもそうではなく，（略）

（BCCWJ・中野善達・伊東雋祐『新手話を学ぼう』）

　(3) では，前件事態が引き起こす結果として一般的に想定される内容⟨心が落ち着きを失う→外面に反映される⟩が後件で否定されている。(4)(5) では，前件に示される事態から導き出される結論が否定されている。

8　否定の方法には，文法的否定形式を用いる（述部に否定辞「ナイ」を伴う），語彙的否定形式（不同意の意の語，異なるという意の語，低評価の意の語など）を用いる，非難や驚きを提示する，疑念や疑義を提示する，前件から想定される手法や選択肢を実行した場合に生じる望ましくない事態を述べる，など種々の方法がある（高橋 2015）。

(6) パケ死（引用者注：月々の携帯電話料金が高額に上ること）を防
ぐには通信量を減らすのが基本。<u>かといって</u>，動画を見たりす
るのを減らすのはつらいものです。そこで視点を変えて，「別の
通信回線を利用する」というのはどうでしょう。

(朝日新聞 2016.2.25)

(7) 桑原先生は一年に十時間課外授業として文科の学生のために，
特別のフランス語講座を開いておられた。そこへ私も出席した
というわけです。<u>といって</u>，フランス語を勉強するためという
よりは，桑原さんの話がとても面白かったので，雑談を聞くの
が目的だったといってよいかと思います。

(BCCWJ・角山栄『生活史』の発見)

(6)では前件の事態から想定される対処法（動画を見たりすることを減
らす）が「つらいものだ」というネガティブな評価を下されることで否定
されている。(7)では前件の事態（フランス語講座に出席した）から一般
的に想定されるその事態の原因や背景事情（フランス語を勉強するのが目
的であった）が後件で否定されている。

3.3 話題に関する叙述における推論否定

トイッテ類が介在する文・文連続の例で散見するのが，文脈中で話題
となっている事物についての叙述，あるいは話題となっている状況にお
ける対処法の叙述で，否定的内容を連ねるというものである。

次の(8)～(11)では，文脈中に，話題となっている人や物があり，そ
の属性((8)(9))や行動・反応((10)(11))についての叙述がなされてい
る。前件である一つの属性や行動・反応が否定され，そしてトイッテ類
の介在を経て，後件に別の属性や行動が示され，それもまた否定される。
つまり，話題の事物の属性や行動の叙述として，前件および後件で，否
定的内容を重ねるものとなっている。

(8) 襟元へこってり白粉をつけて出て来た女は，どうも芸者という
扮装ではない。<u>といって</u>，素人でもない。とするとお妾に違い
ない。

(BCCWJ・小島貞二編著『禁演落語』)

(9) ［学生時代の自分について］「勉強も運動も苦手。イケてるグ
    ループともちゃう（引用者注：「違う」のくだけた言い方）し，
    <u>かといって</u>オタクでもない，得意なことが何一つないやつでし
    た」   （朝日新聞 2016.2.27）

(10) 日々の暮らしを支えるサービス業に入り込む中国系を，大手を
    振って歓迎するでもなく，<u>かといって</u>強い嫌悪感を抱くでもなく，
    スペイン社会は受け入れているようだ。   （朝日新聞 2016.3.15）

(11) 182 センチ，78 キロの伊勢崎工のエース杉本詠士は，苦しい顔
    をするでもなく，<u>かといって</u>無理に笑顔もつくらない。8，9 番
    打者を三振と飛球に打ち取ると，涼しい顔でマウンドを降りた。
                                        （朝日新聞 2016.7.13）

　次は，文脈中に示されているある状況における対処法についての叙述
であるが，前件である対処法を示し，それが引き起こす望ましくない事
態を示すことで否定し，後件でもまた別の対処法を示し，やはりそれが
引き起こす望ましくない事態を示して否定している。

(12) ［ある市で，土地区画整理に伴い新設される住居表示を巡って論
    争が起きているという状況］「早く決めないと年賀状も届かなく
    なってしまう。<u>といって</u>，結論を急ぐと地域にしこりが残りか
    ねない」   （読売新聞 2016.10.19）

(13) この　たきぎを　どうしよう。このまま　もってかえるのは，
    おもたくて　たいへんだし，<u>かといって</u>すててしまうのも
    もったいないし…。   （BCCWJ・三田村信行『三つのねがい』）

　これらにおいては，前件である一つの属性・行動・対処法などが否定
され，そこから，それとは異なる（多くの場合，対称的な）別の属性・行
動・対処法が想定される（〈a ではない→では b だ〉）が，後件でそれもま
た否定されている。結果として，話題についての叙述の中で，否定的な
内容が，トイッテ類を介して連ねられることになる。

3.4　トイッテ類とカラトイッテ（「ダカラトイッテ」）の差異

　上述のように，トイッテ類にも推論否定という意味機能が見いだせる

のであるが，トイッテ類とカラトイッテ（具体的には，接続詞「ダカラト
イッテ」）には，形式の違いから来る差異もある。

「ダカラトイッテ」はその内部に「ダカラ」を備えており，前件を根
拠とするという意味が明確である。そのため，推論否定のトイッテ類を
「ダカラトイッテ」に置き換えると，後件で否定される事態が，前件を根
拠として得られる帰結・結論であるということがより明確に示されるこ
とになる。

(14) 啄木は二十代で死んだ。{といって／ダカラトイッテ}，中年男
や，老人に読めないような青臭い文学者じゃないぜ。

(BCCWJ・五木寛之『青春の門』)

一方，「ダカラトイッテ」をトイッテ類の形式に置き換えると，前件の
事態が，後件に示されて否定される事態の根拠にあたることの明確さが
減じる。(15)(16)の「ダカラトイッテ」を「トイッテ」や「カトイッテ」
に置き換えると，前件の事態を根拠として「戦争を是認するような憲法
に変えてよい」「また無銭飲食をしよう」といった結論を導くという推論
がぼかされ，そのような推論に対する否定のニュアンスの強さも薄れて
しまう。

(15) 明らかに憲法がつくられたときの状況とは異なる現状にあるわ
けですが，{だからといって／トイッテ}，戦争を是認するよう
な憲法に変えていいわけがありません。

(BCCWJ・日野原重明『新生きかた上手』)

(16) 「オジさん，店長は訴えないそうだ。あんたは，このまま帰って
いい。{だからといって／カトイッテ}，二度と，無銭飲食をし
ようなどと思わないでほしいな」 (BCCWJ・森詠『砂の時刻』)

4. 補遺・注釈

4.1 推論否定ならざるトイッテ類

3. で扱った推論否定のトイッテ類は，前述のようなニュアンスの差は
あっても，「ダカラトイッテ」に置き換えが可能である。だが，トイッテ
類の介在する文・文連続の中には，トイッテ類から「ダカラトイッテ」

への置き換えが難しい例も存在する。

（17）　むっつりと実直そうなギリシア系商人に比べ，こちらは愛想が
いい。{かといって／？ダカラトイッテ} 愛想だけではなく，い
いものを選んで売ってくれる良心的なところもある。
（BCCWJ・篠田節子『交錯する文明』）

（18）　「そのうちに，記憶を取り戻せるんじゃないかという気がしま
す。{といって／？ダカラトイッテ}，確信があるわけじゃないで
すけど」（BCCWJ・平井和正『ボヘミアンガラス・ストリート』）

これらについて本稿では，トイッテ類が，前件内容に対する補遺・注
釈を施す機能を果たしていると見る。

4.2　話題に関する叙述における補遺・注釈

次の例では，文脈中で話題となっている事物の属性についての叙述に
おいてトイッテ類が用いられている。ただし3.3で取り上げた例とは異
なり，前件で何らかの属性が否定され，そこから想定される別の属性が，
後件に示されて否定されているというものではない。

（17）　（再掲）むっつりと実直そうなギリシア系商人に比べ，こちらは
愛想がいい。かといって愛想だけではなく，いいものを選んで
売ってくれる良心的なところもある。
（BCCWJ・篠田節子『交錯する文明』）

（19）　背が高く，ハンサムでもある。気がきいて，女性には優しい。
といって，ただ優しいというだけではなく，逞しいところもあ
る。　　　　（BCCWJ・山前譲編・芦辺拓ほか著『全席死定』）

（20）　さてしかし，人間が「生物」であることはすでに述べたとおり
であるが，かといって，この「生物」は生物であるがゆえに不
断に進化する存在である。（BCCWJ・松本健一『評伝北一輝』）

（17）（19）（20）では，前件で話題の事物の持つある属性を叙述し，後件で
は，それにとどまるものではないとしてさらに属性を付加している。

（21）　than の後にくるのは名詞が多いですが，といって名詞とは限り
ません。形容詞や副詞や節などでも OK. です。（BCCWJ・ポー

ル・スノードン『あなたはこの数を英語で言えますか』）

(21) では，前件で述べた事態（than のあとには名詞が多い）について，後件でその詳しい内実（名詞に限らずほかの品詞もある）を述べている。

(17)，及び (19) 〜 (21) は前件の内容に付加し膨らませる方向での詳述であったが，後件で行われるのが，前件内容を限定・制限する方向での詳述のこともある。

(22) （…）ここからは格子戸を通して，内陣の一部をうかがうことができる。と言って，眼に入ってくるのは練行衆の上半身であったり，須弥壇のごく一部であったりして，はかばかしく内部の模様を眼に収めることはできない。しかも燈明の光だけで，内陣は薄暗い。　　　　　（BCCWJ・井上靖『井上靖歴史紀行文集』）

(23) その後，部屋に 1 本の電話が入った。さっきの "比較的若いほう，かといって 50 歳過ぎ" の仲居さんからだ。

　　　　　（BCCWJ・末藤浩一郎『添乗員は見たどっきり激安バスツアー』）

4.3　話し手の主張や認識についての補遺・注釈

前件で話し手の主張や認識が示され，後件でそれに対する補遺・注釈的内容が提示される場合もある。

(18) （再掲）「そのうちに，記憶を取り戻せるんじゃないかという気がします。といって，確信があるわけじゃないですけど」

　　　　　　　（BCCWJ・平井和正『ボヘミアンガラス・ストリート』）

(24) バイパスをつくるために街道を迂回させたのではなく，もとからこうだったのだ。といって，古代官道時代からこの迂回があったのかどうかは，分からない。また，なぜこんな迂回をつくったのかも不明。

　　　　　　　（BCCWJ・堀淳一『消えた街道・鉄道を歩く地図の旅』）

(25) 他の店はお客がほとんどいない…。周辺の飲食店に流れていってしまったのだろう。かといって，周辺の飲食店もそんなに混雑しているとは思えないが…。　　　（BCCWJ・Yahoo! ブログ）

(26) 点数状況に合わせて，一番いい戦術を選ぶ。これが基本ですね。

<u>と言って</u>，なかなか自分ではそういう風にできないのですが…

（BCCWJ・Yahoo! 知恵袋）

(27)　［看護師の受給について］スウェーデンのようにお医者さんの三
　　　分の二ぐらいの報酬をとなりますと，日本の今の医療環境を見
　　　ますととても無理なようなお話ではないかと思いますし，<u>そう</u>
　　　<u>かといって</u>，それがいいという意味じゃございません。問題は
　　　もっとほかにもあるのではないか。

（BCCWJ・第 123 回国会会議録）

　後件は，前件の主張や認識を補強するものではなく，むしろ，それら
の主張や認識の説得性や信憑性を減じるような内容となっている。

5.　まとめ

　以上，トイッテ類の意味機能として推論否定，及び補遺・注釈という
2 つを示した。

　トイッテ類は，カラトイッテ（ダカラトイッテ）のように，前件とその
帰結の間の論理関係を示す要素を形式内部に持ち，推論否定を専らとす
る形式ではない。また，「ト（ハ）イッテモ」や「トハイウモノノ」のよ
うに，逆条件や逆接の形式を内部に持つものでもない。引用提示の「ト
イウ」のテ形から成るトイッテ類の接続詞は，前件に加えて「付言」を
行う接続表現であろう。

　前件に基づく推論が容易になされる場合には，トイッテ類は推論否定
の機能を果たし，そうでない場合は，付言された事柄は，前件に対する
補遺・注釈として読み取られる。

　最後に，「トイッテ類」として一括して扱ってきた 3 つの形式のうち
の「カトイッテ」について述べておきたい。「カトイッテ」の介在する
文・文連続の例を見ていると，3.3 で推論否定に位置づけた (9) (10) (11)
(13)，それに次の (28) (29) のような例など，たとえ推論否定と見なせる
場合であっても，話者は，〈根拠→帰結〉という論理関係を重視して「カ
トイッテ」を使用するというよりも，前件に示したのとは異なる他要素・
他候補を提示するための道具として，「カトイッテ」を使用するのではな

いか，と思える。

（28） うちの子供は，スポーツはあまり好きではなく，かといって文
化系の部は吹奏楽と美術だけと種類が少なく，また部活の拘束
時間が長く，好きな読書や習い事や勉強の時間がとれそうもな
いので，帰宅部とすることにしました。　　（朝日新聞 2016.5.8）

（29） 子どもの名付けは難しい。親の期待を込めすぎるのも，なんだ
か子どもに悪いようで，かといって恰好つけた今風の名前も照
れくさい。　　　　　　（BCCWJ・願成寺優『20 世紀の忘れ物』）

「カトイッテ」という形式が，「トイッテ」に，不定の意を表す「カ」
を前接させた形式であることを考えると，前件に代わり得る他の要素を
提示するという意味を有することはあり得ることと考えられる。

参照文献

市川保子（2007）『中級日本語文法と教え方のポイント』スリーエーネットワーク.
市川保子編著（2010）『日本語誤用辞典』スリーエーネットワーク.
岩澤治美（1985）「逆接の接続詞の用法」『日本語教育』56, pp. 39–50.
グループ・ジャマシイ（1998）『教師と学習者のための日本語文型辞典』くろしお
　　出版.
小学館国語辞典編集部（2001）『日本国語大辞典　第二版』小学館.
高橋美奈子（2015）「カラトイッテ類が介在する文における推論否定の表現につい
　　て」『日本語／日本語教育研究』6, pp. 47–62, ココ出版.
田中 寛（2004）『日本語複文表現の研究―接続と叙述の構造―』白帝社.
田中 寛（2010）『複合辞からみた日本語文法の研究』ひつじ書房.
友松悦子・宮本淳・和栗雅子（2007）『どんな時どう使う日本語表現文型辞典』ア
　　ルク.
仁科 明（2014）「順接と逆接」日本語文法学会（編）『日本語文法事典』pp. 213–231,
　　大修館書店.
仁田義雄（2010）「第 11 章　条件節とその周辺」『日本語文法の記述的研究を求め
　　て』pp. 213–231, ひつじ書房.
日本語記述文法研究会編（2008）『現代日本語文法 6　第 11 部複文』くろしお出
　　版.
日本語記述文法研究会編（2009）『現代日本語文法 7　第 12 部談話　第 13 部待遇
　　表現』くろしお出版.
西原鈴子（1985）「逆接的表現における三つのパターン」『日本語教育』56, pp. 28–38.
藤田保幸（2000）『国語引用構文の研究』和泉書院.
森田良行・松木正恵（1989）『日本語表現文型』アルク.

動詞の意味と引用節

阿部　忍

1.　はじめに

阿部 (1999) は，引用の助詞「と」を伴って現れる引用節を，述語動詞との関係から次の 3 つのタイプに分類した。

Ⅰ．補足的引用節

Ⅱ．展開的引用節

Ⅲ．付加的引用節

「補足的引用節」とは，(1) のように動詞によって要求される引用節である。

(1)　　太郎はコーヒーが好きだと言った。

「展開的引用節」とは，(2) のように動詞の意味を展開する引用節である。

(2)　　学長は受験生の質が落ちたと嘆いた。

「付加的引用節」とは，(3) のように主文の述語句を修飾する引用節である。

(3)　　学は授業が始まりそうだと廊下を急いだ。

これに対し藤田 (2006) は，上記のタイプ分けについて幾つかの問題点を指摘し，特に展開的引用節を特立することに対して批判的に論じている。

そこで本稿では，藤田の批判に応えることと合わせ，上記のタイプ分け，特に補足的引用節と展開的引用節の区別の必要性について検証し，

関連する幾つかの文法現象についてさらなる考察を行う。

まず2節では，阿部（1999）の主張の概要とそれに対する藤田（2006）の批判の一つに触れ，また本稿の理論的前提を確認する。次に3節と4節では，幾つかの構文における動詞「言う」「嘆く」の文法的振る舞いから，それらの意味の違いを考察する。さらに5節では幾つかの現象の解釈とその理論的含意を考察する。また6節では藤田の批判に含まれる例がどのように位置づけられるかについて簡単に触れる。7節は結びである。

2. 引用節の3つのタイプと「意味的な不完全さ」

ここではまず，阿部（1999）の概要とそれに対する藤田（2006）の批判の一つについて検討する。

阿部はまず，引用節をとる構造に，（4）のように引用節（「〜と」）が削除できない必須の要素（項）となっているものと，（5）のように「〜と」が削除可能な任意の要素となっているものがあることを確認する。

(4) a. 太郎は，邦楽はほとんど聞かないと言った。

    b. ＊太郎は，言った。

(5) a. 学は，また会いましょうと手を振った。

    b. 学は，手を振った。

（4）のように必須の項として動詞（「言った」）の意味を補足する引用節を「補足的引用節」，（5）のように任意の要素として動詞句（「手を振った」）を修飾する引用節を「付加的引用節」と呼ぶ。

阿部はさらにこの2つのタイプの中間に位置する（6）のような引用節の存在を指摘する。

(6) a. 純は，日本が右傾化していると嘆いた。

    b. 純は，嘆いた。

阿部は（6b）は文法的ではあるが意味的に不完全（どのような「嘆き」であるかについての情報が不足している）であるとし，これは（4b）のような容認不可能な文とも異なり，また（5b）のような文法的・意味的に完全な文とも異なるとした。

（6）のようなタイプの引用節は動詞（「嘆いた」）の意味する感情や態度

の内容を展開するかたちになっていることから，阿部はこれを「展開的引用節」と呼ぶ。展開的引用節と共起する動詞（句）は「嘆く，喜ぶ，頷く，ためらう，泣き叫ぶ，感心する，決心する，安心する，嘘をつく，歓声をあげる」などの「感情・態度動詞」である。

　一方，(4) のような補足的引用節をとる動詞は，「言う，告げる，伝える，主張する，宣言する，思う，考える，みる，信じる，断定する，命令する，要求する，提案する」などの「認識・伝達動詞」であり，また (5) のような付加的引用節とどのような動詞が共起するかについてはほとんど予測できない。

　これに対し，藤田 (2006, pp. 52–53) は (6b) に対する阿部の説明を批判する。すなわち，「意味的に不完全」とはどういうことか，理解し難いということである。藤田によれば (6b) のような文は直観的には容認され，意味的に充足している。

　藤田のこの批判は実にもっともであって，確かに，意味的に不完全である，情報が不足しているというだけでは，説明らしい説明とは言えない。しかしながら，(6b) に微妙なすわりの悪さを感じるのもまた事実である。では，このことはいかにして説明され得るであろうか。

　ここで一つ参考にしたいのは，塚本 (2012, 第 3 章) の研究である。塚本は必須補語及び副次補語の認定基準として，次の A ～ D の 4 項目を設定する（同書，p. 41 (29)）。

(A) 談話構造上の省略の不可能性
(B) 連体修飾構造における主要語への転出の可能性
(C) 主題化における無格成立の可能性
(D) 意味的な格助詞の，統語的な格助詞との交替可能性

　塚本は上記の基準のどれが当てはまるかによって，補語の必須性に「カテゴリー I」から「カテゴリー IV」までの 4 つの段階を設定している（「I」の補語がもっとも必須性が高く，「IV」がもっとも低い）。

　もっとも，塚本の「補語」には本稿で扱うような引用節は含まれず，

(A) 以外の基準をそのまま適用することもできない。しかし，必須補語／副次補語と単に二分するのではなく，必須性に度合いを認める塚本の方法論は注目に値する。

　本稿では，「必須補語」という用語こそ用いるものの，「副次補語」は用いず，また塚本のような「カテゴリー I ～ IV」といった明確な段階設定も行わないが，動詞の補語（あるいは節）の相対的な必須性の度合いについては，幾つかの文法現象の観察を通して探求していくことにする。

　また，ここで本稿の理論的前提として，以下のことを確認しておく。たとえば「太郎が言った」という語の連鎖を観察し，構造を把握する際にまず参照されるのは，動詞「言う」が〈命題〉をとるというレキシコンの情報である。この〈命題〉は (7) のように引用節として具現化する場合もあれば，(8) のように名詞節として具現化する場合もある。

　(7)　　太郎は，ディズニーランドが嫌いだと言った。

　(8)　　太郎は，ディズニーランドが嫌いであることを言った。

　(7) と (8) の表面に現れた，引用節か名詞節かといった形式の違いや意味の違いは別として，一段抽象的なレベルではどちらも動詞「言う」が〈命題〉をとっている[1]。そして一部繰り返しになるが，「太郎がφ言った」の空所「φ」を解釈する際には，形式ではなく，〈命題〉が動詞「言う」から要求される項である，というレキシコンの情報がまず参照されているのである。

　またこのことを逆から見れば，動詞「言う」の〈命題〉を担う要素がどのような形式であっても（引用節であれ名詞節であれ，あるいは名詞句であれ），同程度の必須性をもって要求されるということになる。

　このような理論的前提のもとに，3 節ではコト節の解釈，4 節では「同じこと」「それ」の解釈といった文法現象から，認識・伝達動詞「言う」および感情・態度動詞「嘆く」の意味を探求していく。

1　このような動詞の語彙論的性質を中心とする統語論は，仁田 (1980) に多くを負っている。密接に関連する研究として，益岡 (1987)，森山 (1988)，日本語記述文法研究会 (2008) 等が挙げられる。さらに，Chomsky (1986) における「proposition」を意味選択する動詞の扱い（特に pp. 86–92）についても参照のこと。

3. 「嘆く」と「言う」の違い (1)：コト節の解釈

　ここでは引用節構文自体から観察の範囲を広げ，引用節をとり得る動詞が他の構文の中でどのように振る舞うかを見ていく。ここで強調しておかなければならないことは，本稿の主たる考察対象は「引用節をとり得る動詞の性質」であって，表面に現れた引用節だけを見るのではないということである。引用節をとり得る動詞の中で，便宜上，当面は感情・態度動詞の代表として「嘆く」を，また認識・伝達動詞の代表として「言う」を，それぞれ取り上げて考察する。

　まず，(9)(10)のように，感情・態度動詞「嘆く」と認識・伝達動詞「言う」を述語とする文を，それぞれ「こと」の中に埋め込んだ構造を見てみよう。

　(9)　　純が嘆いたこと（が家族を心配させた／が分からなかった）

　(10)　　太郎が言ったこと（が家族を心配させた／が分からなかった）

　(9)のコト節には少なくとも2つの解釈が可能である。すなわち，「純が嘆いたという事実」という解釈と，「純がそれについて嘆いたそのこと」という解釈である。前者は名詞節としての解釈であり，後者は内の関係の連体節（「こと」を底とするやや特殊なものではあるが）としての解釈である。

　一方，(10)においては，「太郎が言ったその内容」という解釈，すなわち連体節としての解釈にしかならない。

　この(9)(10)の違いは，動詞「嘆く」と「言う」の意味の違いによると考えられる。すなわち，「嘆く」の場合は「純が嘆いた」だけでも一応は意味が充足するのに対し，「言う」の場合は「太郎が言った」だけでは意味が充足しないということからくる違いであろう。

　比較的単純な(10)の方からこの現象の説明を試みよう。まず「言う」は必須補語として〈動作主〉（「太郎」）の他，〈命題〉を要求する動詞であると考えられる。(10)の「太郎が言った」においては〈命題〉を担う明示的な要素が現れず，動詞の前の位置がギャップとして認識され，このギャップと同定される底の名詞として「こと」は解釈される（[[太郎がφ_i言った]こと_i] ＝内の関係の連体詞としての解釈）。

一方，「太郎が（何かを）言ったという事実」のような名詞節としての解釈にならないのはなぜだろうか。(10) を観察する限りにおいては，このように連体節の解釈と競合関係にある場合，「こと」を伴う名詞節と解釈されるには意味的な充足性が要求されるように見える。それは主文において「太郎は言った」が容認されないことと共通する現象とみなすことができる。

次に (9) について考える。まず，「純が嘆いたこと」は「純が嘆いたという事実」のように名詞節として解釈されるに十分な意味的充足性を有しているということは言えるだろう。では，「純がそれについて嘆いたそのこと」という連体節としての解釈はいかにして可能となるのだろうか。

ここでは，「嘆く」が比較的必須度の低い補語をとると考える。このように考える理由として，(11) のような文の存在がある。

(11)　純は，雑用が多すぎることを嘆いた。

(11) において，「雑用が多すぎること」が担う意味役割を，ここでは〈対象事象〉と呼んでおく。また，(12) のような文もある。

(12)　純は，雑用の多さを嘆いた。

(12) においては，「雑用の多さ」が〈対象事象〉を担っている。

このような補語を仮定すると，(9) が「純がそれについて嘆いたそのこと」のような意味の連体節として解釈される場合は，[[純が ϕ_i 嘆いた]こと $_i$] のような，結果として (10) の場合とほぼ同様の構造を有すると考えられる。ただし〈対象事象〉は必須性の低い要素であることから，このような構造の他に，先に見たような名詞節として解釈される場合の構造（[[純が嘆いた] こと]）もあるということになる。

このように，ある要素を必須補語としてとるか，比較的必須性の低い補語としてとるかといった動詞の意味の違いが，(9)(10) のようなコト節の解釈に影響する場合があることがひとまず明らかとなった。

ところで，(9) のコト節については，細かく観察するとさらにもう一つの解釈が可能であるように思われる。それは「純がそう嘆いたその内容」のような意味であり，内の関係の連体節としての解釈である。

それでは，「嘆く」のとる必須性の低い補語として〈命題〉といったも

のを仮定すべきであろうか。実際，（13）のような文を作ることは可能であろう。

（13）　純は，雑用の多さを，もうやってられないと嘆いた。

（13）では，「雑用の多さ」は〈対象事象〉，引用節は〈命題〉という意味役割を担っているように見える。ただし，（9）の連体節としての2つの解釈，すなわち「純がそれについて嘆いたそのこと」および「純がそう嘆いたその内容」のうち，優先的（preferred）な読みは前者であろう。ゆえに，仮に〈命題〉という補語を「嘆く」がとるとしても，非常に低い必須性しか持たないものということになる。本節ではいったん結論を留保した上で，次節で他の文法現象を考察することにしよう。

4. 「嘆く」と「言う」の違い (2)：「同じこと」「それ」の解釈

ここでは，前節に引き続き，「嘆く」と「言う」の文法的振る舞いを見る。

まず，（14）（15）のように，引用構文の文脈を作った上で，それに続く文中の「同じこと」がどのように解釈されるかをテストしてみる。

（14）a.　太郎は，ビーチボーイズが好きだと言った。

　　　b.　学も同じことを言った。

（15）a.　純は，雑用が多すぎると嘆いた。

　　　b.　ユカも同じことを嘆いた。

（14b）において，「同じこと」の意味する学の発言は，「ビーチボーイズが好きだ」と同じ命題内容を持つと解される。また，一見すると（15b）のユカの発言内容も「雑用が多すぎる」と同じ命題内容と解され，（14）（15）で差はないように見えるかもしれない。

しかし，よく観察すると，（15b）ではユカは発言さえしなかったと解釈することも可能である。たとえば，「雑用が多すぎる」ことについて，心の中で「もうやってられない」，あるいは単に「ああ」と嘆いたとも解されるのである。このように見ると，（15b）における「同じこと」はユカの発言内容ではなく，嘆きの〈対象事象〉であるという解釈の方が，むしろ優先的な読みであるように思われる。

ここでさらに (16) (17) のような文を考えてみる。

(16) a.　太郎は，クイーンは嫌いだと言った。

　　 b.　学もそれを言った。

(17) a.　純は，野菜が食べられないと嘆いた。

　　 b.　ユカもそれを嘆いた。

このように「それ」が共起した場合，(16b) では学の発言が「クイーンが嫌いだ」と同じ命題内容になると解されるのに対し，(17b) では「それ」が発言内容ではなく嘆きの〈対象事象〉と解釈されることが，より鮮明となる。

ここであり得る反論は，(16) (17) のような文脈では「それ」より「そう」が現れるのが自然であって，実際「そう」と共起した (18) (19) の場合，どちらにおいても「そう」が発言内容を指すと解釈されるではないか，といったものであろう。

(18) a.　太郎は，ニシコリのすごい試合を見たと言った。

　　 b.　学もそう言った。

(19) a.　純は，授業がつまらないと嘆いた。

　　 b.　ユカもそう嘆いた。

しかしながら，(18) (19) のような例はここでの議論にとって問題とはならない。なぜなら，ここでは引用節をとり得る動詞の性質，特にその差異を探求するために様々な統語的環境に置いているのであり，そのために多少ぎこちない文ができることがあっても，そのぎこちなさ自体が直ちに問題となるわけではないからである。

かくして本節では，上述のような文で共起する「同じこと」「それ」の解釈において，「嘆く」と「言う」の振る舞いが異なることが分かった。

5.　現象の解釈と理論的含意

さてここでは，これまで見てきた幾つかの文法現象について，その解釈を整理し，またそれらの理論的含意について述べる。

5.1 「意味的不完全さ」の正体

　まず，2節で触れた (6b) の「意味的な不完全さ」について説明を試みよう。(4)〜(6) を，(20)〜(22) として再掲する。

(20) a.　太郎は，邦楽はほとんど聞かないと言った。

　　 b.　＊太郎は，言った。＝(4)

(21) a.　学は，また会いましょうと手を振った。

　　 b.　学は，手を振った。＝(5)

(22) a.　純は，日本が右傾化していると嘆いた。

　　 b.　純は，嘆いた。＝(6)

上のように並べて比較した場合，(6b) は (4b) よりはるかに容認度が高いが，(5b) と比べると微妙に容認度が落ちるというのが最初の直観であった。しかし先述した通り，これを「意味的な不完全さ」とするのでは説明になっていない。

　そこで本稿では，3節と4節で主張したような，「嘆く」の補語としての〈対象事象〉の不在が，(6b) の微妙な不安定さの原因であるとしておく。つまり (6b) の不安定さは統語的なものということになる。ただし (6b) は，「嘆く」のとる〈対象事象〉の必須性が，「言う」のとる〈命題〉と比較して低いため，(4b) ほどは容認度が落ちない。

　ちなみに，〈対象事象〉をヲ格補語が担った場合の必須性について，2節で引用した塚本の認定基準でテストしてみると，(23) のようになる。

(23) a.　純がテストの結果を嘆いた。

　　 b.　＊純が嘆いた。

　　 c.　純が嘆いたテストの結果（は問題ではない。）

　　 d.　テストの結果は純が嘆いた。

(23) では，(a) に対して，(b) が「談話構造上の省略の不可能性」を，(c) が「連体修飾構造における主要語への転出の可能性」を，(d) が「主題化における無格成立の可能性」を示している。そしてこの結果からは，ヲ格補語が塚本の「カテゴリーⅠ」，すなわちもっとも必須性の高い補語であることになる。

　この結果は一見奇妙に思われるかもしれない。というのも，「嘆く」の

220 | 阿部　忍

とるヲ格補語が，ある場合には「必須性が比較的低い」とされ，ある場合には「もっとも必須性が高い」とされているからである。それはともかく，ここで言えることは，「嘆く」が〈対象事象〉，「言う」が〈命題〉をとるということ，および「言う」のとる〈命題〉を担う要素の必須性が「嘆く」のヲ格補語よりも相対的に高いということである。

5.2 〈命題〉の必須性と「補足的」/「展開的」引用節の区別

さて，藤田の阿部に対する批判のおおまかな流れは，以下のようになっている。すなわち，引用節のタイプ分けの議論を支えるものとして阿部が提示した4つの文法現象（「そう」による代用の可否，否定化，使役化，名詞化）について検討し，結果として以下のような結論を導き出す[2]（藤田 2006, p. 55）。

> 以上，阿部の主張をたどりつつ再検討を加えてきたが，こうして整理していくと，どの検討項目についても，〈補足〉〈展開〉と〈付加〉が対立するのであって，〈補足〉と〈展開〉との間に違いは出てこない。あるいは自然さにいささかの程度差が認められるというようなことがあるのかもしれないが，この三者が同等の次元で対立するものとしてあるといったような見方はあたらないのである（筆者には，この〈展開〉を特立しようとするようなことは，失礼ながら，いわば白と黒の境目にわずかに灰色がかって見えているところを過大にとり上げているに過ぎないと思える）。

上記4つの文法現象の，藤田による検討についての詳細は省くが，納得できる部分も多い。しかしながら，やはり，「補足的」/「展開的」引用節の区別は有効であると主張したい。

まず，「補足的」/「展開的」という対立は，引用節が削除可能か否かという区別に対応している（そして削除可能性のテスト自体に藤田は異を

2　藤田の〈補足〉〈展開〉〈付加〉は，それぞれ阿部の「補足的」「展開的」「付加的」引用節をとる引用構文の場合に対応する。

動詞の意味と引用節 | 221

唱えていない）のであるから，これだけでも十分有効性を有していると言える。日本語文法，日本語教育において，あるいは辞書記述，機械翻訳の分野において，ある要素が必須か任意か（必須性が高いか低いか）という区別は大変重要であろう。

また，本稿3節，4節で新たに観察したような幾つかの構文においても，この「補足的」/「付加的」の区別に対応した動詞の文法的振る舞いに差異が認められるのであるから，これは体系的文法記述において重要な視点を提供するものと考えられる[3]。

5.3　展開的引用節と共起する動詞は補語として〈命題〉をとるか

さてここでは，展開的引用節と共起する動詞が補語として〈命題〉をとると考えるべきか否かという，3節の最後で留保した問題について検討したい。これはいわば理論内部の問題であろうが，結論から言えば，現時点では否定的に考えている。

理由としては，4節で見たように，感情・態度動詞「嘆く」と共起する「それ」が，〈命題〉ではなく〈対象事象〉の解釈になるということがある。

試みに，阿部（1999）で挙がっている感情・態度動詞が「それ」と共起する最少の構造を作り，「それ」の解釈がどのようなものになるか内省してみよう。このテストによって動詞の項構造がある程度推測できると考えるからである。（　）の中にその結果を示す。

(24) a.　それを嘆く（〈対象事象〉）

　　b.　それを喜ぶ（〈対象事象〉）

　　c. *それを頷く

　　d.　それをためらう（〈対象行為〉）

　　e.*?それを泣き叫ぶ

　　f. *それを感心する

　　g.　それを決心する（〈命題〉）

　　h. *それを安心する

3　これは藤田（2000）によるⅠ類・Ⅱ類という，本稿とは異なる観点からの区別に異を唱えるということでは決してない。

i. ＊それを嘘をつく

j. ＊それを歓声をあげる

（24）の結果でアスタリスクが付いたものは自動詞であり，「嘆く」「喜ぶ」「ためらう」も自動詞に近いものであろう。ただし例外は「決心する」であり，これは〈命題〉をとる動詞であるように思われる。「決心する」の項構造，意味については今後さらなる精査が必要となるが，上のテスト結果は，この動詞が認識・伝達動詞として分類される可能性を示唆する。

　このように見てくると，やはり展開的引用節を動詞の補語と考える積極的な理由はないように思われる。

　では展開的引用節とはどのようなものなのであろうか。補足的引用節のような，動詞から要求される要素ではなく，また，付加的引用節のような，動詞との結びつきがほとんど感じられないような要素でもない。直観的には動詞から「認可される」要素であるという言い方が，もっとも近いように思われる。展開的引用節を認可する感情・態度動詞の意味する動作は，言語活動なしでも成立するが，言語活動をともなうことが多いような動作である。そのことが関係しているということは言えるだろう。

6. 「〜と自説を主張する」のような文について

　藤田（2006, pp. 56-57）は（25）のように「〜と」とヲ格名詞句が同時に現れる例について，阿部のようなとらえ方では位置づけ不能であろうと述べている。

　（25）　学は，そのようなことは起こりえないと自説を主張した。

　阿部（1999）では確かにこのような構文を取り上げてはいないが，位置づけ不能ということはない。上の文では，名詞句「自説」が〈命題〉という意味役割を担い，その時点で動詞「主張する」の要求は満たされているのであるから，「〜と」が任意の要素であること自体は問題ではないのである。

　ただ，このような構文がどのような統語構造を有し，またどのように

生成されるかについての詳細はまだよく分からない。非常に興味深い例
として引き続き考えていきたい。

7. 結び

　本稿では，阿部（1999）による引用節のタイプ分けについて，藤田
（2006）の批判を踏まえ，さらなる考察を行った。特に「補足的引用節」
と「展開的引用節」の区別について，それぞれのタイプと共起する動詞
の文法的振る舞いを観察することによって，検証した。

　このような「補足的」/「展開的」引用節の区別は，体系的な文法記述
にとって，決して小さくない示唆を与えるものと言える。

　なお，5節，6節で言及したような，未だ解明できていない点も多いが，
それは今後の研究に委ねることとする。

参照文献

阿部　忍（1999）「引用節のタイプ分けに関わる文法現象」『山手国文論攷』20,
　　pp. 47–62, 神戸山手女子短期大学国文学科.
塚本秀樹（2012）『形態論と統語論の相互作用―日本語と朝鮮語の対照言語学的研
　　究―』ひつじ書房.
仁田義雄（1980）『語彙論的統語論』明治書院.
日本語記述文法研究会（編）（2008）『現代日本語文法6　第11部 複文』くろしお
　　出版.
藤田保幸（2000）『国語引用構文の研究』和泉書院.
藤田保幸（2006）「「語彙論的統語論」と日本語研究―仁田義雄・阿部忍の所論につ
　　いて―」『龍谷大学国際センター研究年報』15, pp. 45–58.（藤田保幸（2014）
　　『引用研究史論―文法史としての日本語引用表現研究の展開をめぐって―』
　　pp. 150–171, 和泉書院. 所収）
益岡隆志（1987）『命題の文法―日本語文法序説―』くろしお出版.
森山卓郎（1988）『日本語動詞述語文の研究』明治書院.
Chomsky, Noam（1986）*Knowledge of Language: Its Nature, Origins, and Use*, New
　　York: Praeger.

評論的テキストにおけるダ体とデアル体の混用

安達太郎

1. はじめに

　日本語は聞き手に対する待遇性を述語の形態に必須的に反映させるという特徴をもつ言語である。待遇性に関わる文法カテゴリーを仁田（2009）は〈丁寧さ〉と呼んでいるが，本稿では〈スタイル〉という名称で呼ぶことにしたい。仁田はこの文法カテゴリーについて，動詞述語ではていねい体と非ていねい体の二項対立で表されるのに対して，形容詞述語と名詞述語ではこれに「～ゴザイマス」のようなスタイルを加えた三項対立をなしていること，また，スタイルに関わる形式が他形式と融合して現れるため，文法カテゴリーの階層構造の中に位置づけにくいことなどを指摘している。

　第二の指摘はスタイルを表す形態がいまだに過渡期的な性格をもっていることを示していると考えられるが，本稿では第一の指摘を出発点としたい。述語の品詞によってスタイルの分化が異なるという事実は，待遇性という観点において，日本語話者が動詞述語と形容詞述語・名詞述語とで異なる発想を必要としていることを意味しており，興味深い。

　文章日本語では問題はさらに複雑になる。特定の述語にのみ非ていねい体としてダ体とデアル体というふたつのスタイルが存在するからである。この観点から見ると，非ていねい体のテキストには，1）ダ体を一貫して用いるもの，2）デアル体を一貫して用いるもの，3）ダ体とデアル体を混用するものの3タイプが存在することになる。本稿では，ダ体とデ

アル体が混用される評論的テキストに対して実施した調査にもとづいて，ふたつのスタイルの選択について考えたいと思う。

2. スタイルにおける形式と意味

文章日本語のスタイルをそれぞれの述語の代表語例とともに示すと図1のようになる（ゴザイマス体は省略する）。図1は肯定形非過去のみを抽出してまとめたものである。

		動詞述語	イ形容詞述語	ナ形容詞述語	名詞述語
非ていねい体	ダ体	食べる	暑い	元気だ	学生だ
	デアル体			元気である	学生である
ていねい体	デスマス体	食べます	暑いです	元気です	学生です

図1　肯定述語のスタイル

文章日本語のスタイルも，話しことば同様，非ていねい体とていねい体の選択によって表される。名詞述語とナ形容詞述語では非ていねい体にダ体とデアル体が分化するのが文章日本語の特徴である。図1には表されていないが，否定述語ではダ体とデアル体の対立は「で（は）ない」という語形の中に解消する。なお，以下では，ダ体における非過去形をダ終止，過去形をダッタ終止，デアル体における非過去形をデアル終止，過去形をデアッタ終止と呼ぶことにする。

スタイルの混用に関する先行研究には，非ていねい体とていねい体が混在するテキストに注目するものがある。野田（1998）は書きことばを，メイナード（1991）は話しことばを対象とした分析である。一方，本稿が注目するのは，文章日本語の非ていねい体のテキストにおけるダ体とデアル体，とりわけ非過去形のダ終止とデアル終止の混用である。

本稿では，ダ終止とデアル終止の選択においては，ダ終止の方により厳しい制限が課せられるという仮説をとる。（1）を例としてこの仮説について説明しておきたい。次例は，博物館の展示物の解説文である。便宜のために，テキスト中に①〜⑤のような文番号を付してある。

(1)　　　①龍馬を斬ったと伝わる刀（脇差）である。②持ち主は京都見廻
　　　　組の桂早之助で，慶応 3 年（1867）11 月 15 日，京都の醤油商・
　　　　近江屋の 2 階に突入した 1 人だった。③あらかじめ天井の低
　　　　い室内での戦闘を予想し，小太刀の名手が起用された<u>の</u>だ。④
　　　　刀身には無数の傷があり，龍馬と斬り結んだ際の壮絶な様が伝
　　　　わってくる。⑤この刀は後年，桂家から当館に寄贈されたもの
　　　　<u>である</u>。　　　　　　　　　　　　　（霊山歴史館の展示物の説明）

(1) は 5 文からなり，そのうち 4 文が名詞述語文である。①⑤がデアル
終止を，③がダ終止をとっている。

　このテキストの③をデアル終止に変えるとデアル終止で一貫したテキ
ストになり，それは実際自然であると思われる。しかし逆に，①⑤をダ
終止に置き換えてダ終止で一貫したテキストにしてみると，少し落ち着
きが悪くなるように感じる。以下に簡略化して示す。

(2)　　　①龍馬を斬ったと伝わる刀（脇差）<u>だ</u>。②持ち主は〜突入した 1
　　　　人だった。③あらかじめ天井の低い室内での戦闘を予想し，小
　　　　太刀の名手が起用された<u>の</u>だ。④〜壮絶な様が伝わってくる。
　　　　⑤この刀は後年，桂家から当館に寄贈されたもの<u>だ</u>。

　ダ終止が自然に使われる③は，なぜ刺客として桂が選ばれたのかとい
う書き手の解釈を述べる文であるが，①と⑤は客観的事実を述べる文で
ある。後者のように書き手の解釈が入る余地がない場合にダ終止は使い
にくい。つまり，ダ終止の方が意味的制限が厳しいのである。

　本稿では，ダ終止とデアル終止は，読者に対する伝え方の違いによっ
て使い分けられると考えるが，その使い分けはテキストによる差がかな
り大きい。以下の分析では，評論的テキストに対する実態調査にもとづ
いて使い分けの傾向を探るという方針をとることにする。

3.　調査の概要

　本稿では，文章日本語のうちの評論的テキストを対象とするが，調査・
分析を行うにあたって評論的テキストにごく簡単な類型化を施しておき
たい。きわめて単純化して言うなら，評論的テキストは，調査や実験結

果について述べる事実的要素と書き手の意見を述べる解釈的要素からなる。そしてそのどちらを相対的に重視するかによって，両者のバランスをとる事実解釈型，解釈的要素を重視する解釈優位型，事実的要素を重視する事実優位型に分けることにする。

調査対象とするのは次の 4 冊の新書である。

1) 　正高信男『ケータイを持ったサル』中公新書，2003 年
2) 　東浩紀『動物化するポストモダン』講談社現代新書，2001 年
3) 　鷲田清一『悲鳴をあげる身体』PHP 新書，1998 年
4) 　猪熊弘子『「子育て」という政治』角川 SSC 新書，2014 年

1) は調査・実験にもとづいて見解を引き出していく事実解釈型である。2)，3) は他者の見解を検討し独自の見解を引き出していく解釈優位型と考えられる。4) は事実を積み重ねていく中に書き手の見解が挿入される事実優位型である。1)〜3) はデアル体を基調とする中にダ体が用いられており，4) はダ体を基調とする中にデアル体が用いられている。

調査にあたってスタイルの観点から述語の品詞分類を行う。名詞とナ形容詞，名詞的な助動詞類（「のだ」「だろう」など）を文末にとる述語を名詞型述語と呼ぶ。同様に，動詞と動詞的な性質をもつ助動詞類（「かもしれない」など）を文末にとる述語を動詞型述語，イ形容詞とイ形容詞的な性質をもつ助動詞類（「らしい」「たい」など）を文末にとる述語を形容詞型述語と呼ぶ。述語が省略された文や他者の見解の引用などは「その他」として一括する。

表 1 は品詞分類を施した形で 4 冊の新書を概観したものである。

表 1 品詞型別概観

	文総数	動詞型	名詞型	形容詞型	その他
ケータイ	1,749	967 (55.3%)	639 (36.5%)	128 (7.3%)	15 (0.9%)
動物化	1,258	762 (60.6%)	399 (31.7%)	92 (7.3%)	5 (0.4%)
悲鳴	1,554	757 (48.7%)	605 (38.9%)	71 (4.6%)	121 (7.8%)
子育て	1,725	1,044 (60.5%)	497 (28.8%)	129 (7.5%)	55 (3.2%)

評論的テキストにおけるダ体とデアル体の混用 | 229

　品詞性に関する全体的な傾向にはある程度の共通性が見られる。動詞型述語が約 50 〜 60% でもっとも多く，名詞型述語が 30 〜 40% で続く。形容詞型述語は 5 〜 8% 程度にとどまる。

　次節では調査の結果を示しながら順次考察を加えていくことにする。

4.　ダ体とデアル体の混用の実態

4.1　『ケータイを持ったサル』の名詞型述語

　正高信男著『ケータイを持ったサル』（以下，『ケータイ』と略す）から調査結果を見ていくことにしよう。以下の考察では，まず「だ／である」のような述語化形式が付加する名詞の意味分類にもとづいて数量的な傾向を探り，その後，用例の観察を行っていくことにする。

　『ケータイ』はグラフや図を用いて論文に近い文体で議論が進められていく事実解釈型のテキストである。名詞型述語 639 例のうち推量や否定，疑問を除く 454 例を，述語化形式と名詞分類によって整理すると表 2 のようになる。

表 2　『ケータイ』の名詞型述語

	用例数	普通名詞	形式名詞	ナ形語幹	その他
ダ終止	109	5 （　4.6%）	104（95.4%）		
ダッタ終止	31	5 （16.1%）	26（83.9%）		
デアル終止	272	104（38.2%）	158（58.1%）	5 （1.8%）	5（1.8%）
デアッタ終止	31	20（64.5%）	8（25.8%）	2 （6.5%）	1（3.2%）
名詞終止	9	8 （88.9%）		1（11.1%）	
その他	2	2（100.0%）			

　名詞の分類としては普通名詞と形式名詞の区別が重要である。普通名詞は「X は Y だ／である」のような典型的な名詞型述語文の文型の述語となるのに対して，形式名詞の多くは認識（「ようだ」「はずだ」）や説明（「のだ」「わけだ」）にかかわるモダリティを表す文法形式であり，性質が大きく異なるからである。

さて，表2に目を向けてみよう。全454例のうちダ終止が109例（24.0%）であるのに対してデアル終止は272例（59.9%）であることから，このテキストはデアル体を基調とするテキストにダ体を混用するタイプであることが確認できる。過去形としてはダッタ終止とデアッタ終止が同数となっている。

名詞について注目されるのは，ダ終止をとる名詞の95.4%（104例）が形式名詞であり，普通名詞はわずかに4.6%（5例）に過ぎないということである。つまり，このテキストにおけるダ終止は「XはYだ」のような名詞型述語構文にはほとんど現れず，書き手が先行する文や文脈と関係づけたり言い換えたりする名詞性の助動詞文をとるのにもっぱら使われるのである。一方，デアル終止においても形式名詞は多い（158例，58.1%）が，普通名詞も相当数存在する（104例，38.2%）。

このテキストにおけるダ終止とデアル終止の使い分けの傾向性を考えるために，普通名詞と形式名詞それぞれについて実例を検討していくことにしよう。

まず，普通名詞の場合である。デアル終止をとる例は次のようなものである。なお，以下の例ではダ終止と名詞終止を対比して示すことにする。左側（ひらがな）が用例で使われている形式，右側（カタカナ）が対比のために示す形式である。

(3) 高校生を子に持つ親を対象に，子どもに月々いくらお金をかけているのかを詳細に調べることにした。調査の協力を仰いだのは都市部に住む夫婦健在のホワイトカラーの家庭，計三〇〇世帯 {である／？ダ}。　　　　　　　　　　　　（『ケータイ』p. 36）

(4) もちろん，サラリーマンは都市生活者のエリート層であり，あこがれの職業であった。そして配偶者としてサラリーマンを夫に持つことが，女性にとって羨望の的となったのもまた，当然の成り行きであった。いわゆる「奥さん」になること，つまり主婦の誕生 {である／ダ}。　　　　　　　　（『ケータイ』p. 159）

(3) は著者の行った調査の概要を説明する箇所であり，客観的事実を述べることが目的である。『ケータイ』のようなテキストではこの文脈でダ終

止は使いにくいように感じる。(4) は言い換えによって結論にふさわしい
フレーズを提示しており，書き手の主張が現れる文である。ダ終止でも
おかしくない。

普通名詞がダ終止をとるきわめて少数の例から 2 例を次にあげる。

(5) でも，子どもは思春期にさしかかり，それまでとうってかわっ
   て，親に関心を示さなくなることが多い。いわゆる<u>反抗期</u> {だ
   ／デアル}。   (『ケータイ』p. 141)

(6) 問題なのは，他の出費の項目である。(中略)。例えば，小遣い
   がその<u>典型</u> {だ／デアル}。親は高校生になった子どもに毎月い
   くらぐらいのお金を渡しているのだろうか。(『ケータイ』p. 38)

(5) は (4) と同様の言い換えの例である。(6) は「他の出費の項目」の典
型例として示されているが，あえて「小遣い」に言及したことに書き手
の意見が現れていると言えるのかもしれない。

形式名詞の用例に目を向けることにしよう。形式名詞の大部分を占め
る「の」についてデアル終止の例とダ終止の例を次にあげる。

(7) そして，昨今の日本の親子関係とは，母親が何不自由なく思う
   がままに密着した状態で養育を行ったため，かえって子どもの
   社会化に悪影響を及ぼしているという点で，順位の高いニホン
   ザルの母子と類似している<u>の</u> {である／ダ}。(『ケータイ』p. 30)

(8) われわれはややもすると，家庭の妻というのは，主婦として家
   事を切り盛りし，また母親として当然のごとく子育てを行うも
   のだと考えがちである。しかし実のところ，文明が成立して以
   降，子どもが主に自分の親によって養育されてきた時代という
   のは，つい最近始まったことな<u>の</u> {だ／デアル}。

                                        (『ケータイ』p. 151)

どちらの例においても，ダ終止とデアル終止はともに自然に用いること
ができる。ダ終止には書き手の個人的な意見というニュアンスが強くう
かがわれ，デアル終止はより一般性の強い意見というニュアンスをうか
がうことができるように思われる。

「とおり」は「の」とは際だって異なった振る舞いをする。デアル終止

のみで用いられ，しかもダ終止に置き換えることは難しい。

(9)　　投資すれば，第二プレイヤーの所持金は五〇〇〇円少なくなる。
　　　　その代わり，投資を受けた第一プレイヤーは一万円を受け取る。
　　　　もちろん，投資を拒んでも一向にかまわない。実験の流れは以
　　　　上のとおり {である／ ?? ダ}。　　　　　（『ケータイ』p. 105）

この例は，実験のルールや手順を説明するものである。最後のまとめと
して使われる「とおり」は，普通名詞で見たのと同様に，書き手の意見
が入り込む余地がないためダ終止をとりにくいのだと思われる。

　『ケータイ』の観察からわかるのは，このテキストではダ終止とデアル
終止の違いが容認性の違いとして比較的はっきりと現れるということで
ある。これが事実解釈型の特徴と言えるかもしれない。

4.2　『動物化するポストモダン』の名詞型述語

　次に東浩紀著『動物化するポストモダン』(以下，『動物化』)の調査結
果を検討したい。『動物化』は気鋭の批評家の手になる著作であり，アニ
メなどから例をとりつつ抽象性の高い論理が展開される解釈優位型のテ
キストである。

　『動物化』の名詞型述語399例のうち，本稿の対象となるのは315例で
ある。これを述語化形式と名詞分類によってまとめたのが表3である。

表3　『動物化』の名詞型述語

	用例数	普通名詞	形式名詞	ナ形語幹	その他
ダ終止	110	14 (12.7%)	92 (83.6%)	4 (3.6%)	
ダッタ終止	12	7 (58.3%)	5 (41.7%)		
デアル終止	189	104 (55.0%)	82 (43.4%)		3 (1.6%)
デアッタ終止					
名詞終止					
その他	4	2 (50.0%)	1 (25.0%)	1 (25.0%)	

『動物化』においては，全315例のうちダ終止が110例（34.9%）であるのに対してデアル終止は189例（60.0%）であり，このテキストは『ケータイ』と同様，デアル体を基調とするテキストにダ体を混用するタイプであると認められる。過去形としてはデアッタ終止ではなく，ダッタ終止が選ばれている点にも留意しておきたい。

名詞分類の観点からも『ケータイ』と類似した傾向を読み取ることができる。ダ終止をとる名詞の83.6%（92例）が形式名詞であり，普通名詞は12.7%（14例）にとどまる。デアル終止については，普通名詞が55.0%（104例）と半数を超え，43.4%（82例）の形式名詞と拮抗している。デアル終止に見られる普通名詞の割合は『ケータイ』の38.2%に比較するとかなり高い率を示している。

普通名詞の用例から見ていくことにしよう。(10)は『動物化』中のパラグラフのひとつである。デアル終止が2例，ダ終止が1例含まれているが，筆者の語感ではどの例もデアル終止，ダ終止をともに用いることができるように思う。

(10)　いずれにせよここで重要なのは，ヘーゲルではなく，その歴史哲学にコジューヴが加えたある解釈{である／ダ}。より正確には，彼が講義の二〇年後に『ヘーゲル読解入門』の第二版に加え，以後，少なくとも日本では有名となったある脚注{である／ダ}。第一章でも簡単に紹介したように，そこでコジューヴは，ヘーゲル的な歴史が終わったあと，人々には二つの生存様式しか残されていないと主張している。ひとつはアメリカ的な生活様式の追求，彼の言う「動物への回帰」であり，もうひとつは日本的なスノビズム{だ／デアル}。　　　（『動物化』p. 97）

『動物化』のような著者の解釈を中心に述べていくタイプのテキストでは，ダ終止とデアル終止の差はあまり大きくないように思われる。しかし，普通名詞がデアル終止に偏って用いられていることを考えると，『動物化』は，ダ終止でも可能ではあるものの，あえてデアル終止を中心にテキストを構成しているものと思われる。

つづいて形式名詞に目を向けよう。形式名詞では形式によって偏りが

見られる。「の」はデアル終止 24 例に対してダ終止 45 例，「から」はデアル終止 14 例に対してダ終止 20 例となり，ダ終止が選ばれることが多いが，「こと」はデアル終止 18 例に対してダ終止 3 例であり，デアル終止に偏っている。

この違いは，「の」「から」「こと」を文末にもつ文を書き手が読者にどのように提示するかということに起因する可能性がある。「の」と「から」の用例を見てみよう。

(11)　オリジナルを前にしたとき，鑑賞者はそこに何か作品を超えた「儀式」との繋がりを感じる。コピーにはその繋がりがない。つまり，オリジナルとコピーの区別は，その儀式との繋がりの有無（アウラの有無）によって決定されているというわけで，これはまさに近代的な世界観を反映した美学な<u>の</u>{だ／デアル}。

(『動物化』p. 85)

(12)　しかし実際にはこのテクストもファイルの本体ではない。というのも，コンピュータが処理しているのは，あくまでも二進数の数列であり，決して英数字そのものではない<u>から</u>{だ／デアル}。したがって，同じファイルはまた別の方法で表示することもできる。　　　　　　　　　　　　　　（『動物化』p. 154）

(11) はこの内容における帰結を主張する文脈において，ダ終止が用いられている。デアル終止でも容認可能だと思われるが，著者の個人的な見解を表明する文としてダ終止が効果的に用いられているように思う。一方，(12) の「から」については，直前の文における主張を裏づける根拠といったものを補足的に添える機能をもつ文である。ダ終止にはこのような用法が多く見られる。

「の」「から」とは逆にデアル終止が多い「こと」の用例も見ておこう。

(13)　さらに重要なのは，この変化が，原作の再利用や周辺企画だけではなく，また原作の構造そのものにも大きな影響を及ぼしていた<u>こと</u>{である／ダ}。　　　　　　　（『動物化』p. 60）

(13) もデアル終止だけでなくダ終止も自然だと思われる。しかし，パラグラフ冒頭に配置され，この一文をめぐって議論が展開されるという文

脈には，個人的な見解を表すダ終止よりも一般性の高い意見を表すデアル終止の方がふさわしいと考えられる。

　『動物化』の結果を簡単にまとめておく。『動物化』は著者の解釈を中心として議論が進められることから，ダ終止とデアル終止のどちらも用いることができる状況が多い。その一方で，デアル終止を基調とすることで，個人的な見解の表明に止まらないテキスト構成を狙っているのではないか。

4.3　『悲鳴をあげる身体』の名詞型述語

　つづいて鷲田清一著『悲鳴をあげる身体』（以下，『悲鳴』と略す）の調査結果を見ていく。『悲鳴』は哲学者の手によって闊達な文章で抽象度の高い議論が展開される解釈優位型のテキストである。

　表 4 は，『悲鳴』の名詞型述語 605 例のうち，本稿の対象となる 461 例を述語化形式と名詞分類によって整理したものである。

表 4　『悲鳴』の名詞型述語

	用例数	普通名詞	形式名詞	ナ形語幹	その他
ダ終止	144	31 (21.5%)	105 (72.9%)	5 (3.5%)	3 (2.1%)
ダッタ終止	9	3 (33.3%)	6 (66.7%)		
デアル終止	258	86 (33.3%)	154 (59.7%)	7 (2.7%)	11 (4.3%)
デアッタ終止	14	5 (35.7%)	7 (50.0%)		2 (14.3%)
名詞終止	22	16 (72.7%)	3 (13.6%)	1 (4.5%)	2 (9.1%)
その他	14	9 (64.3%)	5 (35.7%)		

　『悲鳴』では，461 例のうち，ダ終止が 144 例（31.2%）であるのに対してデアル終止が 258 例（56.0%）となり，『ケータイ』『動物化』と同様，デアル終止を基調としたスタイルをとっていることがわかる。しかし，『悲鳴』のテキストは『ケータイ』『動物化』とはかなり異なる印象を与えるものである。

　ダ終止をとる名詞としてはやはり形式名詞の割合が多いが，数値としては 72.9%（105 例）にとどまる。これは，『ケータイ』『動物化』に比べ

ると 10 〜 20 ポイントほど少ない。一方，普通名詞が 21.5%（31 例）を占めているのは『ケータイ』の 4.6%，『動物化』の 12.7% と比べると 10 ポイント近く高いことは注目すべきであろう。デアル終止をとる名詞は形式名詞が 59.7%（154 例），普通名詞が 33.3%（86 例）である。

　それでは，名詞分類の側から用例を見ていくことにする。まず，普通名詞がダ終止をとる例である。

（14）　一つめは，私の友人，菅原和孝の『身体の人類学－カラハリ狩猟採集民グウィの日常行動』(河出書房新社){だ／デアル}。

（『悲鳴』p. 189）

（15）　村上龍の小説『ラブ＆ポップ』のなかに，ぐっと胸のつまるような場面がある。トパーズの指輪を盛り場の宝石売り場で見つけ，痛切に欲しくなって，援助交際を決意する場面{だ／デアル}。

（『悲鳴』p. 152）

（14）（15）のような例は，『ケータイ』や『動物化』であればあるいはデアル終止を選択していたのではないかと思われるような文脈である。このような文脈で『悲鳴』はダ終止を用いることがある。

　これに加えて，量的に際だって多いというわけではないものの適宜挿入される名詞終止にも注目したい。

（16）　揚げ物で洋服にあたるのがフライ{φ／ダ／デアル}。フライは中身の肉をいかに汁ごと密封するかがポイントだ。衣と中身のあいだにすきまができたら失敗ということになる。天麩羅は反対{φ／ダ／デアル}。素材をそっくり包み込むのではなく，素材を透かし見せて食欲をそそる。

（『悲鳴』p. 145）

名詞終止を用いると文の独立性が弱くなり，次の文との連続性が生まれるように感じられる（安達 2017b）。名詞終止を効果的に用いることで生まれる緩急によって『悲鳴』のテキストは「独特の闊達さ」を手に入れているように思われる。

　形式名詞に目を転じよう。ダ終止は情報を補足するように用いられ，デアル終止は書き手の主張を表すように用いられることが多い。このふたつを使い分けることでテキストとしての流れを作り出している。「の」

の例で確認しておこう。

(17) フルートは，半音を出そうとすると脇に別の穴を空けて，指が
　　　届かないとレバーをつけるというふうに，笛を改良する。よい
　　　音を出すために楽器の構造を精密にしていく<u>の</u>｛だ／デアル｝。
　　　それに対して和笛のばあい，指づかいや首の角度など，吹くほ
　　　うが身体を微妙に調節して音を出す。　　　　　（『悲鳴』p. 144）

(18) このように，身体はあるときにはわたしたちの行為を支えなが
　　　らわたしたちの視野からは消え，あるときにはわたしたちがな
　　　そうとしている行為を押し止めようとわたしたちの前に立ちは
　　　だかる，まことに奇妙な「ボディ」な<u>の</u>｛である／ダ｝。

（『悲鳴』pp. 41–42）

『悲鳴』について簡単にまとめておこう。『悲鳴』は，『動物化』と同
様，書き手の見解を中心に論述が進んでいく解釈優位型であるが，両者
はテキストの構成のしかたが異なる。解釈優位型は，ダ終止とデアル終
止をどちらも用いることができるケースが多いが，『動物化』がデアル終
止を中心にテキストを構成していたのに対して『悲鳴』はダ終止をより
多く用い，さらに名詞終止を効果的に用いることで，書き手の見解を説
得的に述べる文体を獲得していると言える。

4.4　『子育てという政治』の名詞型述語

　最後に取り上げるのは猪熊弘子著『「子育て」という政治』(以下，『子
育て』と略す)である。ジャーナリストの手になる事実優位型のテキスト
として『子育て』の名詞型述語を観察することにする。

　『子育て』の名詞型述語全497例のうち本稿の対象となるのは371例で
ある。表5は述語化形式と名詞分類の観点からまとめたものである。

238 | 安達太郎

表5 『子育て』の名詞型述語

	用例数	普通名詞	形式名詞	ナ形語幹	その他
ダ終止	222	60 (27.0%)	126 (56.8%)	32 (14.4%)	4 (1.8%)
ダッタ終止	61	37 (60.7%)	22 (36.1%)	2 (3.3%)	
デアル終止	49	31 (63.3%)	13 (26.5%)	4 (8.2%)	1 (2.0%)
デアッタ終止	7	7 (100.0%)			
名詞終止	31	26 (83.9%)	2 (6.5%)	1 (3.2%)	2 (6.5%)
その他	1		1 (100.0%)		

　『子育て』の371例のうち，ダ終止222例（59.8%），デアル終止49例
（13.1%）とダ終止を基調とするテキストであり，デアル終止の割合の低
さが際だっている。名詞終止は31例（8.4%）と4著作の中ではもっとも
高い割合を示している。また，過去の出来事に言及することも多いこと
から過去形の使用数も多い（ダッタ終止61例（16.4%），デアッタ終止7
例（1.9%））。

　ダ終止は普通名詞27.0%（60例）に対して形式名詞56.8%（126例）と
いう比率である。ダ終止をとりにくい普通名詞にあえてダ終止を用いる
ことで，書き手の個人的目線で事実を捉えることを表すのがジャーナリ
スティックな事実優位型の特徴と言えるだろう。また，他の著作に比べ
るとナ形容詞の出現数が多く（39例），そのほとんどがダ終止をとってい
る（14.4%（32例））。デアル終止は普通名詞63.3%（31例）に対して形式
名詞26.5%（13例），名詞終止は普通名詞83.9%（26例）に対して形式名
詞6.5%（2例）と，普通名詞に偏っていることが分かる。

　それでは，普通名詞の例から見ていくことにしよう。先ほども述べた
ように，『子育て』では普通名詞がダ終止をとる例がかなり見られる。

(19)　規制緩和，そして待機児童の問題と大きく結びついているのが，
　　　保育事故｛だ／デアル｝。　　　　　　　　　　（『子育て』p. 99）

(20)　親にとっては通勤途中で預けられて便利な駅前は，子どもが1
　　　日の半分を過ごすには，あまりふさわしくない場所｛だ／デア
　　　ル｝。騒音がひどいし，交通が激しくて事故の危険も多い。

　　　　　　　　　　　　　　　　　　　　　　　　　（『子育て』p. 55）

日時や数量など客観的な事実を述べる例では名詞終止が用いられることもある。

(21)　女の子が亡くなったのは，2011 年 2 月 10 日 {φ／ダ／デアル}。認可外の「保育室」で，お昼寝中のことだった。

（『子育て』p. 102）

(22)　杉並区の母親たちが怒りを爆発させたことには，明確な理由がある。2012 年 10 月の段階で，足立区が発表していた待機児童数は 429 人 {φ／ダ／デアル}。それに比べ，杉並区での待機児童数は 63 人，4 月時点では 52 年と発表されていた。

（『子育て』p. 136）

形式名詞では圧倒的にダ終止が用いられている（ダ終止 76.8%，デアル終止 7.9%）。「の」の数字だけを示すと，ダ終止 56 例に対してデアル終止はわずかに 4 例である。また，ナ形容詞もダ終止 32 例に対してデアル終止は 4 例に過ぎない。

(23)　保育所は 11 時間開所が基本となっていて，多くの保育所で 13 時間オープンするようになってきている。13 時間といえば，朝 7 時から夜 8 時まで。1 日の半分以上の時間を過ごす場所になるの {だ／デアル}。　　　　　　　　　　　　　（『子育て』p. 54）

(24)　子どもが病気になったときに，それでも働かなければならない人は大勢いて，病児・病後児保育など，預ける先は確かに必要 {だ／デアル}。しかし，一方で心配なく休める社会であることも必要なのに立ち後れている。　　　　　（『子育て』p. 194）

『子育て』についてまとめておく。このテキストはダ終止を基調として構成されており，普通名詞に対してもダ終止を多く用いる点で特徴的である。新聞記事に近い性質をもつテキストと言ってよいだろう。

5.　まとめ

本稿では便宜的に導入したテキストタイプにもとづいて評論的テキストのスタイルについて考察を行った。まとめると次のようになる。

1)　『ケータイ』のような事実解釈型はデアルを基調としてテキストを構

成する。事実をデアル終止，書き手の解釈をダ終止が担うといった使い分けがもっとも明確に現れる。

2）『動物化』や『悲鳴』のような解釈優位型もデアル終止を基調とするが，ダ終止とデアル終止の違いはニュアンスの差にとどまる。ダ終止や名詞終止の用い方によってテキストのもつ性質の振れ幅が大きい。

3）『子育て』のような事実優位型はダ終止を基調としてテキストを構成する。事実を積み重ねていくのには不向きなはずのダ終止を用いることで書き手目線で事実を捉えるという姿勢を打ち出す。

　本稿で行ったのはごく小規模な調査に過ぎず，評論的テキストを上の3種のテキストタイプで十分記述することができると考えているわけではない。日本語のスタイルを捉えるための視点を提供することを目的としたケーススタディとして本稿を位置づけたい。

参照文献

安達太郎（2017a）「ダ体の意味—山田美妙のダ体作品を中心に—」『京都橘大学研究紀要』43, pp. 1–13.

安達太郎（2017b）「スタイルから見た新聞記事の名詞型述語文」『現代日本語研究』7, pp. 8–22.

仁田義雄（2009）「日本語の文法カテゴリ」『仁田義雄日本語文法著作選　第1巻』, pp. 7–28, ひつじ書房.

野田尚史（1998）「「ていねいさ」からみた文章・談話の構造」『国語学』194, 左 pp. 1–14.

メイナード，泉子 K（1991）「文体の意味－ダ体とデスマス体の混用について」『月刊言語』20-2, pp. 75–80.

日本語文法研究と国語における文法教育

山田敏弘

1. はじめに

　それぞれの学問領域には，特にめざましい発展を遂げる時期というものがある。日本語研究については，1980年代からの日本語教育文法の必要性も手伝って，前世紀末にめざましい発展を遂げた。その節目の一つが仁田（1980）に代表される「語彙論的統語論」という考えであることは疑いがなく，現在，文法研究に携わっている者の多くは，この成果の中にいる。

　一方，実際の教壇で異なる立場から文法を語る本論文集執筆陣は，それぞれの文法研究のみならず文法教育に対して，個別の理想を抱き各種テーマの下，文法を論じていることであろう。だが，学校文法と現代日本語文法研究の接点に立たされる教育学部教員としては，隔靴掻痒の思いを抱いてやまない。それは，両者の乖離が看過できないほどに大きくなったことのみならず，この日本語文法研究の成果が，いっこうに，国語の文法教育に役立つものになっていかないためである。現在主流となっている現代日本語文法研究の潮流においても，この国語教育への還元意識が，依然として十分高く共有されているとは言いがたい。

　国語教育の文法に多くの提言をしてきた文法研究は，永野（1958，1961）や三上（1963a）に代表されるように，少なくない。しかし，その中で，学ぶものの立場や現場で教える教師の立場は，半世紀前の永野の一連の研究を除き，決して常に意識の中心にあったとは言えない。「より

正しい文法」を議論し創造していくことはよいが，広く学ぶ者と教える者に利益あってこそ有益な改革であることが，忘れられていはしないだろうか。

本考察では，国語の文法教育が現在直面している課題をいくつか取り上げ，これまでの日本語文法研究がどのように国語教育に寄与してきたかを検証し，また今後，解決策を提示しうるかを検討していく。

2. 主語

まず，主語の問題を取り上げる。

主語に関する考え方はさまざまある。三上章 (1953) のように，主語を一補語と位置づけ特別扱いを認めない立場もある。三上らしい学校文法に対するアンチテーゼに追随する立場も少なくない。

主語に関して言えば，目的語や他の連用修飾をする文節と同様，述語に係っていく点を重視すれば，主語は不要となる。しかし，主語しかもたない性質もある。仁田 (2010, pp. 193ff) は，三上 (1953) に述べられる主語の特徴を①〜⑤のようにまとめた上で，事態の自己制御性の観点からいくつかの特徴 (⑥〜⑧) を付け加える。

① 主格はほとんどあらゆる用言に係るが，他の格は狭く限られている。

② 命令文で振り落とされる。

③ 受動は主格を軸とする変化である。

④ 敬語法で最上位に立つ。

⑤ 用言の形式化に最も強く抵抗する。

⑥ 直接受身文における事態の自己制御性は，（動作主体でなく）主語が関わる。

⑦ 「つもりだ」「したがっている」など，主語めあての文末形式がある。

⑧ 「うっかり」など，主語めあての副詞がある。

これら①〜⑧の特徴をもって，主語を認定するに足るか否かを考えることは別におこなう必要があるが，本考察はその吟味を目的とするもの

ではない。一つの概念の正否は，基準次第である。単語認定しかり，主語しかり，人間の所行でありながら自然の産物である言語に関しては，絶対的な基準などない。これらの特徴が主語の存否を十分根拠づけるか否かについて，それはそれでより妥当な答えを求めて議論がなされればよいが，むしろ，ここで吟味したい問題は，現在の学校文法との関連性である。

　主語を認める立場は，小学校学習指導要領「第 2 章各教科　第 1 節国語」の第 2 「各学年の目標及び内容」に次のように記される。

〔伝統的な言語文化と国語の特質に関する事項〕

〔第 1 学年及び第 2 学年〕

　　2　　内容〔知識及び技能〕

　　　カ　文の中における主語と述語との関係に気付くこと。

〔第 3 学年及び第 4 学年〕

　　2　　内容〔知識及び技能〕

　　　カ　主語と述語との関係，修飾と被修飾の関係，指示する語句と
　　　　接続する語句の役割，段落の役割について理解すること。

　　　　　　　　（文部科学省 平成 29 年 3 月『小学校学習指導要領』より）

　ここで注意しなければならないのは，小学校低学年に「主語」と「述語」という概念を持ち込みながらも，何を「主語」と認めるかが，同「解説」を含めて明確でない点である。そのため，学校で「何が」や「何は」を主語と言う事態が生じてしまう。それは，学術的に明確であるというよりも，小学校低学年児童に明確に伝える術に対し，個々の取り組みは見られるものの，日本語文法の研究に関わる学界が全体として，十分な見解を示していないことを示す。このことこそが問題なのである。

　一方で，三上（1963b など）が主張するように文節間の関係として連用修飾の一つでしかない主語と述語の関係が，学校文法においては，他の連用修飾と絶対的に分けられる。たとえば，「雨が」と「降る」の関係は，連用修飾の関係と捉えてはいけないのであって，主語と述語の関係とのみ捉えることが正しい解答とされている。主語は特別な存在なのだ。

　問題は，三上の主語論との異同ではない。主語を特別扱いしつつも，

常に「何が」「何は」という形式として覚えることによって子どもたちに伝えられていることである。そこに教師も膠着した考えを抱いてしまう。「は」が付いた名詞句を主語と教えてしまう国語教師もいる。もちろん，主題の「は」が主語でない場合を含むことは，拙論読者に説明の必要はないだろう。だが，学校では形式に機能は常に付随する。そうでないと覚えられないからであろうか。「考える」という過程が文法学習にないことこそが問題である。

　三上 (1953) や仁田 (2010) の主語に関する捉え方は柔軟である。上に示したように論拠があり議論されているからである。根拠に基づき考える教育が求められるこれからの学校教育に対し，説明を付せば大きな示唆を与える。主語に対する文法的議論が，より多くの国語教師とその生徒に，より資するものとして受けとめられていくことを期待したい。

3.　格助詞としての「まで」

　学校文法の格助詞は，以下の 10 個である。

　　　　が，の，を，に，へ，と，から，より，で，や

　語呂合わせで「鬼の屍が戸から出よりや（を，に，の，へ，が，と，から，で，より，や）」，あるいは「鬼が戸より出，空の部屋（を，に，が，と，より，で，から，の，へ，や）」などと覚えることがあると言う教育学部生もいる。そこには，典型的な格助詞を考えることも格助詞の機能を考えることもない。「呪文」中に該当するものがあれば格助詞と指摘することで，テストで点が取れるから覚えるという，現代の文法教育の姿そのものが見える。

　さらに，テストでも知識が偏重される。それをなぜか考えることがなく答えさせるタイプのテストを，文法の存在自体が要求しているとしたら，それは単に情緒的に不幸であるというだけでなく，「文法」というもの自体が誤って捉えられていると言わざるを得ない。

　学校文法とその基礎となった橋本文法が，近い時期に存在した，山田文法や時枝文法などとともにひとつの考え方でしかないこと，また，日本語教育などそれぞれの目的に応じた文法があること，文法は結果のひ

とつでありそれ自体が目的でないことなどは，言を俟たない。文法を帰納的成果と捉えないことを象徴するのが「まで」の扱いである。

「まで」は，学校文法では副助詞である。上記の「呪文」にも含まれていないことから，「家から学校まで歩く」に見られる格助詞として「まで」を選択したら，学校のテストでは×を付けられてしまうであろう。これが教師の不勉強によって出題されたものであったとしても，学校教科書にも載せられていないものを格助詞とすることはできない。

もちろん，日本語研究における「まで」は，副助詞の用法のほかに，「が」や「を」と同じ連用修飾用法をもつ。つまり，副助詞と格助詞の両方の用法をもつのである。「名詞に付いて他の文節との関係を表す助詞」という定義があってこそ正しく捉えられることが，暗記に堕してしまっていることによってねじ曲げられている。ここで，定義から理解したまっとうな生徒が苦しむ。

中学校の教科書において格助詞が上記10個に限定されているのは，古典文法とのつながりを重視するからであろうか。この姿勢は「で」を最後のほうに置いていることからもわかる。「にて」から発達した「で」は，格助詞の中では新参者。「に」に類似する多様な機能があり，現代語における頻度が他に引けを取らない助詞であっても，この位置なのである。「の」の位置も，連用用法と連体用法を混在させる証拠である。これは，かつて名詞修飾節以外でも主格を示した名残であり，古典文法の発想である。古典文法とつなげることが最大の目的となっている学校における現代語文法ではしかたがないこととはいえ，現代語でこのような順序に並べることは，「鬼の屍」の呪文と大差ない。

この小さな「まで」の位置づけの改革は，学校文法が考えるための道具となれるかの試金石である。

4. 「だ」

形式と機能との一対一対応が，実際に教えられている学校文法の象徴である。それは，文末に置かれ述語となる「だ」に「断定」という機能を与えていることにも見て取れる。

「明日は雨だ。」のような言い切り文において，「だ」は確かに断定という判断のモダリティを担う存在である。「明日は雨だと思う。」というときの「だ」も，いったん断定で言い切った文に，引用という対人モダリティまで含み込める形式を介して判断を弱める「思う」を後接させることで，全体として判断を弱めていると言える。

しかし，「明日は雨だろう。」が，「断定の助動詞『だ』の未然形に推量の助動詞『う』が付いたもの」という説明に，多くの中学生が首をかしげる。たとえ，前者の「だ」に付された「断定の助動詞」が単なるラベルであり機能とは別であると言っても通じない。しかも，後者の「う」は，機能とラベルの一致した「推量」という働きを文中でしているため，説明自体が矛盾に陥ってしまう。少なくとも現代語においては，「だろう」全体で推量の助動詞であると言うにはハードルが高い。学校文法の語源重視という姿勢を改めなければならないからである。

このような変革が，古典文法への助走としての現代語文法という基本的な考えを変更させる大きな主張となることは理解する。だからこそ改革は進まない。そこに学校文法，ひいては国語教育がいつまで経っても，現代に役立つ学問になりきれない姿勢が浮かび上がる。国語は，前回の学習指導要領以降，すべての教科となる基礎となる言語力と位置づけられている。しかし，国語はいまだに言語文化素養教育に固執する。自国の言語文化の教育が重要であることは十分に理解するが，それだけに拘泥しより大きな責務を果たさないでいる姿勢には首をかしげざるを得ない。

さらには，すべての文末が「だと思います。」で終わる授業後の省察も後を絶たない。「だ」が断定であるかどうかよりも，「だと思う」が「だ／である」とどう違うかが，表現領域では重要である。文末表現の談話機能の教育が不十分なのである。どのような判断がどのような形式で示されるべきかという，機能面から再整理した役立つ文末表現の文法授業のために，「だ」の扱いをまっとうなものへと改めるべきである。

5. 補助動詞

「食べている」。この短い中に2つの動詞がある。これが,学校文法の立場である。「食べる」は理解されても「いる」を理解することに困難を覚える中学生は少なくない。

もちろん,この躊躇は「まっとうな」考えをもつ中学生が多いことであり,喜ばしいことであるが,学校文法はこのまっとうさをねじ曲げ,「いる」という動詞を認めさせようとする。

「(て)いる」が語源的に動詞であることは疑いようがない。しかし,すべて語源に立ち戻れば正しいというわけでないことは,格助詞「へ」や接続助詞「て」だけでも十分証明可能である。前者を名詞「辺」と解釈し後者を完了の助動詞と結びつけることは,現代語でナンセンスである。文法化などという用語を持ち出すまでもない。それでも「(て)いる」は,現代においても動詞なのだと教えられる。「まっとうさ」は,恣意的線引きによって葬られ,学ぶほどに霧の中へと誘い込まれる。

語源はともあれ,「(て)いる」は文法化した助動詞であり,「食べている」は一文節である。こう考える根拠は大きく2つある。

ひとつは,意味である。「食べている」に「いる」という意味はない。持続を存在の延長と捉えることで「いる」を見いだすことができるという主張に対しては,「食べてみる」を考えさせることもできる。「食べてみる」の中に「見る」はない。補助動詞に原義そのものはない。

もうひとつはアクセント単位である。「食べている」の「い」を高く発音することがあり得ないことは,全体でひとつの音声的単位であることの証拠となる。「マラソン」と「大会」が別語であったとしても「マラソン大会」は,ひとつのアクセント核をもつ一語であることと同様である。小学校低学年でおこなわれる分かち書きのせいで,「行って　みると」が朗読時に「行ってみると」なのか「行って,見ると」なのか,児童によってばらばらであることがある。分かち書きは,ひらがなが連続する低学年の読みものでも正しく読むことが実現しやすいように工夫された書記法である。それが,音声的な誤りを導くのであれば止めなければならない。

さらに，実際に使われている日本語を俎上に載せ分析させようとすると，「食べてる」や「食べてく」などのい抜き言葉がよく見られる。これらは「正しくないことば」と片付けられないほど，現代日本語に浸透している。今あることばを分析できない文法は，何のためにあるのか。方言の「食べとる」「食べとく」なども同様である。このことは，今の学校文法が，過去は捉えられても未来に直面する課題を解決するためには役立たないということを示している。前学習指導要領に掲げられた「生きる力」を，学校文法は培えないのである。

文法とは，汎用的ルールであり，一部の現象に対する恣意的解釈ではない。であれば，補助動詞のような後世発達し新たな機能を得た形式は，それが使われる時代の学ぶ者に合った分類がなされるべきである。

6. 過去と完了

学びをホーリスティックにする。これは，岐阜大学教育学部附属中学校の平成26年度研究テーマであった。単にその授業時間に限定された知識学習ではなく，その学年の他の教材，さらには他学年での学び，そして人生そのものの中でどう役立つ知識の学修へと系統的に育てていくかがテーマとなって研究授業がなされた。

国語の授業は，汎用性という観点を持ち込むことに非常に消極的である。なぜなら，物語文などは，個別の作品における筆者の心情を読み込むことに多くの時間が費やされるが，結局，教材が変われば課題となる「心情」は同じとならないからである。学べたことは「心情」を読み取る根拠を見いだすことの大切さという抽象的な考えに集約されてしまい，読み取る具体的手法が身についたとは言えないままとなる。この学習における応用力の欠如が，国語と他の教科の学習とで大きく違う点である。

たとえば，「た」の用法は，中学校の文法の時間に，①過去，②完了，③存続，④確認という4つが一般的に教えられているが，この区別が実際の教材の中でどのように役立つか考えられることは少ない。

過去なのか完了なのかを見分けることの困難さは，文法研究に携わる人ならずとも「た」を分析したことがある人なら誰でも気づくことであ

る。これを教材の中で解釈の根拠として用いることは非常に困難である。

　それよりも，物語文では，過去の現象であるのにもかかわらず非過去形で表されている文が多く見られるが，この非過去の用法すらうまく説明できない。この無用さが文法に対する不信感を増幅させる。よく見れば，動作や変化を表す動詞に対しては，基本的に「た」が付き次段階への移行を表すのに対し，状態的な述語に対しては「た」が付いておらず，結局，談話の中で話が進むかどうかの違いであるに過ぎないことが理解されるのだが，単文での文法解説はその説明を与えない。

　また，このような日本語独自の「過去」の使い方が，国語教師にも十分に理解されていないことも問題である。実際の教員免許状更新講習での理解は，そんなものである。動詞が文末に来ず常に現在から捉え過去形を用いる英語と比較することで，「日本語は非論理的な言語」という疑念を払拭できない国語教師も少なからずいるのである。英語と比較して日本語の文法を捉えたことがない人には，「過去」の捉え方が異なることを理解するのは難しい。

　拙論を読み進めてくれている人にとっては，当たり前のことであるが，日本語では文末の単調さを避ける意味もあって「た」をすべての文で繰り返すことはしない。少なくとも文学作品で「た」を繰り返すと，その繰り返し自体が，現時点からの振り返りという一定の効果を演出するためのものとなり，通常の表現方法ではなくなってしまう。

　動詞が最後に来る言語である日本語は，文末に単調さを生じやすい。この語順による表現の違いを，言語の優劣と捉えたがる風潮は，明治以来何も変わっていない。

　さらに，国語教育に携わる者の中に，正しい理由を知らないでその噂の流布に荷担している者がいることも問題である。国語しか知らないのでは，日本語を一言語として他の言語と公平に捉えることができない。現代の国語教師には諸言語と比較する目も必要である。そのような観点が組み込まれた教員養成のためのコアカリキュラムが整備されなければならない。

7. 敬語と待遇表現

　文法研究者の学界（学会）としての成果が，教育を含め一般に還元された例として，敬語の分類に対する変更がある。従来，尊敬語，謙譲語，丁寧語の3分類として捉えられてきた敬語が，平成19年に答申された「敬語の指針」において右のように変更された（表現はいずれも幾分か端的にまとめてある）。

従来の敬語の分類		「敬語の指針」の分類	
尊敬語	主語を高める敬語	尊敬語	その人物を立てて述べる敬語
謙譲語	主語を低める敬語	謙譲語	向かう先の人物を立てて述べる敬語
		丁重語	話や文章の相手に対して丁寧に述べる敬語
丁寧語	場に対する敬語	丁寧語	丁寧に述べる敬語
		美化語	物事を美化して述べる敬語

　謙譲語の一般形式「お（/ご）～する」は，主語を単純に低めることはできない。それは，自動詞から謙譲語を作ることができないことからも明白である。にもかかわらず，これまで謙譲語は「主語を低める敬語」あるいは，「主語を低めることによって動作の相手を高める敬語」とされてきた。文化審議会の「答申」としての「敬語の指針」は，この誤解を訂正するよい機会となった。

　なぜ，「主語を低める」という発想が生じるのか。たしかに「いたす」「参る」「申す」「存ずる」などいくつかの特殊形をもつ動詞は，単独で場に対する配慮を表す。その配慮を「主語を低める」すなわち謙遜するという言い方で表したものとは理解できる。しかし，謙譲語の一般形式「お（/ご）～する」は，主語を低めるという意味をもたない。

　学界レベルではよく知られていた見識（菊地1994など）が，文化審議会答申という形式を借りて周知されたことは喜ばしいことである。しかし，それがすぐに教育に反映されるかと言えばそうでもない。当該答申が，教育への波及について十分に効力のある言及を避けていることもあ

日本語文法研究と国語における文法教育 | 251

り，答申から 10 年経とうとしているにもかかわらず一部の教科書出版社には取り入れる気配もない。学校文法への疑念に対し，「臭いものに蓋をする」という態度であるとすれば，生徒に益となるものとならない。

　変更しない理由は，変更そのものに対する抵抗もあろうが，やはり歴史への配慮が第一であろう。現代語だけで通用する分類は，国語の文法として相容れない。とは言え，言語は時代が異なれば枠組みも異なる。同じ文法で捉えきれるものでもない。ましてや千年の隔たりは，社会における身分階層のありかたも変化させた。敬語は，そのことばが使われる時代・社会における人間関係に対応する言語形式であるため，平安時代と現代のものを同じ分類では捉えられない。であれば，現代には現代の敬語の捉え方があると教えたほうが，他教科（社会科）との教科横断的な連携も図れる。国語だけが閉鎖的であるわけにはいかない。新しい中学校学習指導要領では，五分類へとより踏み込んだ記述となった。今後，教育への積極的な取り入れに期待したい。

　一方，上記分類のいずれを問わず，敬語だけで現代において待遇的に適切なことばの運用ができるかと言えばそうではない。広く恩恵表現や自動詞表現などを含め，待遇表現として適切な言葉遣いを教育していかなければ有用性を欠くが，その視点が学校で文法として教える「敬語」には入っていない。

　現代において，敬語を適切に使えることも重要だが，恩恵を表すことは人間関係を円滑にする上で非常に大切である。「書類作った？」と訊くよりも「書類作ってくれた？」と訊くことが柔らかく聞こえるのは，恩恵が表現されているからこそである。友人とお互いに補助動詞「(て) くれる」を用いて感謝を表現しあうなどは，今の時代だからこそ有効と考えられる教育内容である。この恩恵表現は，古典文法で学ばない近世以降に発達した待遇表現であり，恩恵表現を補助動詞として語源的に位置づける古典文法の枠組みに固執していては，現代に有効な待遇表現を学ぶことはできない。

　また，「お茶が入りましたよ」のような自動詞で柔らかく表現することも，自動でお茶が入るわけがないのに日本語は変な表現をすると言う

252 | 山田敏弘

「日本語を知らない日本人」に正しく教えるべきものである。動作主をことさらに表現しないことも，その動作主が自分自身であれば謙遜の表現になることなど，文法を少し学べば正しく知ることができる。それが学ばれていないで，自らの言語を貶める原因を作っているのは，国語教育の不作為である。そして，その不作為は，学界としても残念なことではないか。

　日本語という言語は，他の言語にない複雑な恩恵表現や独自の自動詞表現をもつ。日本語母語話者の思考の根底はこの言語にあり，そのしくみを相対的に学ぶことは重要である。今こそ，他の言語と比較しつつ，現代の運用に関する日本語のルールを学び始めるときである。

8.　名詞修飾表現ならびに視点の一貫性

　学校文法は，形式を重んじる。そのため，形式がない名詞修飾表現などは，文節間の関係として取り上げられることはあっても，その表現内容や表現活動への応用が指導されることは，ほとんどない。

　しかし，作文教育では，山田（2009, pp. 70ff）でも述べたとおり，名詞修飾表現が文章の主筋と脇筋をはっきりさせるために有効な手段となる。

(1)　○○川への行きかたは，まず，学校からでてまっすぐ××公園まで行きます。そこは，いつもあそぶ公園です。その××公園から，山のほうへ三百メートルぐらい行くと，○○川です。かめや魚がたくさんいます。一ど行ってみてください。

(2)　○○川への行きかたは，まず，学校からでてまっすぐ，<u>いつもあそぶ</u>　××公園　まで行きます。その××公園から，山のほうへ三百メートルぐらい行くと，<u>かめや魚がたくさんいる</u>　○○川　です。一ど行ってみてください。

　(1) では，動作の文，場所説明の文，動作の文，場所説明の文，依頼文とさまざまな文の種類が混在し，文展開の歩調が安定しない文となっているのに対し，(2) では，主文末に移動動作のみが表されているため，流れがよく感じられる。(2) においては，囲み枠で示した場所の状況説明が背景化され名詞修飾表現（下線部）で文の中に組み入れられている。この

ことが，文章の流れをよくしているのである。

　形式に付与された機能に重点を置く学校文法では，このような指導項目に目が向けられることはない。このことは，どのような主語を選ぶかという場合も同じである。日本語では，文脈に表れ主題化されている名詞句は，同じ性質の文であれば省略されるのがふつうである。

(3)　若いメロスは，つらかった。［メロスは，］幾度か，立ち止まりそうになった。［メロスは，］えい，えいと大声上げて，自身をしかりながら走った。［メロスが］村を出て，野を横切り，森をくぐり抜け，隣村に着いたころには雨もやみ，日は高く昇って，そろそろ暑くなってきた。　　　　　　　　（「走れメロス」）

　太宰治「走れメロス」からの引用に，主語を一部主題化して補ってみた。当然［　］で示された主語（主題）は，繰り返されれば，事態間の時間経過表示など，それなりの機能を有する。つまり，省略されることが一連の動作の連続性という点で，通常の文章であることの条件なのである。学校で「主語をはっきり言いましょう」と教えていることは，必ずしも常に当てはまることではない。

　名詞修飾表現や主題の一貫性のような，従来の学校文法には希薄だった形式をもたない形式の機能の教育に対し，学界としての知見を適切にアピールし，教員免許状更新講習などを通じて不断に教育現場に還元し国語教育をよくしていくことが大切なのではないだろうか。

9.　文法研究がなし得る学校教育への寄与

　多くの日本語文法研究の成果は，日々の日本語教育に役立てられてきた。また，仁田（1980）に代表される「語彙論的統語論」は，1990年代に機械翻訳の世界にも大きく寄与した。国語教育についても，文節間関係としての主語－述語の関係に限らず，目的語や状況補語が必要であることも，述語の結合価という観点から説明することができる。この点で確かに学校での教育に対し，「語彙論的統語論」ならびにその流れをくむ文法研究は，理論的根拠を与えていると言えるであろう。

　だが，文法研究がその成果を還元しなければならない点はそれだけで

はない。ここでは，3点挙げる。

　まず，現代を生き抜く力をつけるための視点をもつことである。古典文法への助走としての枠組みは残そうとも，後世発達した補助動詞や，格助詞「まで」のような形式を，不要な語源論に陥れず，現代の機能で捉え使えるようにしていくことを志向するべきである。学校文法の矛盾に苛まれる生徒を少なくするために，時代とともに変化した形式の微細な修正からまずおこなうことが求められる。

　次に，外国語とも比較しながら客観的に日本語を捉える姿勢である。世の中は，英語教育の早期導入へと流れている。「まずは母語を」との声は十分に聞こえてくるが，それだけでは意味がない。英語教育をおこなうなら，日本語ときちんと対照しておこなえばいい。その能力を小学校教員が正しくもち，そこで役立つ文法を研究者が提供すればいい。それもしないで（できないで），母語の大切さを叫ぶだけでは不十分である。小学校での英語教育が充実を目指す今こそ，好機である。小学校英語に対応する日本語文法を構築し，多言語と比較しうる文法を提案してみてはどうだろうか。つなげるべきが千年前の日本語との考えも大切だが，現代の外国語にも通用するべきものであるとの発想が，学校教育現場の当事者に届くように発信しなければならない。それこそが，日本語を千年後に残す手段となる。

　最後に，考える基礎としての文法（的知識）の提供である。これからの学習は知識・技能の修得から，思考力・判断力・表現力を身につけるもの，さらには，それを主体性・多様性・協働性の下におこなうことが求められる。PISA型学力Bやアクティブラーニングに役立つ知見を教育現場は求めている。主語にせよ助動詞「だ」や「た」にせよ，複数の尺度から議論したほうがよい論点は文法にも数多ある。それらを俎上に載せることも提案できる。複眼的に物事を捉える力を備えた子どもたちが育っていくことに，文法は役立つ。

　地方国立大学教育学部で教えていると，日々，文部科学省や有識者会議から投げかけられる「大学教育の実用性」へのシフト要求に眩暈がする思いを抱く。しかしながら，文部科学省が2015年6月8日に出した

「教員養成系学部・大学院，人文社会科学系学部・大学院については（中略），組織の廃止や社会的要請の高い分野への転換に積極的に取り組むよう努める」という内容の通知（下線部は筆者）は，ひとつの社会的見解と受けとめるべきであると考える。

　もちろん，学問全体が実学的でなければならないなどという浅薄な議論に翻弄されることが正しくないことであることは，すべての研究者の一致するところであろう。そもそも文化系の研究に「実用」という単一尺度を持ち込むこと自体，日本における学問の危機であるとすら感じる。しかし，その文化系学問の内向的な志向性こそ問題でもある。文法研究は，それを学ぶすべての人にとって「有用な」文法を提供することが必要なのではないだろうか。国語教師とその児童生徒にとって有用でない文法を変えられないままで，社会の要請に応えていかない姿勢は，いつまで社会に甘受されていくだろうか。

10.　おわりに

　これまで学校文法は，まるで金科玉条のごとく変えられない存在であった。多くの矛盾に気がつきながらも，臭いものに蓋をするかのように看過するばかりであった。三上（1963b, p. 125）の「学校で国語の文法を教わらなかった（現在も教わっていない!?）恨み，よい参考書がない嘆き，のどちらにも同感し同情するよりない」との恨み・嘆きの背景は，半世紀経っても基本的に変わっていない。拙論で屋上屋を架したのは，誰かが言い続けなければならないからである。

　教育学部教員としては，基本的な文法に対する考え方が踏襲されていくこと自体，現場教師の負担を減らす意味で悪くない選択であると感じる。現場の先生たちに課せられる職務の肥大化は，子どもたちに還元されるべき教科の力を伸ばさせないことに荷担している。そもそも，免許法でも教員採用試験でも，知識に対する評価は比重が減じた。文法知識を十分にもたない中学校国語教師は，驚くほど多く，また増えている。そんな中で，三上（1963a）のような「革新」がすべて取り入れられれば，現場を混乱させることは必定である。

しかし，現在の学校文法の矛盾と不作為は，さらに文法を非有用的なものに置き去って行く。新学習指導要領でも，文法は単なる知識と位置付けられた。今志向すべきは未来に資する学問ではないか。そのためには，まず，学校文法の全体的な枠組みは保持したまま個別的な誤謬を訂正し補足していくことから始めるのがよい。この補訂の上で，文法を「与えられたもの」にするのでなく，「考えた結果得られるもの」にしていくべきである。その中からより正しい「文法」が提案されていけば，自然と新しい枠組みが志向されるようになる。

そのためにも，日本語文法研究者は国語教育という大海にこれまで以上に挑み，学界（学会）として声を上げていくべきである。日本語文法研究の知見は，必ずや学ぶ人を幸せにする力を有しているのだから。母語・外国語を問わず，日本語を学ぶすべての人を幸せにする文法研究とその成果還元が，より多くおこなわれていくことを望む。

参照文献

菊地康人（1994）『敬語』角川書店.

永野賢（1958）『学校文法概説』朝倉書店.

永野賢（1961）『実践学校文法』明治図書.

仁田義雄（1980）『語彙論的統語論』明治書院.

仁田義雄（2010）『仁田義雄日本語文法著作選第 4 巻　日本語文法の記述的研究を求めて』ひつじ書房.

三上章（1953）『現代語法序説』刀江書院.（1972 くろしお出版より復刊）

三上章（1963a）『文法教育の革新』くろしお出版.

三上章（1963b）『日本語の論理 — ハとガ —』くろしお出版.

山田敏弘（2004）『国語教師が知っておきたい日本語文法』くろしお出版.

山田敏弘（2009）『国語を教える文法の底力』くろしお出版.

限定詞「この」と「その」の機能差再考
―大規模コーパスを用いた検証―

庵　功雄

1.　はじめに

　日本語研究の中で名詞（句）に関する議論は盛んだとは言えない。これは，日本語に冠詞がないことによるのかもしれない（日本語における冠詞の問題については庵（2003）を参照）。ただ，福田（2016）なども現れ，今後この分野の議論が活性化することが期待される。

　論者もこれまで名詞（句）に関する拙論をいくつか公にしてきた（庵1995, 1997, 1999, 2007, 2016, Iori 2013）が，庵（1997）（以下，前稿と呼ぶ）では，限定詞「この」「その」，と「は」と「が」の選択の相関について，定量的データを用いて論じた。ただ，その当時のデータにはコーパスのサイズや内容に偏りがあったため，その結果が現在の大規模コーパスにおいても妥当であるのかについては再度検証する必要がある。本稿では，この点を確かめるために，現代日本語書き言葉均衡コーパス（BCCWJ）を用いて前稿の内容を検証した結果を報告する。

2.　前提となる概念

　本節では，本稿の議論の前提となる概念を紹介する。なお，紙幅の関係で説明は概略的にならざるを得ない。より詳しい議論については，庵（2007）を参照されたい。

2.1 1項名詞と0項名詞

　最初に取り上げるのは，1項名詞と0項名詞の区別である。庵（2007），Iori（2013）などで論じているように，名詞には「〜の」を項として必須的に取る「1項名詞（one-place noun）」と，それを必須的には取らない「0項名詞（zero-place noun）」がある。1項名詞であるか否かは次の「そうですかテスト」で調べることができる。

　（1）「そうですかテスト」

　　　AとBの対話の始発文で話し手Aがφ N（Nは名詞）[1]を含む文を発したとき，協調的な聞き手Bが「ああそうですか」（に相当する表現）で答えて談話を閉じられるとき，その名詞Nを「0項名詞」と称し，そのように答えることができず，必ず「Xの？」（Xは疑問詞）という疑問を誘発するとき，そのNを「1項名詞」と称する。

2.2 指定指示と代行指示

　次に取り上げるのは，指定指示と代行指示の違いである（両者の違いについては林（1972），庵（近刊）も参照）。指定指示は次の（2a）のように「この／その＋N（P）」全体で先行詞と照応する場合であり，代行指示は（2b）のように「こ／そ」の部分だけが先行詞と照応する場合である（この用法の通時的な考察については庵（2016）参照）。なお，本稿は前稿の内容の検証を目的とするものであり，前稿は指定指示を対象としたものであるため，本稿でも考察対象を指定指示に限定する。代行指示については，庵（2007），Iori（2013）を参照されたい。

　（2）a.　先日銀座で寿司を食べた。この／その寿司はうまかった。

　　　b.　先日銀座で寿司を食べた。この／その味はよかった。

2.3 トピックとの関連性とテキスト的意味

　最後に取り上げるのは，トピックとの関連性とテキスト的意味である。まず，トピックとの関連性については，以下のように定義する。

1　φはそこに有形の要素が現れないことを表す。

限定詞「この」と「その」の機能差再考 ｜ 259

(3)　テキストの内容を 1 名詞句で要約する際，その名詞句をトピックと呼び，トピックを構成する各要素はそのトピックとの関連性が高いと称する。

例えば，次の (4) のトピックは「殺人事件」であり，このトピックは殺人者，被害者，殺人現場，事件の日時等の要素から構成される。これらがトピックと関連性が高い名詞句である。

(4)　名古屋・中村署は，殺人と同未遂の疑いで<u>広島市内の無職女性</u><u>⒅</u>を逮捕した。調べによると，<u>この（#その）女性</u>は 20 日午前 11 時 45 分ごろ名古屋市内の神社境内で，二男⑴，長女⑻の首を絞め，二男を殺害した疑い。　　（日刊スポーツ 1992.11.22）[2,3]

一方，テキスト的意味は，長田 (1984) の「持ち込み」を定式化したもので，次のように定義される。

(5)　テキスト的意味とは，名詞句がテキスト内で臨時的に帯びる属性のことである。

例えば，(6) の「その本」は厳密には，「「先週生協で買って読んだ」本」であり，「先週生協で買って読んだ」の部分が「本」がこのテキスト内で臨時に帯びるテキスト的意味である。

(6)　先週生協で<u>本</u>を買って読んだ。<u>その本</u>は面白かった。

3.　指定指示の「この」と「その」の機能差

本節では，指定指示の「この」と「その」の機能差を示すために，「この」「その」のみが使われる環境を指摘する。

3.1　「この」のみが使われる環境

ここでは，「この」のみが使われる環境を二つ取り上げる。これ以外の「遠距離照応」の場合と「トピックとの関連性が高い」場合については，庵 (2007) を参照されたい。

2　実例からの引用の場合，（）のない方が実例，（）の中がその言い換えである。

3　#はその文が先行文脈とつながらない（非結束的 incohesive）ことを表す。

1）言い換えの場合

最初は，（7）のように先行詞を言い換える場合である。

(7)　私はクリスマスにキリスト教の洗礼を受けたので，この（／#その）祝日には特別の思いがある。

（加藤一二三「わが激闘の譜」『将棋世界』1995.2）

2）ラベル貼りの場合

第二は，次の（8）のように，先行詞の内容をテキストに取り込むためにラベルをつける用法（これを「ラベル貼り」と称する）である。

(8)　夜，ある町の外科医のところへ大怪我をした男が治療を受けにきた。住所をきくと隣りの町から来たという。「隣りの町なら，有名な外科医がいるのに，どうしてわざわざここまで来たんです？」この（／#その）ジョークのオチは読者に考えていただこうと思う。　　　　　　　　　　（織田正吉『ジョークとトリック』）

3.2　「その」のみが使われる環境

「その」のみが使われる環境は，次の（9）のように，定情報名詞句（そのテキスト内で 2 回目以降に出現した名詞句。庵（2007）参照）が通常，固有名詞，または，総称名詞句であり，それを含む文が先行文脈からの予測を裏切る内容になっている場合である（庵 2007, p. 99）。

(9)　J子は「あなたなしでは生きられない」と言っていた。その／??この／#φ J子が今は他の男の子供を二人も産んでいる。

3.3　「この」と「その」の機能差

以上の議論を受けて，「この」と「その」の機能差を考えると次のようになる（より詳しい議論は庵（2007）を参照）。

まず，「この」については，次のように考えることができる。

(10)　「この」はテキスト送信者（話し手／書き手）が先行詞をテキストのトピックとの関連性という観点から捉えていることを示すマーカーである。

一方，「その」については，（9）にもとづいて考えると次のようになる。

すなわち，3.2 節の議論から，(9) の定情報名詞句は「<u>「「あなたなしでは生きられない」と言っていた」</u>J子」であり，この下線部はテキスト的意味である。この文脈で，「その」のみが適格である（ゼロも不適格である）ことから，次のようにまとめることができる。

(11)　「その」はテキスト送信者（書き手／話し手）が先行詞を定情報名詞句へのテキスト的意味の付与という観点から捉えていることを示すマーカーである。

4.　指定指示の「この／その」と「は」と「が」の使い分け

前稿では，まず，コーパス調査を行った。調査対象は 1985 年〜 1991 年の天声人語でガ格の定情報名詞句が指定指示の「この」「その」でマークされている全用例であり，その結果は次のようになった[4]。

表1　「この」「その」と「は」と「が」（庵 1997）

	は	が	合計
この	321 ↑	107 ↓	428
その	58 ↓	119 ↑	177
合計	379	226	605

$\chi^2(1)=93.64$,　$p<.001$,　$\phi = 0.393$

そして，この結果と 2 節，3 節の議論を合わせて，「この」と「その」の選択と「は」と「が」の選択の間に，次のような関係が見られるという指摘を行った。

(12)　「この」は「は」と，「その」は「が」と結びつきやすい。

5.　大規模コーパス（BCCWJ）を用いた検証

以上が前稿の結論であるが，本稿の目的は，(12) の結論の妥当性を，国立国語研究所が開発した現代日本語書き言葉均衡コーパス（BCCWJ）を用いて検証することである。

4　カイ二乗検定には js-STAR（http://www.kisnet.or.jp/nappa/software/star/）2.9.9j β 版を用いた。↑は有意に多いこと，↓は有意に少ないことをそれぞれ表す（以下，同様）。

BCCWJ を用いたのは，BCCWJ が前稿と同じ書きことばを対象とする均衡コーパスで代表性を持つことによるのは言うまでもないが，それだけではなく，BCCWJ 用検索ツールである中納言を用いることで，文頭位置か否か，固有名詞か普通名詞かといった前稿の時点では考察対象とすることが難しかった変数を考慮できるようになったためである。

5.1 考慮した変数

表1では「この／その」と「は／が」のみを変数としたが，これは当時のコーパス検索技術の限界によるところが大きい。したがって，今回の調査では関与すると思われる変数を考察に加えた。加えたのは名詞の種類と定情報名詞句の文中の位置である。

名詞の種類は，固有名詞と普通名詞の区別である。それは，3.2 節でも指摘したように，定情報名詞句（「この／その」に後接する名詞句）は通常，固有名詞（または，総称名詞句）であるためである[5]。

定情報名詞句の文中の位置を考察対象に加えたのは次の理由による。前稿では「は」と「が」の対立を見たが，これは主格における「主題」と「非主題」の対立を見たのと同値である（Cf. 野田 1996）。また，次のように，「その＋固有名詞」が非主題の「を，に」などを取ることがあるが，この現象は経験的に文頭で起こりやすいのである。

(13) 二人の声が大広間全体に響くようだったので，人々は驚き振り返った。敬助まで不思議そうにこちらを見ていた。「わたしはね，悠太ちゃんの後援者よ」と桜子は，きんきん軋る高調子になってなおも叫んだ。「富士千束の音楽会を開いたり，間島五郎展を開いたり，みんなセツルハウスの資金集めをするという悠太ちゃんを後援するためだったんだから。その（／#この）悠太ちゃんを敬助が逮捕するなんて断じて許さない。なぜって，わたしは敬助の政治資金を出しているんだから。

---

5 ただし，大部分は固有名詞であるので，本稿では固有名詞のみを対象とする。

（加賀乙彦『雲の都』PB29_00586）[6]

5.2　調査の内容

　ここでは，今回の調査の概要を述べる。

　調査は BCCWJ（通常版）を検索ツール中納言を用いて検索した。検索は長単位検索で行った。これは，（複合）名詞が不必要に切られるなどの要因を排除するためである（例えば，短単位検索では「自転車」は「自転」と「車」に切られる）。

　前小節で述べた変数に関しては，次のように対応した。

　まず，固有名詞か普通名詞かについては，検索条件「品詞：中分類＝名詞 - 固有名詞／名詞 - 普通名詞」で区別した。

　一方，文中の位置については，次のように対応した。最初に，次の検索式で対象となる全用例を検索した。

(14)　キーから前方 1 語：語彙素＝此の／其の

　　　　　　　　　　キー：品詞：中分類＝名詞 - 固有名詞／名詞 - 普通名詞

　　キーから後方 1 語：品詞＝助詞

　次に，検索結果の csv ファイルをエクセルで開いて xlsx ファイルで保存し，そのファイルの「前文脈」の最後から 6 文字をエクセルの Right 関数で取り出し，前文脈の隣に挿入した列に貼り付ける。前文脈に含まれるものの文頭には「#」がつくので（文区切り記号を # にした場合），この処理によって文頭であるものは「#(その)|」となる（キーが「其の」の場合）。そこで，これを含む列要素全体に色（仮に黄色とする）をつける。その上で，フィルターをかけ，色フィルターで，黄色がついた要素を抽出し別のシートに貼り付ける。続いて，色がついていない要素を抽出しそれと別のシートに貼り付ける。これで，前者のシートの要素が文頭位置のもの，後者のシートの要素が非文頭位置のものとなる。

6　以下の実例は全て BCCWJ からのものであり，サンプル番号を示す。

264 ｜ 庵　功雄

6.　調査結果

　本節では，調査結果について述べる。

6.1　指示のタイプ，「この」と「その」と名詞の種類

　第一に考えなければならないのは，「この」と「その」における名詞の分布の異なりである。

　庵（2016）で指摘したように，「この」と「その」では，その後に続く名詞のタイプが大きく異なる。すなわち，「この」の後には0項名詞が続くのが普通であるのに対し，「その」の後には1項名詞が続くことが多い。1項名詞の場合は「その」は通常，代行指示になる（Cf. 庵 1995, 2007，林 1983, Iori 2013）ので，普通名詞を検索対象とする場合はこれを除いて0項名詞の場合のみを取り上げる必要がある。

　以上の点を考慮して，今回「この」と「その」の調査対象とした頻度順上位 100 語は表2の通りである[7]。

6.2　名詞の種類との関係

　初めに，名詞の種類（固有名詞／普通名詞）について，「この／その」と「は」と「が」の関係を見る[8]。なお，普通名詞は件数が多いため，全体の4分の1量をランダムサンプリングしたデータを検索対象とした。

7　「その」の順位 100 位の「組織」は1項名詞も含む総頻度順位では 287 位である。

8　今回の調査でも，前稿と同じく，「が」は「は」と範列的な対立がある場合のみをカウントした。したがって，次のようなものはカウントしていない。

　　　山川は隊員たちが作ってくれた熱い"かゆ"を口にふくみながら，いった。「パリの夢を見た」「パリとはなんですか」「フランスの都だ。それはすばらしいところだ。日本とは天と地の差だ。その（／＃この）パリが日本にできた夢を見たのだ」山川は笑った。

　　　　　　　　　　　　　　　　　　　　（星亮一『会津藩燃ゆ』LBb9_00025）

限定詞「この」と「その」の機能差再考 | 265

表2 「この」と「その」の調査対象（普通名詞）[9]

順位	この	その	順位	この	その	順位	この	その	順位	この	その
1	事	事	26	間	傾向	51	場所	関係	76	詩	位置
2	人(々)	時	26	曲	時間	52	時間	車	77	先	二人
3	問題	人(々)	28	二人	本	53	後	夢	78	手	程度
4	日	場	29	仕事	思い	54	状態	質問	79	期間	企業
5	辺・辺り	辺・辺り	30	中	問題	55	現象	先生	80	車	建物
6	点	日	31	店	道	56	計画	当時	81	娘(さん)	データ
7	時	言葉	32	他	時期	57	映画	作業	82	関係	歌
8	時期	子・子供	33	事実	状況	58	質問	心	83	調査	計画
9	本	点	34	時代	瞬間	59	ほう	意見	84	機能	職員
10	場合	男・男性	35	方	会社	60	事業	光	85	前	報告
11	子・子供	話	36	場	活動	61	考え方	事業	86	病気	職
12	言葉	場合	37	写真	行為	62	システム	一人	87	考え	女の子
13	男・男性	頃	38	法案	友人・友達	63	島	時代	88	人物	ファイル
14	話	女・女性	39	部分	光景	64	文章	技術	89	花	感情
15	法律	際	39	部屋	人物	65	会社	手紙	90	動き	エネルギー
16	地	者	41	為	家族	66	絵	水	91	運動	曲
17	作品	場所	42	世界	年	67	結果	記事	92	物語	製品
18	事件	事実	43	年	娘(さん)	68	数字	世界	93	建物	場面
19	方法	通り	44	傾向	写真	69	手紙	体	94	戦争	ページ
20	家	情報	45	記事	店	70	件	晩	95	番組	数字
21	街・町	金	46	名・名前	商品	71	土地	視線	96	方式	疑問
22	国	仕事	47	道	分	72	作業	絵	97	小説	痛み
23	機会	土地	48	歌	国	73	規定	判断	98	情報	議論
24	制度	家	49	地域	部屋	74	度	地	99	書	不安
25	女・女性	夜	50	状況	地域	75	ブログ	感覚	100	地方	組織

表3 「この／その」と「は」と「が」（固有名詞の場合）

	は	が	合計
この・固有名詞	411 ↑	83 ↓	494
その・固有名詞	254 ↓	191 ↑	445
合計	665	274	939

$$\chi^2(1)=76.03, \quad p<.001, \quad \phi=0.285$$

表4 「この／その」と「は」と「が」（普通名詞の場合）

	は	が	合計
この・普通名詞	3533 ↑	211 ↓	3744
その・普通名詞	1875 ↓	360 ↑	2235
合計	5408	571	5979

$$\chi^2(1)=176.46, \quad p<.001, \quad \phi=0.172$$

---

9 「子ども／子どもたち」など数だけが異なるもの，「町」と「街」，「友人」と「友達」などは合併した（表2の見出しの通り）。なお，紙幅の関係で，「この」と「その」で順位が異なる場合，一部同順位のものを別順位に振り分けたところがある。

266 | 庵 功雄

表 3，表 4 から，固有名詞の方が普通名詞よりも，「この－は」「その－
が」の組み合わせが現れやすいことがわかる[10]。

6.3 文中での位置との関係

次に，文中での位置（文頭かそれ以外か）との関係を見る。

表 5 「この／その」と「は」と「が」（文頭位置の場合）

	は	が	合計
この・文頭	2035 ↑	122 ↓	2157
その・文頭	919 ↓	213 ↑	1132
合計	2954	335	3289

$\chi^2(1)=139.12$, $p<.001$, $\phi=0.206$

表 6 「この／その」と「は」と「が」（非文頭位置の場合）

	は	が	合計
この・非文頭	1909 ↑	172 ↓	2081
その・非文頭	1210 ↓	338 ↑	1548
合計	3119	510	3629

$\chi^2(1)=134.20$, $p<.001$, $\phi=0.192$

表 5，表 6 から，文頭位置と非文頭位置の違いはそれほど関与的では
ないことがわかる。

7. 考察

本節では，前節の結果をより詳しく考察する。まず，全体的な分布を
見ると，次のようになる。

表 7 「この／その」と「は」と「が」（全体）

	は	が	合計
この	3944 ↑	294 ↓	4238
その	2129 ↓	551 ↑	2680
合計	6073	845	6918

$\chi^2(1)=282.87$, $p<.001$, $\phi=0.202$

---

10 p 値では違いがないが，効果量 ϕ を見ると，固有名詞の方が普通名詞の効果量より
も大きい（Cf. 水口・竹内 2010）。

限定詞「この」と「その」の機能差再考 ｜ 267

表3〜表7の全てで次の(12)(再掲)が成り立つことが確認された。

(12) 「この」は「は」と，「その」は「が」と結びつきやすい。

一方，表3〜表6から，「固有名詞・文頭位置」において，この関係は最も鮮明に現れると考えられる[11]。この場合の分布は次の通りであり，確かに，効果量ϕは表3〜表7の中で最も大きいことがわかる。

表8 「この／その」と「は」と「が」（固有名詞・文頭位置）

	は	が	合計
この・固有名詞・文頭	231 ↑	39 ↓	270
その・固有名詞・文頭	155 ↓	110 ↑	265
合計	386	149	535

$\chi^2(1)=47.42$, $p<.001$, $\phi = 0.298$

この表8と表1を比較してみよう。

表1 「この」「その」と「は」と「が」（再掲）

	は	が	合計
この	321 ↑	107 ↓	428
その	58 ↓	119 ↑	177
合計	379	226	605

$\chi^2(1)=93.64$, $p<.001$, $\phi =0.393$

すると，「この－は」と「その－が」の部分は差が見られないのに対し，「その－が」と「この－は」の部分には差が見られ（表1と表8の網かけ部分），今回の調査では，「この－が」が少なく，「その－は」が多

---

11 このことは，3.3節で見た「この」と「その」の機能の違いからも予測できる。その違いとは，「この」は「定化（definitization）」を主要な機能とする「外延的限定詞（denotational determiner）」である（例えば，「言い換え」において「この」だけが使えることがこのことの証左となる。Cf. 庵2003, 2007）のに対し，「その」は「テキスト的意味」をマークすることを主要な機能とする「内包的限定詞（connotational determiner）である（(9)のような環境において，先行詞が「定」であるにもかかわらず「その」が必須であることがこのことの証左となる）ということである。この点について詳しくは庵(2007)，Iori (2015)を参照されたい。

かったことがわかる[12]。この点も含め，以下では，「この／その」と「は／が」の組み合わせの4つのタイプについて，今回のデータから見られた特徴を考察してみたい。

7.1 「そのーが」型

「そのーが」型に属するものには，前回と同じく，定情報名詞句を含む文が先行文脈からもたらされる予測を裏切る内容であるものが多い。例は次のようなものである。

(15) そういう藤原氏の専横に対して，道真は必死に戦っていた。その（／＃この）道真が，時平らの陰謀によって無実の罪で左遷され，配流になり，しかも悲惨な暮らしを強いられる中で病死した。だから庶民は怒った。そして，京都を襲う天変地異を道真——自分たちの怨念として語り継いできたんだ。

(高田崇史『式の密室』LBq9_00251)

(16) 非同盟・中立のインドも，知る人ぞ知る，第三世界の軍事大国である。核武装し，正規空母や原子力潜水艦を保有し，過去にインド・パキスタン戦争，中印戦争の当事国となったこともある。その（／＃この）インドがパキスタンの核武装を許すわけがない。 (佐々淳行『危機の政治学』LBg3_00012)

7.2 「このーが」型

続いては「このーが」型である。このタイプは今回のデータには多く表れなかったが，次のように，テキスト的意味の付与は問題ではないものの，「が」による焦点化はあるというものである。

(17) ［青木昆陽は］江戸の日本橋の魚屋の子にうまれ，京都で漢学を学び，曲折をへて幕府の書物御用掛に抜擢され，のち幕命によって長崎へゆき，蘭語を何百個か学んだ。この（／＃その）昆陽がのちの蘭学の祖といっていい。

---

12 両者のカイ二乗検定の結果はそれぞれ，$\chi^2(1)=2.27$ (ns.)［網かけなしの部分］と $\chi^2(1)=72.14$ ($p<.001$, $\phi=0.448$)［網かけ部分］であった。

限定詞「この」と「その」の機能差再考 │ 269

（司馬遼太郎『胡蝶の夢』OB1X_00160）

(18) 早大から福岡ダイエー・ホークスに入団して，１年目の今年から大活躍する和田毅投手。六大学リーグではあの江川卓（法大）を抜き四百七十六奪三振の新記録を樹立した左腕だ。この（／その）和田が大学時代の昨年，ある記録に挑戦して大きな話題となった。「連続無失点記録」である。（志村亮・田中教仁・鍛治舎巧『経済界』2003 年 9 月 9 日号。PM33_00027）

「この−が」型の場合，（17）のように「その」に置き換えにくいものもあるが，（18）のように「その」の置き換えやすいものも多い。

7.3 「その−は」型

次は「その−は」型であるが，このタイプは最も独自性が乏しく，(19) のように，「その−が」に置き換えられるものや，(20) のように，「その−が」「この−が」「この−は」のいずれも可能なものがある。

(19) 日本でもちょうどその時期にこの二つの流れが社会のなかに入ってきて，別にケインズの影響があったわけではありませんが，需要水準はコントロールできるという発想がたとえば高橋是清にあった。その高橋是清は（／が）千九百三十六年に殺される。共産主義の危機を口実とした日本軍国主義が，高橋是清を銃剣にかけた。ベルリン・ローマ枢軸の結成がその千九百三十六年。日独防共協定も千九百三十六年です。（田中直毅・長田弘『二十世紀のかたち　十二の伝記に読む』LBl2_00077）

(20) 信濃町の中心，信越線黒姫駅はもと柏原駅と呼ばれたが，観光指向が高まって，黒姫山を売り出すため，昭和四十三年，駅名を変えた。その（／この）柏原は（／が）小林一茶の生まれ故郷である。　　　（富永政美『日本列島すぐ蕎麦の旅』LBc5_00006）

7.4 「この−は」型

最後に取り上げるのは，(21)(22)のような「この−は」型である。こ

のタイプは表 3 〜表 8，および表 1 の全てにおいて，最も多い類型である。これは，庵（1997，2007）でも指摘したように，このタイプは，「この」と「は」という定情報名詞句をマークする上で機能上無標の要素同士の結びつきであるためであると考えられる。

(21)　ここで中村孝也の『野間清治伝』の中から，野間家の系図をたどってみる。所伝では，野間喜兵衛という人がいた。この（／ ??その）野間喜兵衛は寛文四年二月九日に没している。この喜兵衛の子に喜兵衛正則がいる。

　　　　　　　　（早瀬利之『タイガー・モリと呼ばれた男』LBf7_00002）

(22)　1945 年 4 月，引揚船「興安丸」から，舞鶴へ上陸した時，坂間さんは，「益田さん」と呼ぶ流刑囚と会っている。チタの監獄で，二，三日一緒にいた女性捕虜受刑者だった。この（／ ? その）益田さんは，益田泉といい大連ロシア語学校の教師だった。全抑協の調査記録では，益田さんは敗戦後，旧満州旅順に住んでいてスパイとして逮捕され，タイシェト国際ラーゲリに収容されていた。（坂本竜彦『シベリアの生と死　歴史の中の抑留者』LBh2_00081）

以上見てきたように，今回の調査データにおいても，次の (23) のように，「この−は」型と「その−が」型を両極に，4 つのタイプが連続体をなしていることが確認された。

(23) ←有標性大　　　　　　　　　　　　　　　　　　有標性小→

　　「その−が」型＞「この−が」型＞「その−は」型＞「この−は」

　　　　　　　　　　　　　　　　　　　　　　　（Cf. 庵 1997, p. 125）

また，コーパスのサイズや性質の異なりにもかかわらず，「この」と「その」の機能の違いが最もはっきり現れる「この−は」型と「その−が」型の出現頻度において，本稿と前稿の調査結果に差がなかった（注12 参照）ことは，前稿の結論の妥当性が本稿でも確認されたことを意味していると言えよう。

8. まとめ

本稿では，定情報名詞句のマーカーとしての限定詞「この」と「その」
の機能差について，先に，相対的に小規模のコーパスのデータをもとに
考察した内容を，現在の大規模コーパスである BCCWJ を用いて検証し
た。その結果，次のことがわかった。

第一に，この機能差は定量的には，固有名詞の場合の方が普通名詞の
場合よりも現れやすい。文頭か非文頭かという変数は全体としてはそれ
ほど顕著な違いをもたらさなかった。

第二に，文頭位置の固有名詞という両者の機能差が最も現れやすい環
境においては，「この－は」型，「その－は」型，「この－が」型，「その
－が」型が，テキスト内の機能的有標性にもとづいて，スケールをなし
ていることが改めて確認された。さらに，両者の機能差を最も典型的に
示す「この－は」型と「その－が」型の分布に関しては，前稿と本稿の
間に有意差はなく，前稿の主張の妥当性は，本稿の大規模コーパス調査
によっても裏付けられたと言える。

第三に，普通名詞における「この」と「その」の分布の違い，および，
指示の方法の違いという点から，「この」は指定指示で使われるのが普通
であるのに対し，「その」は代行指示で使われるのが普通であることも確
認された[13]。

本稿は，これまでに書かれた日本語記述文法の内容の妥当性を，大規
模コーパスを使って検証するという研究課題の一例としても位置づけら
れる。森 (2014) などが指摘しているように，こうした形でこれまでの日
本語学の知見を検証することを通して，日本語学の知見を自然言語処理
に生かすことも可能になると思われる（同様の流れにある研究として，中
俣 2016 も参照）。そして，そのことは，日本語学の知見を日本語教育に
結びつけるという日本語教育文法の研究とも強い親和性を持っていると
考えられる（このタイプの研究として中俣 2014 がある）。本稿がそうし

13　現代語の場合，代行指示では「その」を使わないことの方が多いが，これは近代語
から現代語に移行する過程における変化の結果であると考えられる。この点について詳
しくは庵 (2016) を参照されたい。

た研究の一助になれば，望外の幸せである。

参照文献

庵功雄（1995）「コノとソノ」宮島達夫・仁田義雄編『日本語類義表現の文法（下）』pp. 619-631，くろしお出版.

庵功雄（1999）「名詞句における助詞の有無と名詞句のステータスの相関についての一考察」『言語文化』35, pp. 21–32，一橋大学.

庵功雄（2003）「見えない冠詞」『月刊言語』32-10，pp. 36–43.

庵功雄（2007）『日本語研究叢書21　日本語におけるテキストの結束性の研究』くろしお出版.

庵功雄（2016）「近代語から現代語における名詞修飾に関わる言語変化についての一考察―1項名詞に前接する限定詞を例に―」福田嘉一郎・建石始（編）『名詞類の文法』pp. 3–20，くろしお出版.

庵功雄（近刊）「テキスト言語学から見た『文の姿勢の研究』」庵功雄・石黒圭・丸山岳彦（編）『時間の流れと文章の組み立て』所収，ひつじ書房.

長田久男（1984）『国語連文論』和泉書院.

中俣尚己（2014）『日本語教育のための文法コロケーションハンドブック』くろしお出版.

中俣尚己（2016）「「ている」の意味分類と生産性」『計量国語学』30-7, pp. 417–426.

野田尚史（1996）『新日本語文法選書1　「は」と「が」』くろしお出版.

林四郎（1972）「指示代名詞『この』『その』とその前後関係」『電子計算機による国語研究Ⅳ』pp. 130–131，国立国語研究所.

林四郎（1983）「代名詞が指すもの，その指し方」『朝倉日本語講座5運用Ⅰ』pp. 1–45，朝倉書店.

福田嘉一郎（2016）「主題に現れ得る名詞の指示特性と名詞述語文の解釈」福田嘉一郎・建石始編『名詞類の文法』pp. 167–184，くろしお出版.

水本篤・竹内理（2010）「効果量と検定力分析入門―統計的検定を正しく使うために―」『より良い外国語教育研究のための方法』pp. 47–73，外国語教育メディア学会関西支部.

森篤嗣（2014）「意味判別における文法記述効果の計量化」『日本語文法』14-2, pp. 84–100.

Iori, Isao (2013) "Remarks on Some Characteristics of Nouns in Japanese." *Hitotsubashi Journal of Arts and Sciences.* 54-1, pp. 5–18, 一橋大学.

Iori, Isao (2015) What Can the Research on Japanese Anaphoric Demonstratives Contribute to General Linguistics? *Hitotsubashi Journal of Arts and Sciences.* 56-1, pp. 13–27, 一橋大学.

使用したコーパス

現代日本語書き言葉均衡コーパス・通常版

あとがき

　本書はそもそも，仁田義雄先生の古稀を記念することを目的として，計画されたものでした。

　仁田先生に御相談申し上げたところ，単に古稀を祝うための論集なら不要であるが，日本語研究に貢献できるような論集になるならば，また執筆者の研究の促進になるならば，という条件付きでお許しをいただきました。

　そのため，本書はあくまで「序」にあるような目的を持った論集であり，仁田先生の古稀を記念するということは背景化されています。類書にありがちの，記念される方の略歴や業績一覧等も一切，掲載しませんでした。

　仁田先生には既に『日本語文法の新地平』（益岡隆志・野田尚史・森山卓郎（編），2006年，くろしお出版）という還暦を記念する論集があります。この論集は，3巻からなる，質／量ともに類書では群を抜く立派なものです。そして，この還暦記念論集は，広く仁田先生と関係のある方々が御寄稿なさっていて，仁田先生の人望の厚さが示されています。

　一方，本書は，執筆者がすべて仁田先生に直接，御指導を受けた者のみで構成されています。還暦記念の際から10年経った現在なら，直接，御指導を受けた我々だけでも，通読に耐えうる論集を編むことができるのではないか，という思いがあったためです。

　仁田先生に直接，御指導いただいた者であれば，語彙的な意味をふまえた文法記述という「語彙論的統語論」の姿勢は，言わば常識として，身につけています。そのような者たちによって編まれる論集ですので，本書のテーマが『語彙論的統語論の新展開』になったのは必然とも言えることでした。

　結果として，本書が「日本語研究に貢献できるような論集」になったかどうかについては，本書をお読みいただいた方の評価を待ちたいと思

います。

　本書には，仁田先生御自身からも特別に御寄稿いただきました。日本語学会 2015 年度秋季大会（山口大学）における，日本語学会会長就任講演の内容をおまとめになった御論考です。

　その性質上，本来なら，日本語学会の機関誌『日本語の研究』に収録されてしかるべきものでしたが，「語彙論的統語論」のこれまでを振り返り，そしてこれからを見据えるという，本書のテーマにまさに合致する内容であったため，本書への寄稿を御選択いただきました。

　仁田先生には，本書を編むことをお許しいただいただけでなく，玉稿もお寄せいただいたことに，心からの感謝を申し上げる次第です。

　仁田先生は，我々に非常に多くのこと教えてくださっていますが，老いというものだけは，教えてくださいません。必ずしも御健康とは言い難い御体調でありながら，古稀を迎えられた現在も変わらぬ御活躍をなさっています。

　関西外国語大学で現役の教員として学生の指導にあたるだけでなく，日本語学会の会長として，リーダーシップをとっていらっしゃいます。御研究も，『文と事態類型を中心に』（2016 年，くろしお出版）を上梓なさる等，歩をゆるめる気配を全くお見せになりません。

　そして我々は，現在でも直接，間接に御指導をいただき続けています。仁田先生から頂戴した学恩に衷心より感謝いたしつつ，その学恩に報いられるように，より一層，励みたいと思います

　最後になりましたが，出版をお引き受けいただきましたくろしお出版の皆様に，特に編集の労をとっていただいた池上達昭氏に心よりお礼を申し上げます。

2017 年 10 月

三宅 知宏

執筆者一覧　　＊は編者

安達 太郎　　（あだち たろう）　　　　京都橘大学 教授

阿部 忍　　　（あべ しのぶ）　　　　　神戸山手大学 准教授

庵 功雄　　　（いおり いさお）　　　　一橋大学 教授

小林 英樹　　（こばやし ひでき）　　　群馬大学 教授

佐野 由紀子　（さの ゆきこ）　　　　　高知大学 准教授

塩入 すみ　　（しおいり すみ）　　　　熊本学園大学 准教授

鄭 相哲　　　（ちょん さんちょる）　　韓国外国語大学 教授

張 麟声　　　（ちょう りんせい）　　　大阪府立大学 教授

高梨 信乃　　（たかなし しの）　　　　関西大学 教授

高橋 美奈子　（たかはし みなこ）　　　四天王寺大学 准教授

仁田 義雄　　（にった よしお）　　　　関西外国語大学 教授・大阪大学 名誉教授

野田 春美　　（のだ はるみ）　　　　　神戸学院大学 教授

日高 水穂　　（ひだか みずほ）　　　　関西大学 教授

前田 直子　　（まえだ なおこ）　　　　学習院大学 教授

三宅 知宏　　（みやけ ともひろ）＊　　大阪大学 准教授

森山 卓郎　　（もりやま たくろう）＊　早稲田大学 教授

山田 敏弘　　（やまだ としひろ）　　　岐阜大学 教授

語彙論的統語論の新展開
　　　　　　　　　　　　　　　　NDC814／ x+275p ／21cm

初版第 1 刷 ————2017年 11月30日

編　者 ————森山 卓郎・三宅 知宏

発行人 ————岡野 秀夫

発行所 ————株式会社 くろしお出版

　　　　　　〒113-0033　東京都文京区本郷3-21-10
　　　　　　［電話］03-5684-3389　［WEB］www.9640.jp

印刷・製本　シナノ書籍印刷　装 丁　右澤康之

©Takuro Moriyama and Tomohiro Miyake 2017
Printed in Japan

ISBN978-4-87424-748-8 C3081

乱丁・落丁はお取りかえいたします. 本書の無断転載・複製を禁じます.

出版案内

文と事態類型を中心に

仁田義雄 著

A5　上製　384 ページ　4,600 円＋税

文や文が担い表している命題内容・事態の意味的類型に関わりを
持つ問題について考える。動詞文に比べて考察が十分であるとは
言い難い，形容詞文・名詞文や状態・属性を表す文に対する分析・
記述を行う。著者の長年の研究成果を凝縮。

【目　次】

第一部　文とモダリティを中心に
第1章　文について
第2章　文の種類をめぐって
第3章　モダリティについて
第4章　述語をめぐって

第二部　命題の意味的類型との関わりにおいて
第5章　命題の意味的類型への概観
第6章　状態をめぐって
第7章　属性を求めて
第8章　形容詞文についての覚え書
第9章　名詞文についての覚え書
第10章　名詞の語彙−文法的下位種への一つのスケッチ

第三部　命題と文法カテゴリの相関をめぐって
第11章　事態の類型と未来表示
第12章　モダリティと命題内容との相関関係をめぐって